序

　日本経済は、第四次産業革命とも言われる歴史的な技術革新と、経済活動を取り巻く環境の激変に直面している。欧米諸国や中国の巨大企業、及びハイテクベンチャー企業との最先端技術分野における競争が、日本経済を牽引する自動車産業や各種機械工業の分野で激化しており、また部品・材料を生産する中堅・中小企業も、中国、韓国、台湾を中心とするアジア諸国の企業との厳しい競争に突入しつつある。国民生活の規模を維持・発展させ、さらに質の向上を実現していくためには、イノベーションによって二つの競争を勝ち抜いていくしかない。特に技術先端分野のイノベーションについては、政府と民間企業が真剣に協力して、確実に成果を生み出していかねばならないと考える。たとえばAI（人工知能）の開発や自動運転技術の確立については、人材育成やデータの蓄積・管理、法改正やインフラ整備といった国家的政策目標の設定と民間企業の技術開発が両輪とならなければ実現できない。また今日の最先端分野の技術開発においては、新技術があまりにも革命的・非連続的であるため、政府の側面支援が不可欠になっている。本書の第Ⅰ部は、先端分野における我が国企業の現状と政府の役割を中心に検討する。

　過去数世紀の世界経済の歴史を見れば、大変革期における科学技術の発展を主導した国が空前の繁栄を謳歌して、政治・経済の国際秩序を形成してきたことが理解される。18世紀後半から19世紀中葉における第一次産業革命では、産業機械と蒸気機関の発明、及び製鉄業における技術革新が基盤となっていた。綿工業における紡績機の発明・改良は織機の技術革新を引き起

こし、同じく織機の革新が糸不足をもたらし紡績機をさらに進歩させていった。また木炭高炉全盛期にイギリスの森林を破壊してしまった製鉄業はコークス高炉とパドル法を発明し、石炭消費の増加は鉱山の排水問題を深刻化してワットの蒸気機関の発明によって解決された。イギリスは世界最強の綿工業と製鉄業を確立して鉄道と船舶による世界交通を実現し、大英帝国を建設していったのである。そして工場で大量生産される綿糸・布と鉄道レールを全世界に輸出する一方、工業用原材料と食糧を輸入する自由貿易体制を推進して、パックスブリタニカ（イギリスによる平和）を完成させていく。この世界史的変革は、まさしく第一次産業革命によって実現された。

　第二次産業革命は、19世紀後半から20世紀中頃にかけての重化学工業革命である。転炉法や平炉法が発明され、大製鉄所による銑・鋼一貫生産体制の確立は、"鋼の時代"を到来させた。さらに、自動車、化学、電力等の新興産業が勃興して、現代の生活様式の基本が出揃うことになる。第一次産業革命を主導したイギリスでは既に数多くの中規模企業が存在しており、新技術を体化した大規模投資を必要とする第二次産業革命に乗り遅れた。そのため革命の中心はドイツとアメリカに移行して、強力な重化学工業革命に成功した両国はイギリスの覇権を奪い、最終的には第二次大戦の勝利者となったアメリカが、計画経済による重化学工業化に成功したソ連とともに世界秩序の形成者になった。

　第三次産業革命は、ソ連崩壊後に唯一の超大国となったアメリカに主導された情報産業革命である。米・ソ対立下でアメリカ政府の手厚い支援を受けていたコンピュータ産業は、その後に新規参入企業が相次ぎ、小型化・大衆化製品技術開発に成功して、パソコン、スマートフォンを全世界に普及させていった。さまざまなソフトウエアが生み出され、インターネットが普及して、仕事から日常生活、娯楽に至るまで、情報技術が人々の全ての生活領域に浸透している。そして現在、AI（人工知能）技術の発展によって、情報産業革命がさらに劇的に進展する可能性が指摘されている。第四次産業革命の時代が到来すると考えられているのである。

Innovation Strategy and Japanese Economy

イノベーション戦略と日本経済

山口俊一
吉見威志 著

昭和堂

人工知能が深層学習（ディープラーニング）によって人間並みの知能を獲得し、特定の目的実現に活用される段階から人間のように思考し判断する汎用人工知能となり、さらに人間の知能を上回る超AIに発展していくのかどうか、それはここで取り扱う問題ではない。今日、AIは、自動運転や工場の機械システムの管理、作業ロボットの制御、機械翻訳等のさまざまな分野において必須の技術になっており、AI技術を進化させて日本の諸産業の技術優位性を強化していかなければ、確実にグローバル競争に敗北してしまう。本書のテーマは、現在および近未来における日本経済の競争力の強化であり、そのためにはAI技術の開発・強化こそが喫緊の政策課題であると考えている。またAI技術の農業分野への適用も、今後の日本農業の発展に不可欠であると思われる。小規模生産の非効率性と後継者問題という日本農業のふたつのネックを打開するためには、AI農業を拡大させていくことが一つの方向性を示している。自動運転農機やAIロボットの導入、さらにバイオ技術の開発が、今後の日本農業を支えるものと期待される。この問題は第Ⅰ部第2章で検討する。

　第Ⅱ部は企業のイノベーションを扱っている。主要なイノベーション理論を紹介し、日本企業のイノベーション事例を優れた先行研究から要約して説明している。またアジア系企業との競争が激化している中堅・中小企業の技術力の現状と政策支援についても検討した。中堅・中小企業の競争力の維持・強化も、日本経済の根底を支える重要テーマである。

　本書の第Ⅰ部は山口の構想が中心になっており第Ⅱ部は吉見が担当したが、細部においても詳細に議論を行って意見の一致をみている。本書の作成にあたり、多くの方々から貴重な示唆をいただいた。ご協力に心から感謝し、御礼を申し上げます。

山口俊一
吉見威志

目次

序 …………………………………………………………………………… i

第Ⅰ部 先端技術分野の産業競争力強化と政府の役割

第1章 AI技術競争にどう立ち向かうか …………… 4

1. 自動走行システム ………………………………………… 4
2. IoT (Internet of Things) ………………………………… 14
3. ロボット ………………………………………………… 18

第2章 農業におけるイノベーション ……………… 24

1. 日本農業の現状 ………………………………………… 24
2. 企業としてのイノベーション経営 …………………… 29
3. 農水産業と輸出拡大戦略 ……………………………… 39

第Ⅱ部 企業のイノベーション戦略

第3章 大企業体制の成立 ………………………………… 48

1. マーシャルとシュンペーター ………………………… 48
2. 多角化・企業統合と新企業組織 ……………………… 59

第4章 現代のイノベーション論 …………………………………… 77

1 二つのイノベーション …………………………………………… 77
2 イノベーション行動のメカニズム …………………………… 82
3 さまざまなイノベーション論 ………………………………… 88

第5章 イノベーションの推進力 ……………………………… 113

1 イノベーションの分類 ………………………………………… 113
2 コア・コンピタンスあるいは企業力 ………………………… 118
3 事例研究の検討 ………………………………………………… 122
4 イノベーションの推進力 ……………………………………… 136

第6章 中堅・中小企業のイノベーション ………………… 149

1 中堅・中小企業を取り巻く状況の変化 ……………………… 149
2 現代企業の行動とイノベーション …………………………… 154
3 中堅・中小企業の調査 ………………………………………… 161

第7章 海外進出とイノベーション …………………………… 200

1 日系製造業のタイ進出 ………………………………………… 201
2 タイにおける中堅・中小企業の諸問題 ……………………… 227

結びにかえて ………………………………………………………… 265

索引(人名・企業名・事項) ……………………………………… 270

第 I 部

先端技術分野の産業競争力強化と政府の役割

2016年、日本政府は戦略的イノベーション創造プログラム（SIP）を決定して「基礎研究から実用化・事業化までを見据えて一気通貫で研究開発に取り組み、経済成長の原動力であり、社会を飛躍的に変える科学技術イノベーションを強力に推し進めていく[1]」ことを決定して、次の11の課題を選択した。

- 革新的燃焼技術
　　乗用車内燃機関の最大熱効率を50％に向上する革新的燃焼技術を産学連携体制で実現。
- 次世代パワーエレクトロニクス
　　現行パワーエレクトロニクスの大幅な性能向上を図り、省エネ、再生可能エネルギーの導入拡大に寄与し、大規模市場の創出。
- 革新的構造材料
　　軽量で耐熱・耐環境性等に優れた画期的な材料開発及び航空機等への実機適用を加速し、日本の部素材産業競争力を維持・強化。
- エネルギーキャリア
　　再生可能エネルギー等を起源とする水素を活用し、クリーンかつ経済的でセキュリティーレベルも高い社会を構築。
- 次世代海洋資源調査技術
　　海底熱水鉱床、コバルトリッチクラスト等の海洋資源を高効率に調査する技術を世界に先駆けて確立し、海洋資源調査産業を創出。
- 自動走行システム
　　次世代都市交通への展開を含めた自動走行システムを実現。事故や渋滞を低減、利便性を向上。
- インフラ維持管理・更新・マネジメント技術
　　予防保全による維持管理水準の向上を低コストで実現。併せて、継続的な維持管理市場を創造するとともに、海外展開を推進。

・レジリエントな防災・減災機能の強化
　　自然災害に備え、官民挙げて災害情報をリアルタイムで共有する仕組みを構築し、予防力、予測力の向上と対応力の強化を実現。
・重要インフラ等におけるサイバーセキュリティの確保
　　制御・通信機器の真正性／完全性確認技術を含めた動作監視・解析技術と防御技術を研究開発し、重要インフラ産業の国際競争力を強化。
・次世代農林水産業創造技術
　　農政改革と一体的に、革新的生産システム、新たな育種・植物保護、新機能開拓を実現し、新規就農者、農業・農村の所得増大に寄与。
・革新的設計生産技術
　　時間的・地理的制約を打破する新たなものづくりスタイルを確立。高付加価値な製品設計・製造を可能とし、産業地域の競争力を強化。

　これらの政策目標の全てが重要課題であることは、明白である。たとえば内燃機関の熱効率を飛躍的に上昇させることに成功すれば、高価格で充電設備に新たな投資を要する電気自動車の導入が困難な一部の途上国にとって朗報となる。新素材開発も航空機や電気自動車等の主要部品として、今後、伸長が期待されている分野である。またノーベル賞受賞者の天野浩名古屋大学教授は「青色発光ダイオード（LED）の素材で省エネルギー効果に優れた半導体の開発に成功した」（日本経済新聞、2018年5月14日）とのことである。
　サイバーセキュリティ技術の確保の必要性は、国防や企業情報の保護のために言うまでもない。しかしここでは、全ての課題を議論することはできない。以下では自動走行システムと革新的設計生産技術としても導入されつつあるAI（人工知能）技術を中心に検討し、AI技術の農業分野への適用についても考えていく。

第 1 章

AI 技術競争にどう立ち向かうか

　コンピューターはその誕生当初から、計算、記憶、推論といった人間の思考活動を行う機械として、人工知能となることが期待されていた。しかし一定のプログラムに従って、人間には不可能な複雑な計算を行ったり辞書のすべての単語を記憶したりすることはできたが、人間が普通に行っている画像の認識や音声の理解は容易ではなかった。21 世紀に入って開発が進んだ深層学習（ディープラーニング）技術は、大量のデータを与えればコンピューターが学習して対象の特徴を認識するものであるから、コンピューターの新たな活用を可能にした。以下で取り上げる自動運転では車周辺の移動体の認識が不可欠であるし、工場内における不良品の認知や顔認証、人間の話す言葉を聞いて対話するサービスロボットの製作、等々にディープラーニング技術を適用していくことが考えられている。蓄積されたビッグデータとディープラーニングを結びつけることで、さまざまな事象の特徴を理解して必要な判断を行う新しいレベルの AI（人工知能）が登場してきたのである。

1　自動走行システム

1　基本的な問題

　戦略的イノベーション創造プログラム（SIP）において自動走行システムは、事故や渋滞の低減、利便性の向上に寄与するものと考えられている。（イ）高齢ドライバーや運転弱者を考えれば、特に交通不便で近くに商店や

スーパーマーケット、病院や行政施設がない地方在住者にとって自動運転車は便利な交通手段になること、(ロ)人員確保が困難になっているトラック業界や宅配便業界で自動運転車の導入は企業経営上の大きなメリットとなること、(ハ)車を自分で所有することに執着しない都市生活者が自動運転の乗り合いタクシーを幅広く利用する可能性もあり、交通渋滞の緩和につながると期待されること、等々さまざまな議論が行われている。これらに加えて、自動運転技術確立の成否が、我が国最有力の製造業である自動車産業の将来を左右しかねないことに留意しておかなければならない。自動運転技術は、従来からの機械工学的な自動車生産技術とともに、AI、IoT（物のインターネット、本書14頁以下参照）、ビッグデータ、の先端3技術が関係する統合的技術であり、この技術と電動化技術におけるグローバルな開発競争が、自動車産業にとっての当面の課題である。アメリカ、中国、ヨーロッパという自動車の大生産地・大消費地において、電気自動車とともに自動運転車が政策的にプッシュされる事態も想定して、日本独自の技術開発力を確立しておく必要がある。今日、中国や欧米の動向を見れば、自動車産業は国家的戦略産業に位置づけられていることは明白である。政府の介入を含めて、あらゆる事態を想定しておかなければならない。

　しかし我が国において、自動運転車を直ちにいたるところで走行させることはできない。技術的制約に加えて、ジュネーブ道路交通条約を批准して道路交通法を制定しているため、「運転者はハンドル、ブレーキ、そのほかの装置を確実に操作する」と定められているからである。特別区を定めて限定的な走行実験を行いながら、最終的には道路交通法を改正するしかない。技術進歩の動向と各国の対応を見ながら、自動運転の環境整備を進めていかなければならない。また何よりも留意しておくべきは、自動運転が現実に事故を引き起こしており、後述するが現在の技術の性格上、原因究明は極めて難しいと考えられることである。2018年3月21日の朝日新聞によると、自動運転への規制の緩やかなアリゾナ州において「配車サービスの米ウーバー・テクノロジーズの自動運転車が、歩行者を巻き込んだ死亡事故をおこした。

ウーバーは北米での試験走行の中止を発表した」「車は時速約60キロで、完全な自動運転の状態で走っていた。運転席には緊急時に備えてドライバーが座っていたが、後部席にはだれも乗っていなかった」とのことである。また同日の日本経済新聞によれば「車両は時速64キロメートル以下で自動走行していたとみられ、衝突前に減速した形跡はなかった。」(日本経済新聞、2018年3月21日) と述べられている。

現時点における自動運転の基本技術は、センサーやカメラで車の周辺の障害物、移動体の存在を認識し位置を確認して、これを画像処理半導体(GPU)で1秒間に大量の計算を行って移動体の位置を確率的に導きだすことで安全走行を実現するというものである。いわゆる深層学習(ディープラーニング)のAIがコア技術であり、膨大な走行データを読み込んでパターンの理解を深めるほど自動運転技術は確実になっていく。しかしディープラーニングはデータを入力して出力に至る過程が説明できないブラックボックスであるために、事故をおこしても、その原因究明と対策の検討が難しい。人命にかかわる自動車運転技術としては、未完成であると言わざるを得ない。このため各国政府は運転技術にレベルを設定し、ステップ・バイ・ステップで実用化を進めようとしている。

企業サイドの努力も始まっている。「トヨタ自動車のＡＩ研究子会社、トヨタ・リサーチ・インスティテュートは『説明できる自動運転AI』の開発を目標に掲げる。運転で周囲を把握する『認知』と、操作を担う『行動』の2つに分け、後者には一般のプログラムを組み込み、トラブルの際に後ろから操作を解析できるようにする」(日本経済新聞、2018年2月12日)。自動運転技術を完成させるために、長期の視点から取り組まなければならない最重要課題である。

2 自動運転のレベル

自動運転は完成された技術ではない。しかし自動車産業のみならず、日本経済全体の将来にも関係する先端技術である。このため我が国においても欧

米諸国と同様に、自動運転をレベル区分した上で段階的に上位へレベルアップしていくことになっている。各レベルの簡単な定義は、以下のように示される。[2]

レベル1 ──システムが前後・左右のいずれかの車両制御で運転を補助。前後は加・減速、左右はハンドル操作等である。自動ブレーキシステムが代表例。
レベル2 ──システムが前後・左右のいずれの車両制御でも運転を補助。レベル1、レベル2においては、運転の主体は運転者である。
レベル3 ──地理、道路、環境、交通状況等の限定領域内で、システムが自動運転を実施。システムの作動継続が困難な場合は運転者が対応する。
レベル4 ──レベル3と同様の限定領域内でシステムが自動運転を実施。運転者が対応する必要はない。
レベル5 ──限定領域なしでシステムが自動運転を実施。

システムが運転の主体となるレベル3以上を「高度自動運転システム」、レベル4、5を「完全自動運転システム」と呼んでいるが、日本では2020年を目標にレベル3、同25年にレベル4を高速道路等で開始したいと考えられている。また一般道についても2020年以降、順次導入していき、25年頃からレベルアップしていく方針である。ドイツのアウディ社はすでにレベル3の自動運転可能なモデル「A8」を販売しているし、また「自動運転の開発で先行する米グーグル系のウエイモの累計走行距離は500万マイル（約800万キロメートル）を超え」（日本経済新聞、2018年3月21日）ていると言われており、日本政府・メーカーの自動走行計画はスピーディーとは思えない。しかし規制の緩やかな州のあるアメリカや法改正も実施したドイツに対して、日本の道路交通法は依然として改正されておらず、2018年時点における自動運転化の遅れはやむを得ない面がある。また今回のアリゾナ州の事

故に見られるように、現在の自動運転技術は万全とは言えない。政府やメーカーが慎重になるのは当然でもある。

しかし大事故を発生させたウーバー社の開発拠点で自動運転車に試乗した記者は次のように述べている。「信号や標識が多く、車や歩行者が行き交う古い市街地を難なく通り抜け、急カーブの坂道もスムーズに上り切った。ほぼ真っすぐな道を走行中、車が急ブレーキをかける場合があった。数十メートルさきに、横断歩道のない路上を横切る歩行者を感知したのだ。すぐ前の車が路肩に寄ろうとすると、その後方でじっと動かずに待っていた。人の運転に比べかなり慎重にプログラムが組まれているように思えた。自動運転に対応できない場合に備え運転席にも人が乗っていたが、人の力を借りる場面はなかった」（朝日新聞、2018年3月21日）。

これが現在における自動運転の状況である。ディープラーニングによって技術的に完成されつつあるように見える一方、未知の領域が存在する。問題は、自動運転技術が次世代のAI技術の発展と一体であること、AI技術を進化させて自動運転で優位に立つ企業が次の10年〜20年後に業界のリーダーになると見られることである。

真に、政府・自動車関連企業一体となって、研究開発を成功させるしかないのである。当面は実証実験を重ねて、レベル3を確実にクリアすることが目標になるだろう。

3　諸技術と日本企業

自動走行は企業間で激しく競争する領域と、協調すべき領域に分けて考えることが必要である。協調領域としては、（イ）地図、（ロ）通信インフラ（路車間通信）、（ハ）安全性評価の仕組み作り、事故発生時の責任と補償の制度作り、（ニ）人材育成、等があり、広い意味で自動走行を支えるインフラ的分野である。この協調領域を充実させなければ、自動走行は成功しない。政府と関連企業が緊密に協力して、インフラ整備を実現していかなければならない。

一方、内外の企業が提携・買収や人材の引き抜き合戦まで行って激しく競争している技術領域は、以下の三分野である。

①ミリ波レーダー、カメラ、レーザーレーダーによる認知技術
②自動運転の基本ソフト（OS）
③半導体、なかでも膨大な計算を即時に行う画像処理半導体（GPU）

　まず認知技術については、インテルに買収されたイスラエルの企業モービルアイが最有力企業で、日本企業でもデンソーや東芝といった企業が技術を蓄積している。日本企業も十分に戦いを挑める分野であり、イノベーション競争に勝ち抜かなければならない。
　問題は、基本ソフトと画像処理半導体（GPU）という自動運転の二つのコア技術である。まず基本ソフトはグーグルが圧倒的に強力で、自社ソフトを自動運転のデファクトスタンダード（事実上の標準）にしようと考えているだろう。すでにGMやホンダ、半導体メーカーのエヌビディア等の多くの企業がグーグルと協力して車載OSを開発していくことを表明している。しかし自動車メーカーが、自動運転の基幹AIの開発をどこまでグーグルに依存するかはわからない。グーグルは2009年から自動運転車の開発に取り組み、運転者のいない完全自動運転を目標にしてきた。レベル4・5の完全自動運転の実現に時間がかかる場合、適切なソフト開発は今後の課題になってくる。日本メーカーにもチャンスはある。
　AIのソフトを動かす半導体、なかでも画像処理半導体のトップ企業はエヌビディアで、アウディ、ダイムラー、テスラ・モーターズ、トヨタ等が試作車に採用したり、共同開発に同意したりしている。パソコン用半導体トップのインテルは画像認識の高度技術をもつモービルアイを買収し、またBMWとも技術提携しながらエヌビディアに対抗していくと考えられる。2018年5月23日、インテルは「AI向けの処理に特化した新たなプロセッサーを2019年に投入すると発表した。矢継ぎ早の買収で技術を取り込み、

同分野で先行する米エヌビディアを追う」（日本経済新聞、2018年5月25日）とのことである。

　自動運転では「刻一刻と移り変わる車載カメラの画像を隅から隅までAIで解析するには、気の遠くなるような量の計算を瞬時にする必要がある」（朝日新聞2016年12月27日）。ディープラーニングによる画像処理を含めて、AI技術の高度化が決め手になる。そこで「現在、実証等に利用されている自動運転システムの多くは、外界認識における画像認識等の一部を除き、多くは従来型のソフトウエアによる制御（ルールベース制御）が中心となっているが、今後、市街地などを含め、より複雑な環境での走行を実現すべく、シーン理解・予測、行動計画なども含めて、人工知能化が進んでいく」(3)という見方が出てくる。一方、前述したように、トヨタ系のTRIは、「認知」にはディープラーニング等機械学習、「行動」には因果関係が明確であるルールベースのAIを考えていると思われる。ディープラーニングはデータを与えていけば認識力が向上する便利な技術であるが、処理の論理が読めないという構造的問題がある。人命に関係する自動運転では、ソフト開発は慎重に進める必要がある。

　日本企業の状況を見ておこう。トヨタは2016年、シリコンバレーにトヨタ・リサーチ・インスティテュート（TRI）を設立し、グーグルの技術者を多数招聘した。桃田健史氏によれば「車載OSでのデファクトスタンダードで攻防を繰り広げているグーグルに対して、強い対抗意識を示したもの」(4)である。また国内では、AI開発のベンチャー企業であるプリファードネットワークス（PFN）に出資して共同研究を行い、さらに、東京に本社を置く自動運転技術開発の新会社「『トヨタ・リサーチ・インスティテュート・アドバンテスト・デベロップメント』をデンソー、アイシン精機と共同で」（日本経済新聞2018年3月3日）、設立するとしている。TRIにおける基礎研究を、グループ企業と協力して実用化するためと考えられている。さらに日本国内におけるOS開発ベンチャー企業としてはティアフォーも有力で、KDDIやソニー等が出資している。ティアフォーは「オープンソースの考え方をいち

早く取り入れた。同社が手掛ける OS はヤマハ発動機やソニー、米半導体大手のエヌビディアなど内外の 100 社以上が使っている」(日本経済新聞、2018 年 3 月 5 日)。このように AI 基本ソフトについてトヨタグループやベンチャー企業の活動が活発化してきている。

　車載半導体については自動車の電子化・電動化のなかで、デンソー、ルネサスエレクトロニクス、東芝等の日本企業もさまざまな技術を蓄積してきた。自動運転に関してはエヌビディアの動きを見ながら、デンソーが最も活発に対応しているように見える。最近の新聞情報から要約しておこう。

①「NEC が持つ AI や車載ソフトのシステム開発力を活用」、東芝と「人間と同等以上の認識ができる AI 技術の共同開発で合意」(日本経済新聞、2016 年 12 月 24 日)
②「画像センサーでは世界首位のソニーとも連携」(日本経済新聞、2016 年 12 月 24 日)
③ 2017 年、半導体の設計・開発の新会社「エスエヌアイテクス」を設立
④ ルネサスエレクトロニクスへの出資拡大、「自動運転などに使う車両制御システムの開発で、半導体の先端技術を持つルネサスとの連携を深める」(日本経済新聞、2018 年 3 月 10 日)

　ここにきて半導体の新会社を設立し、大手 IT 企業との共同開発を進めるデンソーの動きは注目される。半導体メーカーの総力を結集して AI 技術の進化に結びつけることが期待されている。
　一方、協調領域である自動走行地図の作成については、2016 年に「ダイナミックマップ基盤会社」が、産業革新機構と地図・測量会社、自動車会社の共同出資で設立され、高精度の 3 次元地図データの生成・維持・提供を行うことになっている。また通信インフラでも路車間通信(赤信号注意喚起、右折時注意喚起等)、車車間通信(緊急車両存在通知、通信利用型レーダークルーズコントロール)について検討が進められている。また自動走行の実証実験も

2017年12月18日に、日本初となる公道での車両内無人自動走行を石川県輪島市で開始している。「今後もセンサー、アルゴリズムなど車両システムの高度化を図りつつ、実証実験を順次実施予定(5)」である。

　自動走行技術開発に対する政府の支援措置としては、

　　①基幹OSやAI半導体の基礎研究・開発に対する支援
　　②AI技術者の育成支援

が考えられる。しかし前者については、すでにトヨタ自動車やデンソー等の企業が自社内で開発に取り組んでおり、また一部の自動車・電気の大企業が、ベンチャー支援を行っている。大企業間における提携も活発であり、各社の努力の中から画期的なイノベーションが生まれることが期待される。政府の役割としては、たとえば半導体等のハードの分野で、各社の研究が手薄な要素技術の基礎研究等を支援するべきである。関連企業間の共同研究体制を構築して、大学研究室や政府系研究機関の参加を促し、技術の裾野を拡大しておく必要がある。また政府系研究機関が大学研究室やベンチャー企業と研究組織をつくり、資金や設備の面で協力する方法も推進すべきである。自動走行の二大コア技術の確立レベルが日本の自動車産業の将来を決定するかもしれないから、全ての可能性を追求しなければならない。

　政府系研究機関が中心になって研究・開発組織を立ち上げるケースでは、留意しておくべき問題がある。第5章における企業のイノベーション事例で検討するが、成功した大イノベーションには以下の必要条件が存在している。

　（イ）企業トップの同意による資金、設備の提供
　（ロ）内外の幅広い知識・技術の内部蓄積と新情報の吸収
　（ハ）イノベーションの可能性と方向性を確信して基礎研究をリードする
　　　　イノベーターの存在

(ニ) イノベーターに協力するT型スキル（特定の専門知識に加えて多様な知識・技術を吸収・応用する能力、第5章注（39）参照）を持つ技術者集団の存在、また彼らが探索（サーチ）と選別（セレクション）を繰り返して技術の統・融合を実現すること

　言うまでもなく、特定分野の深い知識・技術によって製品化を実現するI型スキルの技術者は不可欠である。しかし、複雑多様な知識・技術を統合して実現される大イノベーションのコア人材は、直感力・構想力に優れた個人または少人数のグループからなるイノベーターと、強い使命感をもって彼等を支えるT型スキルの技術者集団である。基礎研究を開始してイノベーションを発起するイノベーター、基礎研究に基づいて要素技術を研究・開発し、諸技術統合によって製品化の道筋をつける応用研究グループが一体となって不退転の決意で取り組まなければ、大きなイノベーションは成功しない。政府系研究機関と大学研究室、ベンチャー企業との共同研究組織は、このような人材を適切に配置して、強力なチームを形成しなければならない。政府系研究機関は人材を確保・育成し、大学やベンチャー企業との協力を推進していくべきである。資金や設備を提供するだけでは、イノベーションは実現されないと考えるべきであろう。
　第二のAI人材の量・質の拡充も、緊急重要事項である。トヨタがJR南武線沿いの電気メーカーの技術者に「あの電気機器メーカーにお勤めなんですか！それなら弊社にきませんか」と呼びかけた求人広告はかなり話題になったが、大手IT企業も必死になって人材の確保に努力している。大学院、大学学部学科、高等専門学校におけるAI教育を、急いで拡充しなければならない。数学と統計・確率の得意な学生は高専にも多い。自動車産業という日本の最重要産業が、AI革命という非連続技術革新に直面している。政府と経済界が徹底的に議論して協力し、この最大の難局を乗り越えなければならない。

2 IoT（Internet of Things）

　IoTは、あらゆるモノがインターネットで結ばれる「モノのインターネット」のことであるが、製造業においては、部品、製品、機械設備等にセンサーをつけて得られる膨大なデータをクラウドコンピューティングによって、さまざまなビジネス情報として活用するのが一般的である。たとえば機械設備に取り付けたセンサーで、時々刻々変化する発熱状況や微細なゆがみを察知して、機械故障を未然に防いだり修繕するといったケース、あるいは全世界に販売されて過酷な自然環境下で稼働している土木・建設機械について同様の分析を行いながら、機械の稼働状況から市場の動向を予測して自社生産量を適切にコントロールすること、等の活動は、すでに広範に行われている。近年におけるセンサー価格の低下によって大量のデータ収集が可能となり、それを大手IT企業のサーバーに蓄積しながら分析するシステムが、すでに現実化している。経済産業省の資料によって示せば、図1-1のようになる。(6) さまざまなデータをインターネットに接続して情報処理し、予知や保全、生産最適化、部品・製品の設計変更、最適製品構成の実現、等によって、生産性向上や新たな付加価値創造に結びつけるのがIoT導入の目標である。

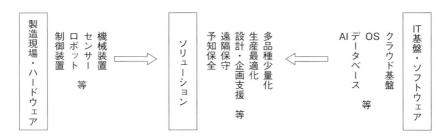

図1-1　IoTto ソリューション

出所：経済産業省「『Connected Industries』推進に向けた我が国製造業の課題と今後の取り組み」（一部修正）。

しかしIoT化の実現は簡単ではない。前出の2016年の経済産業省の調査から一部抜粋すれば、次のようになる。[(7)]

　◎個別工程・生産工程全般の機械の稼働状況をセンサーなどで「見える化」しているのは約4000社のうち14〜16％、計画中が7％強、データ収集も行っていない企業が38％以上存在する。データ収集も行っていない企業が前年の60％強から大幅に比率低下していることから関心は高まっていると見られるが、IoT化の現状は満足できるレベルではない。また人員の稼働状況の「見える化」についても、同様の傾向が認められる。

　一方、同じ資料で「人手不足対策」という視点から分析した調査では、現在、最も力を入れている取り組みは、約2400社の回答で次のようになっている（なお括弧内は、今後、特に力を入れたい企業の数値である）。[(8)]

　　定年延長によるベテラン人材の活用　52.1％（12.5％）
　　女性活躍の職場環境整備　11.0％（10.2％）
　　多様な働き方の導入　3.5％（9.9％）
　　外国人の登用等　8.7％（10.4％）
　　ロボット等の導入による省人化　11.2％（19.2％）
　　IT等の活用　6.0％（21.7％）
　　特にない　6.4％（14.4％）
　　その他　1.1％（1.7％）

ここでも、IoTに結びつくロボット導入やIT活用は合計しても17％強である。ただし、今後に力を入れたい分野としては多くの企業が指摘しており、IoT化を真剣に考える企業は増加している。大企業では工場自動化の一環として必要なIoT投資は行っていると思われるから、問題は中堅・中小企業であろう。（イ）センサー類の購入やシステムの構築にかなりの費用が

表 1-1　IoT・IT 活用と成果

企業	業種	従業員数	内容
A	自動車部品	480 名	センサーモニタリングシステムを自社開発し、それを生産設備につなぐことによって部品生産を「見える化」。生産性を短期で向上させ労務費を大幅削減。単純作業を極力デジタル化し、改善活動の工夫といった人にしか出来ない仕事に従業員が取り組むことで「働き方改革」も実現。システムの外販も実施。
B	一般機械器具	120 名	社内に蓄積されている高度技能を製造現場における職人の暗黙知にとどめるのではなく、設計段階で全工程を 3D データーにおとしこむところに生かし、スピーディーなコンピューター活用による設計／開発／製造／試験の一気通貫生産システムを構築。リードタイムもコストも従来比 50％以下に低減。
C	自動車部品／航空機部品／医療用機器	170 名	一個流しの多品種少量生産が増加しており IT, IoT を駆使した独自の管理システムを開発。組織全体を管理するものではなく、個人の気付きを大事にしつつ、効率的に作業が行える仕組みを安価なセンサーやモジュール、タブレット端末等を活用して自社開発。システムの外販も実施。
D	金型	75 名	埋め込み式の特注センサーを用いて、従来、匠にしか見えなかった射出成形中の樹脂の流れや金型挙動をセンシング、型の開き具合からリアルタイムで成型機へのフィードバック制御等を実施。自社内での部品試作時にデータを得ることで、金型出荷と同時に分析データを提供し、予防保全、故障時における技術陣の早期対処に役立てるサービスも実施。

出所：経済産業省「『Connected Industries』推進に向けた我が国製造業の課題と今後の取り組み」（一部修正）。

かかること、（ロ）システム管理人材の不足、といった課題を克服して、中堅・中小企業の IoT 投資を推進していく必要がある。

しかし最近では、AI 開発企業が IoT サービスをシステムとして販売するケースもあり、IT 人材不足の中小企業でも導入が容易になってきている。たとえば「ソニーは工場での検査工程を自動化するシステムを売り出す。独自開発した人工知能（AI）を活用。プログラミングなど専門知識なしに、撮影した画像から部品などの良否を判別する」（日本経済新聞、2018 年 4 月 6 日）。企業はサーバーを設置したりシステムを構築したりする必要がなくなり、投資額も半分以下になる。IoT 時代が到来している。

IoT、IT 導入の効果を見ておこう。経済産業省の先の資料から、いくつかの企業の事例を示したものである（表1-1）。

これらの企業は、IoT、ITを自社の生産工程や設計段階でフィットするように使いこなしている。代表例である企業Aのように、センサーを生産設備につないで製造プロセスを「見える化」して問題点を把握し、大幅に効率性を改善しているのである。また企業Bでは社内技術を設計段階で活用するのにIoT、ITを利用し、企業Cは多品種・少量生産の管理に使っている。匠にしか見えなかった生産の細部を理解して、顧客サービスに使うこともできる（企業D）。IoT、ITの導入は、かなりの生産性向上効果が期待できる。

　問題は前述したように、導入のコストとシステムの構築・管理の人材不足であろう。自社にとって最適のシステムを構築できる技術者が、中小企業では絶対的に不足している。ソニーのような大手IT企業がAIを駆使したサービスを提供するとしても、不良品チェックというような領域が中心になり、生産・開発の効率化に関する核心部分は自社独自のIT開発を考える経営者が多いと思われる。中小企業サイドの要求に応えるためには、IT、IoT導入のメリットを説くだけでなく、IT人材育成を含めた具体的な政策的支援措置を考える必要がある。

　政府は平成28年度より「スマートもの作り応援隊」を全国25拠点に設置して、中小企業に専門人材を派遣し、中小企業の課題に応じた改善策や技術をアドバイスしている。「IoT・ロボットなど技術の説明よりも、自社の課題の解決に関心」がある中小企業のために、以下のような目標を掲げている。

① リードタイムの短縮
　　仕掛かり在庫の極小化
　　作業動線の短縮化
　　多能工化の推進
　　作業の合理化
　　製造指示の作成
② 下請け生産からの脱却
③ 企業OBの海外流出防止

④身の丈にあったロボット・IoT活用促進

　このような地に足の着いた相談と対応のシステムのなかで、IoTやIT導入のメリットを中小企業に理解してもらうべきである。そして時間をかけて中小企業の開発人材を育成して、各企業独自のIT、IoTを確立できるように支援していく必要がある。その結果として、日本の中小企業が従来からの改善力に加えて新レベルの競争力を保持することが期待される。しかしそのためには、中小企業の研究・開発と人材育成に対する制度的な支援組織が鍵になる。ドイツにおける産・学の地域密着型研究組織フラウンホーファ研究機構では職員の20％以上を占める大学院生や研究職員が中小企業の研究・開発を支援して、最終的に市場で売れる製品開発を行っている。これは中小企業の技術力向上を直接的に実現する点で、目指すべき究極のモデルである。[10]

3 ロボット

　「ロボットとは、センサー、知能・制御系、駆動系の3つの要素技術を有する、知能化した機械システム[11]」である。2015年の出荷額約8,000億円において、主に工場の生産活動に導入された産業用ロボットが85％程度、残りをいわゆるサービスロボットが占めており、産業用ロボットの輸出比率は71％に及んでいる。日本はロボット稼働台数が約30万台で世界全体の5分の1を占めるロボット大国である。日本の製造業における効率的生産システムや高品質製品の生産を支えてきた一因が、卓越したロボット生産技術にあったことは疑いがない。しかし近年、新たなロボット技術の登場により、日本の優位は予断を許さない状況になりつつある。

1　AI（人工知能）とロボット
　産業用ロボットの役割は、溶接・塗装・組み立て等の特定の作業を正確

に行うことである。(イ) 単純作業を高速で行うこと、(ロ) 高熱・高湿度といった厳しい条件下で作業すること、(ハ) 微細加工などの複雑な作業を熟練作業者に代わって行うこと、等が期待されていた。いずれにしても仕事の内容は決まっており、ロボットはその目的を実現するために導入された。いわゆる、機械・制御系技術に基づくロボットなのである。しかし現在進行中で、今後はロボットへの導入が考えられているディープラーニング（深層学習）技術は、大量のデータを与えればデータの特徴を正しく理解する認識系の技術である。部品や材料の検査や管理、部品・製品・機械・工程の設計、生産の手順や方法、等のおのおのの領域において、人間が思いもつかない着想をディープラーニングで生み出すロボットが登場すれば、工場は一変する。将棋や囲碁の世界で起こっていることが、企業活動の現場で起こらないとは断言できない。

　表1-2は、このようなAIロボットを想定して、日本企業の競争力を考えた経済産業省の資料である。

　日本は、ロボットの眼にあたるセンサーや体を動かすモーター類、素材の技術には十分な競争力があるが、ここでもソフト、人工知能のアルゴリズムにおいて劣勢である。この分野はアメリカの巨大IT企業のグーグルやマイクロソフトが圧倒しているが、トヨタも自動運転でAI開発に注力しているし、ロボット向けAIについてもベンチャー企業が活動を始めている。プリファードネットワークス（PFN）は製造ロボット向けのディープラーニング用ソフトを開発しているし、名古屋のティアフォーの自動運転ソフト技術も高く評価されている。今後は（イ）自動車、電気、機械の大手企業とAIベンチャー企業の連携強化、（ロ）産業技術総合研究所（産総研）や情報通信研究機構（NICT）等の政府系研究組織とベンチャー企業の共同技術研究、（ハ）政府系ファンドによる産業創造資金でベンチャー支援、といったあらゆる方法で、AIロボットの頭脳の開発に取り組まなければならない。

表1-2 ロボットに係る日本の強み・弱み

	要素技術	強み・弱み	競争の状況
脳	人工知能（ディープラーニング）	*	*日本にも優れた企業が生まれているが、全体的な層は欧米が厚い。米Google の TensorFlow、Microsoft の Azure Machine Learning、日ブリファーネットワークスの Chainer ※オープンソース化が進展
	計算能力（HPC）	○	性能指標 HPCG（High Performance Conjugate Gradients）世界第1位 京（日） 2位 天河2号（中国） 3位 Oaktforest-PACS（日） 消費電力性能部門 GREEN500 世界1位 Shoubu（日） 2位 Satsuki（日） 3位 Sunway TaihuLight（中）
神経	OS	×（△）	米 ROS（OSRF, Open Source Robotics Foundation）※Linux をベースとしたオープンソース
視覚	CMOS イメージセンサ	○	日系シェア 45.5％、米国系 28.3％、韓国系 16.9％
	ロボット用赤外線センサ	○	日系シェア 81.8％、米国系 28.3％
	ロボット用ビジョンシステム	△	欧州系シェア 36.2％、日系シェア 33.2％、米国系 30.6％
触覚	ロボット用力覚センサ	○	日系シェア 100％
体・動作	アクチュエータ 小型モータ	○	日系シェア 47.7％、中国系 33.8％、欧州系 10.9％
素材	炭素繊維複合材	○	日系シェア 82.5％、米国系 16.6％
エネルギー	蓄電池 リチウムイオン二次電池	×	韓国系シェア 43.1％、中国系 42.4％、日系シェア 14.5％
	同 車載用	△	中国系シェア 45.7％、日系シェア 37.4％、韓国系 16.0％
デザイン	最終商品	○	産業用ロボット 日系シェア 56.5％、欧州系 25.2％ 工作機械用制御盤（CNC）日系シェア 60.1％、欧州系 34.5％
統合・制御		—	（※今後、複数のロボットの協調・制御等の技術が重要となってくる可能性）

出所：経済産業省「産業構造審議会第11回新産業構造部会」資料。

→今後、ロボット単体も AI などにより高度化していくとともに、人とロボットあるいは複数のロボットが協調して作業を行う状況が増えてくると見込まれる。

2　サービスロボット

　現在、日本の社会・経済が直面している深刻な問題として、（イ）高齢者人口の急増、（ロ）15歳から65歳の生産年齢人口の減少、が考えられる。高齢者に対する介護サービスの拡充、労働人口減への対応としての多様なロボットの導入、が必要であり、各種のサービスロボットの開発が期待されている。まず、介護の問題から考えていこう。

　政府はロボット介護機器開発・導入促進事業として、平成29年度予算で16.4億円を投入し[12]、（イ）ベッドからの移し替え支援、（ロ）歩行支援、（ハ）排泄支援、（ニ）認知症の方の見守り、（ホ）入浴支援、の5分野についての機器開発を促進している。2020年には介護ロボットの国内市場を500億円に拡大し、ロボットの導入によって介護者の腰痛等の身体的負担を軽減するとともに、介護の質の向上を目指している。介護機器の分野には、今後、金型や自動車部品等の生産企業の参入が見込まれるので、安全基準の整備や新製品の現場実証のシステムを整える必要がある。他分野からの参入企業にとっての最大の困難は、自社製品を介護現場で試験的に使用してもらって評価を得ることである。高品質の介護サービスロボットを開発するためには関係省庁も協力して、現場実証の枠組みを作る必要がある。

　第二に、現在でも人手不足が問題になっているサービス産業、特に物流、飲食・宿泊、卸・小売り業等へのロボット投入の可能性を考えなければならない。たとえば飲食・宿泊業において、集配膳や清掃といった作業の一部はロボットで代替できる。多くのサービス産業で、一部の分野はロボットで対応できるのである。問題は（イ）当該分野の現在における市場規模では大手メーカーは開発に乗り出さない、（ロ）すでにロボットが開発されていても導入コストが高すぎる、といったケースである。事情は介護分野でも同じであり、技術と市場の両面でサービスロボットは幼稚産業分野である。この場合、多方面からの参入を促しながら支配的技術を確立させ、また合わせて利用者側の新製品導入支援措置も考えておく必要がある。

　さらに重要な視点がある。先に産業用ロボットのAI化に言及したが、

サービスロボットのAI化はそれ以上に重要であるかもしれない。日本のみならず、中国を含めた多くの国で高齢化が進んでいく。高学歴化や外国人との交流もさらに深まっていくだろう。介護、医療、学習、外国人との会話、老齢者の見守り、等々、人間の求めるサービスは無限である。不完全でも人間と一定の会話ができてサービスを提供する対話型ロボットが登場すれば、市場は爆発するかもしれない。簡単な会話はすでにチャット・ボット（会話AI）で実現されており、今後、ディープラーニングによる「意図解釈」とルールベースの「対話制御」の技術を発展させていけば、少子高齢化のトップランナーである日本がサービスロボットで主導権を握れるかもしれない。そのためにも、とにかくAI開発の人材育成に全力で取り組むべきである。

注

（1） 「科学技術白書」平成29年版、167頁。
（2） 「官民ITS構想・ロードマップ2017」内閣府、5頁。
（3） 同上、48頁。
（4） 桃田健史「IoTで激変するクルマの未来」洋泉社、2016年、26頁。
（5） 経済産業省自動車課「自動走行を巡る経済産業省の取組」
（6） 経済産業省「『Connected Industries』推進に向けた我が国製造業の課題と今後の取り組み」6頁を修正。
（7） 同上、10頁より一部を抜粋。
（8） 同上、13頁による。
（9） 同上、22頁。
（10） フラウンホーファー研究機構については、第Ⅱ部第6章で言及する。
（11） 経済産業省「ロボット革命の実現に向けて」、1頁。
（12） 同上、18頁。

参考文献

［1］ 井上久男『自動車会社が消える日』文藝春秋、2015年
［2］ 小林雅一『AIの衝撃』講談社、2015年
［3］ 西垣通『ビッグデータと人工知能』中央公論社、2016年
［4］ 三宅陽一郎『なぜ人工知能は人と会話ができるのか』マイナビ出版、2017年
［5］ 桃田健史『IoTで激変するクルマの未来』洋泉社、2016年
［6］ 経済産業省『自動走行を巡る経済産業省の取組』

［7］　同上「『Connected Industries』推進に向けた我が国製造業の課題と今後の取り組み」
［8］　同上『ロボット革命の実現に向けて』
［9］　総務省『次世代 AI × ICT データビリティ戦略』
［10］内閣府『官民 ITS 構想・ロードマップ 2017』
［11］文部科学省『科学技術白書』

第2章
農業におけるイノベーション

1 日本農業の現状

　戦略的イノベーション創造プログラム（SIP）において次世代農林水産業創造技術は、「農政改革と一体的に、革新的生産システム、新たな育種・植物保護、新機能開拓を実現し、新規就農者、農業・農村の所得増大に寄与」するものとされている。制度改革を進めながら、イノベーションによって農業の発展を企図しているのである。まず日本農業の現状を農林水産省の「食料・農業・農村白書」（2017年版、以下は白書と略）を中心に概観しておこう。図 2-1 は、農業産出額がピークの 11 兆 7 千億円となった 1984 年以降の総産出額と生産農業所得（＝産出額－物的経費＋補助金）を示している。この間、産出額に占める比率が激減したのは米で、34％から17％に半減した。一方、シェアを上げたのは畜産（28％→35％）と野菜（17％→27％）で、米生産の激減による日本農業の停滞を部分的にカバーした。

　農業従事者の状況も激変した。表 2-1 は、白書の示している販売規模別の農業従事者数であるが、2015 年は 175 万人で 2005 年に対して 49 万人の減少となった。販売額が 1〜5 億円以外の全ての層で減少しており、特に所得水準の低い層で激減している。「儲からない農業」に見切りをつけて高齢者が離農し、後継者として若者が参入してこないことが背景にある。図 2-2 に

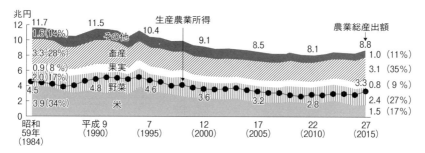

図 2-1　農業産出額、生産農業所得

資料：農林水産省「生産農業所得統計」。
注：その他は、麦類、雑穀、豆類、いも類、花き、工芸農作物、その他作物、加工農産物の合計。
出所：食料・農業・農村白書（平成 29 年版）57 頁。農林水産省。以下「白書」略記。

表 2-1　農産物販売金額規模別の基幹的農業従事者数

(単位：人、%)

	平成 17 年 (2005)	22 (2010)	17-22 年の増減率	27 (2015)	22-27 年の増減率
計	2,240,672	2,051,437	− 8.4	1,753,764	− 14.5
300 万円未満	1,179,268	1,169,846	− 0.8	999,762	− 14.5
300 〜 700	379,907	308,366	− 18.8	253,066	− 17.9
700 〜 1,500	307,429	259,587	− 15.6	216,092	− 16.8
1,500 〜 3,000	157,257	133,507	− 15.1	119,022	− 10.8
3,000 〜 5,000	57,795	46,697	− 19.2	46,260	− 0.9
5,000 万〜 1 億	24,425	21,259	− 13.0	23,067	8.5
1 〜 3	6,786	6,307	− 7.1	6,852	8.6
3 〜 5	388	354	− 8.8	500	41.2
5 億円以上	225	128	− 43.1	156	21.9

資料：農林水産省「農林業センサス」。
注：「300 万円未満」に販売なしは含まないため、計と内訳の合計は一致しない。
出所：白書、39 頁。

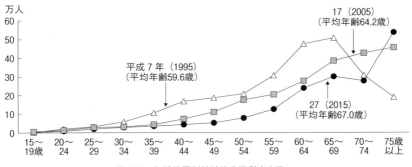

図2-2 年齢階層別基幹的農業従事者数

資料：農林水産省「農林業センサス」。
出所：白書、40頁。

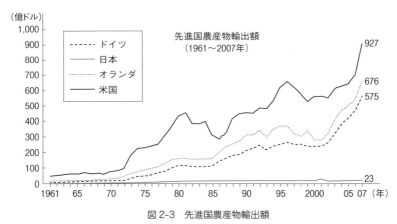

図2-3 先進国農産物輸出額

資料：経済産業省『通商白書2010』より。
出所：大泉一貫『希望の日本農業論』、22頁。

よれば2015年における農業従事者の平均年齢は67歳、75歳以上の比率も高い。また販売額が300万円未満の農業従事者の平均年齢は70.9歳である（表2-2）。今日、日本の農業は、数の上では70歳以上の高齢者が中心になってほとんど利益を生まない農業（販売マイナス費用ではおそらく赤字）を行うことで支えられている。その一方で、販売額が5,000万円以上の「儲かる農業」では平均年齢が55歳以下、普通の事業体として成長していると見られ

る。農業では二極分化が劇的に進行しているのである。

米の生産量が減少し離農が増加した基本的背景は、国民の食生活の大きな変化であった。米中心からパンや肉類を大量に消費する食生活に変化してきたため、政府は米の減反政策で供給量を制限した。零細小土地所有に立脚する日本の米作農業に輸出競争力はなく、畜産や酪農に転業して輸出に活路を見出すこともできなかった。図2-3は大泉一貫氏の著作で示されたものである。日本の農産物輸出が一貫して低調であった1970～80年代に、日本と同様に国土も広くないオランダやドイツが農産物輸出を急増させて、アメリカに次いで世界2位、3位の輸出大国になった事例である。(1)あまりにも衝撃的な事実であり、商業的農業への転換に失敗した日本農業は、世界で戦う能力も気力も失ってしまったように思われる。因みに2014年の日本の農林水産物の輸出額は6,117億円、総輸出額73兆1千億円の0.8％程度しかない。近年、香港、アメリカ、台湾等における日本食ブームで輸出も増加傾向にあるが、輸出型農業育成の道はあまりにも遠い。

さて、農業生産の停滞や国際競争力喪失の根本原因が小規模零細農業にあることは明白であったから、政府も規模の拡大や法人化の推進、他分野からの企業参入の許可といった規制緩和を行い、「農家保護」一辺倒から「農業の競争力強化と農家所得の向上」に注力するようになった。主たる規制緩和策を要約すると、以下のように示される。

① 2001年　　株式会社形態における農業生産形態の認可
② 2003年　　リース方式による一般法人の農業への参入許可
③ 2009年　　農地リース期間の上限を50年に延長して一般法人のリー

表2-2　農産物販売金額規模別の基幹的農業従事者数の平均年齢（平成27（2015）年）

（単位：歳）

	平均年齢
平均	67.0
300万円未満	70.9
300～700	64.4
700～1,500	60.2
1,500～3,000	57.1
3,000～5,000	55.2
5,000万～1億	54.0
1～3	53.4
3～5	53.5
5億円以上	53.1

資料：農林水産省「2015農林業センサス」を基に作成。
出所：白書、40頁。

スによる参入の実質的自由化
④ 2014 年　「農地中間管理機構」が農業経営者への農地斡旋、農地集積を推進

　機構は各県に一つ作られるが、市町村が委託されて業務を行う。
⑤ 2015 年　一般法人の議決権を有する出資比率を 50％未満にまで引き上げ

　まず法人経営体の数は、表2-3 に見るように、2005 年の 8,700 経営体が 2015 年には 18,857 にまで増加した（白書31頁）。年間販売額が 5 億円を上回るケースも 851 経営体となっている。複数の農家が法人組織を作ったり、法人化した農業事業会社に土地をリースしたりして、法人経営体は数と販売規模を拡大している。たとえば白書が紹介している事例であるが（白書、36

表 2-3　農産物販売金額規模別の法人経営体数

(単位：経営体、％)

	平成 17 年 (2005)	22 (2010)	27 (2015)	17-27 年の増減率
計	8,700	12,511	18,857	116.7
300 万円未満	892	1,314	2,642	196.2
300 ～ 700	618	1,002	1,809	192.7
700 ～ 1,500	869	1,625	2,723	213.3
1,500 ～ 3,000	1,082	1,892	2,920	169.9
3,000 ～ 5,000	937	1,525	2,082	122.2
5,000 万～ 1 億	1,370	1,694	2,364	72.6
1 ～ 3	1,581	1,872	2,243	41.9
3 ～ 5	409	516	672	64.3
5 億円以上	547	648	851	55.6

資料：農林水産省「農林業センサス」。
注：1）法人経営体は、法人の組織経営体のうち販売目的のものであり、一戸一法人は含まない。
　　2）「300 万円未満」に販売なしは含まないため、計と内訳の合計は一致しない。
出所：白書、31 頁。

頁)、2015年に設立された福井県小浜市の「株式会社若狭の恵」では地元のデザイン会社経営者を代表取締役に迎えて従業員5人、パート社員数人で、農地中間管理機構が集積した土地150ヘクタールで主食用米、飼料用米、大麦、ひまわり等を作付けしている。法人化と規模の拡大は、まさしく進行中である。また一般法人の農業への参入も急増しており、2010年では175法人にすぎなかったものが2016年には2,222法人となっている。農業・畜産業以外からは、食品関連産業、建設業からの参入が多く、営農作物としては野菜が42％を占めている（白書33頁）。従来の家族単位による米・野菜の生産農業から一変して、大企業や大農業法人が資本集約的な農業を営む形態へと移行が始まっている。

2 企業としてのイノベーション経営

　農業生産法人の増加や他業種からの参入増は、農業を営む経営体の多くが企業として内外のライバルと競争しながら、利益と成長を追求していくことを意味している。1ヘクタール未満の土地を耕作する小規模農家も、兼業による休日農業として残ると思われるが、土地の集約化が進行する地域における主たる生産活動は、農業企業体中心に行われるようになるだろう。最早、全ての生産者が関税や補助金で保護されることは不可能で、農業企業体は各種製造業と同様、厳しいイノベーション競争に突入していくことになる。現代の資本主義的競争の本質はイノベーション競争であり、それは以下の二点に要約される。

　①市場の不確実性への対応
　②イノベーションを生み出す根源的な能力（コア・コンピタンス）の蓄積と
　　さまざまなイノベーション戦略の企画・実行

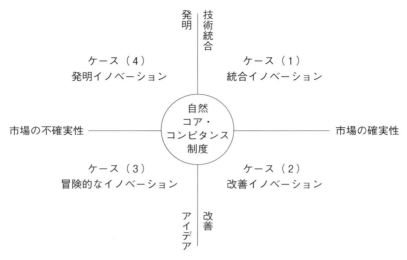

図2-4 さまざまのイノベーション

　図2-4は、各種のイノベーション活動をケース（1）～（4）に分類して、中心円にはイノベーションの源泉となる企業能力（コア・コンピタンス）を記入している。またイノベーションを含む農業生産活動を常に制約する自然条件と制度も円内に加えた。[(2)]

　第Ⅱ部で詳しく議論するが、ケース（1）、（2）は現在の市場を前提にしたり、将来に対するかなり確実な予見に基づいて、企業が各種のイノベーションで対応している場合である。まずケース（2）は全ての企業体が行うイノベーション活動で、ここでは、（イ）農業生産活動の改善・合理化、（ロ）耕作地拡大による規模の利益の追求、（ハ）[(3)] IoTの活用による省力化・改善、等が考えられる。「改善」の領域とする。一方、ケース（1）は、大規模植物工場や自動運転農機の導入等さまざまな技術を統合して投資を行い、競争優位を実現する技術統合のイノベーション活動である。「統合イノベーション」と呼ぼう。

　ケース（3）、（4）は、市場が不確実である状況下でのイノベーションである。（3）は斬新なアイデアや決断力でニッチな市場を開発したり、他企業が

思いもつかない新製品を投入して成功するイノベーションで、ここでは「冒険的なイノベーション」とする。ケース（4）は、未知あるいは極めて不確実な市場に対して発明や画期的な技術革新でチャレンジするケースで、「発明」の領域である。バイオテクノロジーの活用が代表的な事例になる。

　まず円内の自然条件と制度について言及しておこう。自然条件については、中山間地域で営まれている小規模な畑作や水田農業と、農地の集積で大規模化が可能な平野部の農業とを区別しておく必要がある。前者においては段々畑に象徴されるように、規模拡大による効率化は期待できない。この分野における農業は人間の生活と自然との調和を実現するクッションになっており、生態系を維持しながら国土の荒廃を防ぐ役割を果している。耕作者の高齢化とともに作業が不可能になって村落が崩壊しないように、ロボットスーツや作業支援ロボットを提供して支援していくべきである。またこのような中山間地域においては、後述する「冒険的なイノベーション」にチャレンジして、村落の活性化を追求することも考えられる。料理のつまとして使われる「葉っぱビジネス」で大成功した山村もある。

　一方、平野部の農業においても、狭い国土からくる狭隘な耕地面積と効率化の限界がしばしば議論されてきた。しかし我が国においては牧草地としてしか利用できない荒れ地は少なく、農耕適地は十分に存在するという声もある。温帯モンスーン気候は農業に適しており、自然条件が決定的なハンディキャップになっているわけではない。オランダやデンマークの国土も小さいが、両国は世界有数の農業輸出大国である。"狭い国土"を農業の非効率性やイノベーション力の欠如の原因とするわけにはいかない。

　これに対して、制度化してしまった小農・小土地所有は、たしかに農業の競争力強化を阻害することになった。高価な農業機械の導入は農作業の肉体的疲労を軽減したが、狭い土地では効率的に利用されない。日本農業は良質の米・麦・野菜を作ることはできたが、世界の標準とは異質の高コスト農業になってしまった。しかし現在、政府の政策転換で農地の集積も進んでおり、農業法人の設立と他産業からの参入によって日本農業は大きく変わりつ

つある。世界のライバルたちとの競争に打ち勝つ農業をつくるためには、今後はイノベーションを積極的に推進する企業者的農業が展開されなければならない。以下ではおのおののイノベーションについて代表的なケースを検討し、あわせて白書、新聞、先行研究からの事例を見ておこう。

1　改善イノベーション——ケース（2）

コストダウン、品質の向上、省力化、営業力の強化、等の日常的なイノベーションは、全ての企業者的農業が追求する課題である。

①**農地集約と直播栽培**——前出の小浜市の「若狭の恵」では、150ヘクタールの水田のうち、90ヘクタールに主食用米、60ヘクタールに飼料用米や大麦、ひまわり等を栽培している。大農地での米の大量生産は農機具の効率的利用につながり、直播栽培は「種籾を直接田に播種する栽培方法で、慣行栽培（移植栽培）で必要な育草や移植の作業を省略できる」（白書、310頁）。両効果で大きなコストダウンが期待されている。

②**大規模水田複合経営**——静岡県森町では「稲作はレタスの連作障害を回避し、地力を回復するための『クリーニングクロップ』として位置づけられている」。「レタス1ヘクタール＋スイートコーン1ヘクタール＋水稲2ヘクタール」が1つのユニットとなり、この比率で拡大していくのである。水田はレタスの連作障害を回避して地力を回復するために利用されており、レタスとコーンで利益を上げる工夫が行われている。（大泉一貫参考文献(1)、120頁）

③**営業力の強化**——千葉県の「和郷園」は出荷販売組織を複数作り、それぞれがそれぞれのお客のニーズに対応する形をとり、仲間を増やすことで顧客ニーズへの対応力を増やしていった。和郷園は生鮮野菜の生産と加工で、2013年の売上高が39億円を上回っている。

（大泉一貫　参考文献(1)、90頁）

④ IoT 活用——香川県では県農業試験場が「葉ねぎ省力安定生産コンソーシアム」に協力してデータ収集端末を各地の農家に設置して、「各地の気象・土壌のデータやカメラ画像を同端末で得て、内蔵した通信機能によりクラウドサーバー上に蓄え、生産者らがスマホやタブレットで確認できるようにする。蓄積した情報をビッグデータとして解析し、葉が変色して枯れてしまう、べと病の発生や予防にいかすほか、出荷時期の判断にも活用して作業効率化につなげる」ことにしている。IoT を活用して身近な改善を実現するイノベーションである。(日本経済新聞、2017 年 9 月 21 日)

企業としての農業経営が行われることでさまざまな改善イノベーションが試みられ、成功者には利益と企業成長をもたらすことになる。農業におけるイノベーション競争は、まだ始まったばかりである。

2　冒険的なイノベーション——ケース (3)

顕在化している市場は存在せず、情報収集の後に最後は企業者の戦略的思考で決断されて、ライバル企業が思いもつかなかった新製品を生産して市場投入するイノベーションである。通常の製品差別化は改善イノベーションに含めて考えられるが、アイデアと決断力によって独自の市場を創造する特徴的なイノベーションである。第Ⅱ部で説明するブルー・オーシャン戦略と重なる面が多いので、そこで取り上げられているオーストラリアのカセラ・ワインズの例を簡単に説明する。[(4)]

カセラ・ワインズは自社の製品「イエローテイル」をアメリカで販売するにあたり、従来のワインの常識にとらわれず、「誰でも気楽に飲めるこれまでにない楽しいワイン[(5)]」として参入し、瞬く間にヨーロッパ産ワインやカリフォルニアワインを押しのけて業界トップの座についた。アメリカ人が日常的に飲んでいるビールやカクテル類のように「気楽に飲める楽しいワイン」という顕在化していなかった市場を開発したアイデアの勝利である。同じよ

うな事例を日本の農業で探せば、ブロッコリーに含まれるスルフォラファンが体の防衛機能を高めるという研究成果に注目して、アメリカの研究者から日本における独占ライセンスを取得した広島県の村上農園の例が興味深い。1978年に設立された村上農園は99年よりブロッコリースプラウトの生産を開始、2016年の売上高は88億8千万円である。機能性健康食品の将来性を感知してライセンス取得に踏み切った決断が、今日の成功の鍵になったと思われる。今後もさまざまな機能食品や薬用植物の開発・生産のチャンスはあるだろう。大手農業法人はこの分野の研究・開発力を育成し、また大学等研究機関との関係を強化しておく必要がある。

さらに一例を挙げれば、徳島県の上勝町の「葉っぱビジネス」がある。1980年代後半、寒波で大被害を被ったみかん栽培にかわって始められた新事業は、現在、200軒余りの農家や情報提供会社を中心に、年間で2億6000万円の売上高を実現している。ひいらぎ、南天、さざんか、蓮の葉等を、料理のつまとして京阪神の料亭に販売しており、山村における新事業開発の成功例である。山間部で採取した葉や花を営農指導員が出荷し始めたのがきっかけとなり、足を運んで料亭のニーズを調査したことが成功につながった。新事業の種を見つけるのは容易ではないが、アイデアと行動力で実現した冒険的なイノベーションの好例である。

3　技術統合イノベーション──ケース（1）

ケース(1)は、市場はほぼ確実に存在するが、さまざまな技術を組み合わせたり大きな新投資を必要とするイノベーションを考えており、技術統合型イノベーションと呼ぶ。農業における代表例は、1980年代から登場した植物工場だろう。植物工場は太陽光型、太陽光・人工光併用型、人工光型に分かれるが、太陽光だけに依存するケースは従来のハウス栽培や施設園芸の拡張版と思われる。ここでは併用型と完全人工光型を取り上げることにする。

併用型と人工光型には一長一短があって、農業法人や参入企業の能力や栽培する作物の種類、予算規模等を考慮して決定される。両ケースとも光、温

度、培養液、二酸化炭素濃度等を工場内で適切に制御して（併用型の場合は日照不足時に人工光で補光する）、栽培植物にとっての最適環境を整える。しかし併用型の場合、夏の高温時に外気を入れるから、害虫対策で一定の農薬を使用することになる。また植物が太陽光を吸収するためには立体的な栽培は不可能で、広大な土地面積が必要になる。このため参入当初から広い耕作地を持つ農業法人に向いている。一方、完全人工光工場では狭い敷地で立体的な多段栽培を行うことができるが、全体を外界から完全遮断した「工場」であるために設備コストや電力費がかさむし、コスト的に可食部分の多い葉物野菜（レタス、ハーブ等）の栽培に限定される。一年を通じて天候や気候に左右されることなく生産可能で、農薬も使用しない安全で清潔な野菜が供給可能である。

「人工光型植物工場では、全設備コストの中で照明設備コストの占める割合が高くなり」(6)この低コスト化がポイントになっていた。従来は光源として蛍光灯が使用されることが多かったが、近年ではLED（発光ダイオード）価格の低下とともに赤色や白色のLEDが中心になっている。蛍光灯よりも寿命が長いし、空調費も少なくてすむ。植物栽培用のLEDは日進月歩で進化しており、LED大国の日本は世界をリードして植物工場を発展させていくことができる立場にある。しかし植物工場の全てがビジネスとして成功しているわけではない。完全人工光栽培の場合、初期投資は数億円以上とされており、この減価償却費とLED照明の電力費用や人件費等の変動費を加えると、大量生産・大量販売が伴わなければ利益は出ない。競争相手の露地物が豊作の場合は厳しい価格競争になるかもしれないし、過剰に生産した野菜は保存できないため製造業以上に難しい面がある。「2017年度は『植物工場』の45％が赤字」（日本経済新聞、2018年4月30日）という状況である。

問題の根源は、人工光型の植物工場は完全な工場であり、製造業で行われているイノベーションが常に実行されなければならないことである。（イ）LED照明の照射方法、培養液の濃度管理、立体的な温度管理、等のさまざまな生産技術の相違が野菜の育成やビタミン、ミネラルの含有量に関係して

くること、（ロ）最重要作業である定植や収穫もロボット投入で省力化できること、（ハ）高性能 LED の投入で消費電力の削減につながること、等々、さまざまな改善イノベーションの可能性があり、イノベーション力の差が植物工場間の競争力に優劣を発生させるのである。このため人工光栽培で有利な立場にあるのは、技術を蓄積して大規模化した専門的農業法人や電気、プラント、化学といった関連産業の大企業ということになる。一方、イチゴのように光量がレタスの２倍以上必要で併用型が有利な作物については、広い土地を持つ大規模農業法人が有利である。「連作障害も深刻なうえに、温度に対しても敏感な特徴をもっていますから、温度制御や培養液の成分制御ができる植物工場に極めて向いた作物」であり、改善力を有する大農業法人の植物工場に最適だろう。このように植物工場といってもいくつかのタイプがあり、自社の企業力（コア・コンピタンス）を発揮できる分野に進出しなければならない。

　もう一つの現在進行中の技術統合イノベーションは、農耕機械の自動化・ロボット化である。大手農機メーカーを中心に、トラクターや田植え機の自動運転技術が開発されつつある。これは人手不足が深刻な農業において救世主となるかもしれないが、大規模農業でないと投入の意味がない。農地の集積がさらに進行しなければ、自動運転機械の導入は難しいかもしれない。しかし将来の日本農業を考えれば、農業機械の自動運転化のメリットは大きい。さまざまな移動体に直面する一般車両の自動運転よりも、特定の農地で行われる農機の自動運転のハードルは高くないから、たとえば公道では地域限定のレベル３の自動運転を行い、私有地の田畑では完全自動運転を試みるのも一案である。新技術は"使用してみて学ぶ（learning by using）"が鉄則であるから、まずトラクターで自動運転技術を検証していくことは有益である。大規模農業が増加する一方、人材不足がさらに深刻化する事態に備えて、自動運転は政策的に推進されるべきである。

　また多様な農業用ロボットの開発も必要であろう。すでに収穫用ロボット等として実用化されており、京都のロボットメーカーのスキューズは、畑を

走行しながらディープラーニングで収穫期になったトマトを識別して収穫するロボットを開発している。同社の清水会長は語っている。「農業では人手不足が深刻だ。自動化の市場規模は大きい」(日本経済新聞、2017年7月10日)。

植物工場、自動運転、多様な農業ロボットの開発は、諸技術を統合し新投資を行うことにより日本農業の競争力を強化して、新たな発展の契機となるだろう。政府は支援策を体系的に整備して、農業再生のリーダーシップを発揮すべきである。

4 発明イノベーション——ケース (4)

ケース(4)では先の読めない不確実な市場を前提にして、高度な研究・開発力を必要とする発明型のイノベーションを考えている。農業における代表的事例は、バイオテクノロジーの開発と実用化であろう。そして数あるバイオ技術の中でも、今後も特に利用可能性の高い技術が、組織培養と遺伝子組換え技術である。このうち組織培養技術は、すでにジャガイモ、コーン、サトウキビ、アブラヤシ等の多くの植物栽培で実用化されている。植物は一定の培養条件の下で、すでに根や若芽として分化している細胞から未分化の状態に脱分化させることができる。植物ホルモンを加えれば、未分化の状態から再びあらゆる細胞に分化して完全な個体を作ることができるから、これを繰り返せば「実験室内の1m²の空間で、10万本の新しい植物を育てることができるので、高い利益が得られる植物の繁殖には都合がよい」[8]。ラインハート・レンネバーグは述べている。「分裂組織の培養は園芸学に革命をもたらした。世界市場は30億ドル以上と見積もられている[9]」。

組織培養が特定の植物のクローンの大量生産を可能にしたが、一方、遺伝子組み換え技術は、ある植物が有用な性質をもつように意図して作り替えるものである。この二つの技術を使いこなすことで、農業は劇的に変化する。遺伝子組換えは、一般的には、アグロバクテリウムという細菌の細胞内にある環状のDNA（プラスミド）を利用して行われる。プラスミドの一部を切り取り目的の外来遺伝子を組み込んで細菌にもどして、その後に植物に感染さ

せる。植物は外来遺伝子が導入された遺伝子組換え植物として再生されるのである。（イ）害虫や除草剤に対する抵抗力のある植物、（ロ）栄養価が高く多収穫の植物、（ハ）ウイルスに対して抵抗力のある植物、等々、有用な植物を作りだすことができる。レンネバーグの教科書で紹介されているいくつかの事例を見ておこう。

①ゴールデンライス

米は栄養価も高く、熱帯から温帯に至る広い地域で栽培される優れた食用植物である。太陽と水によって成長し、連作による土壌劣化も少ない。しかしビタミンAや鉄分が欠乏しており、米主体の食生活を行っている地域の貧困層には、ビタミンA不足で病気になったり死亡する人も少なくない。インゴ・ポトリカスとピーター・ベイヤーは「β-カロテンを米の内胚乳で、生合成させるために、2種の酵素遺伝子を導入」[10]することでゴールデンライスの開発に成功した。

②害虫抵抗性トウモロコシ

米国ではアワノメイガや根食い虫といった害虫が、毎年のようにトウモロコシ生産者に殺虫剤の負担と収穫量の減少によって大きな被害を与えてきた。茎の内部に入り込んで殺虫剤が効かなかったり、また根食い虫は殺虫剤に対して耐性を獲得してしまった。バシラス・チュリンゲンシスという細菌がつくるタンパク質はある種の昆虫には毒素としてはたらくので、この合成遺伝子を前述した方法でトウモロコシに組み込むことでアワノメイガの攻撃を防ぐことができる。このトウモロコシは2005年に商業用に栽培されている。[11]

遺伝子組換え技術は最先端の技術であり、組換え植物が生態系や人体に与える影響についての懸念から、当局の規制が厳しい。商業化には時間もかかるのである。しかしさまざまな実験を徹底的に行った上で当該Bt植物[12]（害虫抵抗性植物）の商業化が認められたとすれば、画期的なイノベーションに

なる。人口爆発や食糧危機が懸念されている今日において、主要作物の多収穫化も遺伝子組換えで実現できる可能性がある。政府としては資金を投入して研究環境を整え、人材を育成していくべきである。日本農業が挑戦すべき、最大の課題であると思われる。

　日本農業の将来は、それぞれの農業法人や農業への参入企業、農畜産物加工企業がケース(1)～(4)のイノベーションを追求して、企業競争力を強化していくことにかかっている。自社の能力を分析し、将来の目標を明確化して、現時点で必要なイノベーションにトライしていくべきである。政府は日本農業の競争力の現状を冷静に認識した上で、さまざまなイノベーション活動をそれぞれに適した方法で支援していくことが期待される。厳しい競争で各社にイノベーションを促す一方、技術提携や大型合併まで含めて、国際市場で戦える企業に育てるしかない。TPPを基軸とする自由貿易システムの下で、日本の農業は各国と互角に競争できる農業に転身していかなければならない。将来に備えて、世界的な農産物や酪農品の生産・加工・販売企業を育成するための構想が必要である。

3　農水産業と輸出拡大戦略

　図2-5は、2014年における日本の農林水産物の輸出先と主要輸出品目を示している。アジア各国や米国に、ホタテ貝やカツオ、マグロ、サバ、サケ・マス等の水産物や酒類、清涼飲料水等が輸出されている。輸出の拡大はまず現在の市場の拡大から考えるべきであるから、水産物と酒類を中心に検討する。まず、水産物については輸出拡大のために乱獲することはできない。養殖と付加価値をつけた加工食品化を強化していくべきである。アジアの中間層をターゲットに良質で低価格の加工水産物を提供していくためには、漁業従事者、養殖業者、加工品製造企業が協力して新製品のアイデアを出しあって、まずはコストダウンによる競争力の強化を実現しなければならない。第

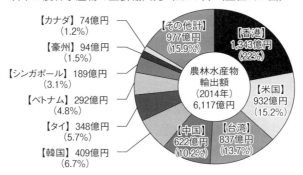

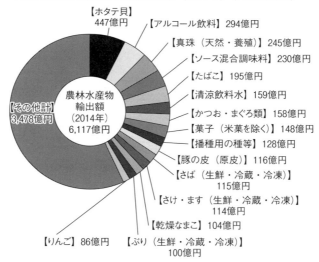

図 2-5 農林水産物の輸出
出所：通商白書 2015。

二に、広大なアジアの中間層市場に入り込むためには、それぞれの国や地方における人々の嗜好や食生活を研究して、現在の市場及び将来の潜在的市場を認識しておく必要がある。味の素は東南アジア各地に調味料の需要があることを理解して、1960年代から着実に市場を開拓していった。水産加工品の場合も、中国や東南アジアの中産階級が日常的に消費するような商品開発を考えなければならない。それは日本人には理解しにくい商品かもしれないが、安全・安心で栄養価の高い商品としてアジアの中産階級が認知すれば、大ブランド商品になるかもしれない。酒類も同様である。大都市の富裕層を対象に日本酒、ビール、ウイスキーを販売するだけでは輸出量は限定される。顧客の求める商品を提供するのが鉄則であり、もしフルーティーな酒類が好まれるのであれば日本の流儀や製法にこだわらず、アジア向けのブランドを開発する必要がある。清涼飲料水は健康志向の人々をターゲットにして、ビタミン類を補い熱中症対策にもなるさわやかなドリンク類を投入してはどうだろうか。その他の輸出品目も同様で、まず現在の需要動向を分析した上で潜在的な将来市場を推定し、輸出用の新製品を開発すべきである。「日本で作った物を売る」のではなく「アジアの人々が必要とする物を作る」ことでしか、輸出を持続的に拡大することはできない。日本政府関係機関は各国の市場動向を正確にキャッチして加工企業や農業・漁業関係者に伝達し、輸出に適した物づくりを意識してもらう必要がある。日本の農水産物の輸出競争力はあまりにも弱体であり、政府は基礎から競争力強化の支援を行なわなければならないと思われる。

　一方、将来における輸出拡大のためには、バイオ技術を活用した農産物の開発に注力するべきである。今後、アジア諸国では層の厚い中産階級が登場し、アフリカでは人口爆発が発生する。日本の農畜産業や加工品産業としてはバイオ技術への投資を進めて、安価で栄養価が高く、大量生産・大量消費が可能な穀物や飼料用作物を開発して、輸出産業へ飛躍していく好機である。また植物工場も、完全無農薬野菜をキャッチフレーズにして、アジアの都市富裕層にアピールすべきである。露地栽培の難しい中近東や一部のアフ

リカ地域には、プラント輸出も考えられる。今後に深刻化するさまざまな食糧問題は、品質管理の徹底している日本の農業・水産業に大きな市場を提供する可能性がある。

　日本政府の役割について考えておこう。農業や関連加工品産業の競争力強化のためには、クラスターの形成を推進することが有力な政策手段と思われる。日本が北ヨーロッパ型の農業輸出国を目指すのであれば、イノベーションが常に追求されるクラスター型農業を実現するしかないだろう。一部の製造業においては、素材・部品供給者、機械・設備製造企業、最終製品組立企業、販売・流通企業、金融業、等の産業連関に加えて大学や政府系研究機関までが特定の地域に集中して、情報や知識・技術、物と資金・信用等が円滑に流動する地域システムのクラスターが形成されていた。このようなクラスターの最大のメリットは、前出、図2-4のケース(1)〜(4)のイノベーションが促進されやすいということである。農業法人、農機具生産企業や種苗生産者、農産物加工・販売企業、大学に限定して検討しておこう。

① 　ケース（2）の改善——農業法人と農機具生産企業は機械の改良について常に議論している。種苗生産者との関係も同様である。また加工・販売企業は消費者の声を農業法人に伝えて、価格・品質・納期について注文をつけている。

② 　ケース（3）の冒険的イノベーション——クラスター内における情報の流動化によって、農業法人や各企業に斬新なアイデアが生まれやすい。アイデアを大学との共同研究に持ち込み、製品化のための基礎研究を行うことができる。

③ 　ケース（1）の技術統合——農業法人と加工企業で合弁事業として植物工場を建設する。農機具メーカーと農業法人が協力して、自動運転トラクターの実証実験を行う。

④ 　ケース（4）の発明——大学と加工企業が協力して遺伝子組換え技術を開発する。農業法人から大学や種苗生産者に、害虫に対抗性のあ

る新品種の開発を依頼する。

　クラスター内における経営者や技術者の相互交流と信頼関係の構築が、コスト・品質の改善から画期的発明に至るすべてのイノベーションに促進的に作用すると期待されている。特に日本の農業を輸出産業化する鍵となるバイオテクノロジーの活用のためには、大学、農産物加工企業、農業法人がタッグを組んで研究開発で協力し、繰り返して各種のテストを行っていかなければならない。大学の協力が難しいケースでは、政府系研究機関を中心にクラスターを形成すべきである。政府は将来の地球規模における食糧問題に備えてクラスター育成を計画して、輸出競争力を持つバイオテクノロジー農業を育成していかなければならない。クラスター候補地を選定し、予算措置を講じて競争力のある農業基盤を確立するために、強いリーダーシップを発揮すべきである。

　以上、第Ⅰ部においては、AI技術をコアとする自動運転、IoT、ロボット開発について検討し、さらに農業におけるイノベーションを考えてきた。これらの問題に関して日本政府は、内閣府において戦略的イノベーション創造プログラム（SIP）を策定したが、個別の政策を構想して政策手段を結集しイノベーションの実現をサポートするのは、関係省庁の担当部局である。日本経済の将来を決定するような画期的なイノベーションの実現のためには行政組織が民間企業と協力して、議論を重ねながら必要な支援措置を講じていくべきである。歴史的な非連続的技術革命に直面した場合、人材育成を含めて新たな産業インフラが必要になる。政府の果たすべき役割は必然的に増大することになる。たとえば中国においてはAI技術の開発を国策として振興しており、「人工知能（AI）を駆使して自動運転を実現するモデル地区を設けて関連産業を振興」することを決定している。人口200万人以上の自動運転未来都市を、2035年に北京市近郊に建設する計画である（日本経済新聞、2018年5月20日）。非連続的新技術を短期間で確立して製品化しようとすれ

ば官民協力と資金・人材の集中的投入が効果的であり、基礎研究や試作、実用化実験等においては政府資金を投入して、国立大学や政府系研究組織が積極的に協力すべきである。資金や人材が常に流動化してイノベーションを先導するシリコンバレー方式は、時間的制約から難しい。我が国の場合は、担当行政組織が民間企業と徹底的に議論して共通の現状認識を確立し、その上で必要な支援措置を実行していくべきだろう。

政府と企業は不退転の決意で、新技術革命を成功させなければならない。

注

（1）　大泉一貫『希望の日本農業論』NHK出版2014、22頁。
（2）　イノベーションの分類やコア・コンピタンスについては、第Ⅱ部第5章で詳しく説明する。
（3）　広大な土地を集積して大規模機械化農業に転身する場合には統合型のイノベーションに含めて考える。生産方式が一変しているケースである。
（4）　W・チャン・キム＋レネ・モボルニュ　新版『ブルー・オーシャン戦略』入山章英監訳、有賀裕子訳、ダイヤモンド社、第2章、2015年。
（5）　W・チャン・キム＋レオ・モボルニュ　前掲書、77頁。
（6）　森康裕、高辻正基、石原隆司『トコトンやさしい植物工場の本』日刊工業新聞社、32頁、2015年。植物工場の説明は同書に依っている。
（7）　森康裕、高辻正基、石原隆司、前掲書、130頁。
（8）　ラインハルト・レンネバーグ『バイオテクノロジー教科書　上』小林達彦監修、田中暉夫、奥原正國訳、講談社、329頁、2014年。以下のバイオテクノロジーに関する記述は同書に依る。
（9）　ラインハルト・レンネバーグ、前掲書、330頁。
（10）　ラインハルト・レンネバーグ、前掲書、378-379頁。
（11）　ラインハルト・レンネバーグ、前掲書、351-353頁、361-365頁。
（12）　Bt植物はバシラス・チュリンゲンシスという土壌細菌の遺伝子が挿入されることから命名されている。
（13）　通商白書2015、96頁、経済産業省。
（14）　クラスターによる農業イノベーションについては、大泉一貫前掲書、73-74頁や21世紀政策研究所編『2025年　日本の農業ビジネス』講談社現代新書（2017年）第1章における大泉氏のオランダ農業に対する言及がある。

参考文献

[1] 大泉一貫『希望の日本農業論』NHK出版、2014年
[2] 21世紀政策研究所編『2025年 日本の農業ビジネス』講談社、2017年
[3] 三輪泰史『次世代農業ビジネス経営』日刊工業新聞社、2015年
[4] 三輪泰史・井熊均・木通秀樹『IoTがひらく次世代農業 アグリカルチャー4.0の時代』日刊工業新聞、2016年
[5] 森康裕・高辻正基・石原隆司『トコトンやさしい植物工場の本』日刊工業新聞社、2015年
[6] Reinhard Renneberg "Biotechnology for Beginners" 小林達彦監修、田中暉夫、奥原正國訳『バイオテクノロジー教科書 上』講談社、2014年
[7] 経済産業省『通商白書 2015』
[8] 農林水産省『食料・農業・農村白書 平成29年版』

第Ⅱ部

企業のイノベーション戦略

第3章

大企業体制の成立

1 マーシャルとシュンペーター

1 マーシャルの大企業論

　アルフレッド・マーシャル（Alfred Marshall）は、産業革命を経て19世紀に確立したイギリス産業資本主義社会の冷静な観察者であった。「1760年に始まる四半世紀には、農業におけるよりもさらに急速な改善が製造業においてつぎからつぎへ連続しておこった。――中略――この期間の最後の年である1785年には綿織物工場がはじめて蒸気力によって直接に運転された。19世紀の初めには蒸気船と蒸気印刷機と都市の照明のためのガスの利用が始まった。鉄道機関車、電信、写真が少しのちに始まった」[1]。さらにまた「自由貿易と蒸気による交通の発達によって、人口はいちじるしく増大したにもかかわらず十分な食料の供給を容易な条件で獲得できるようになっている。人々の平均貨幣所得は二倍以上になり、同時に動物性食品と住居を除いたほとんどすべての重要な商品の価格は半分またはそれ以下に下っている」[2]とも述べている。マーシャルは、1885年にケンブリッジ大学の経済学教授に就任するが、当時のイギリスは、綿工業、製鉄業を中心に各種の工場制工業を大発展させ、自由貿易を通じて世界経済の中心になっていた。

　一方でマーシャルは、このような産業社会を分析する「原理」を構築するために、1870年代にヨーロッパ各国で華々しく展開された限界革命を「原

理」の中心に置いた。有名な"黒いちご摘みの少年"の物語が、「原理」の出発点になっている。

> 少年が自分で食べるために黒いちごを摘み取る時、しばらくの間は摘み取る行為自体が喜びである。さらにしばらくの間は、いちごを食べる喜びが摘み取る苦労を償って余りがある。しかしいちごを十分食べたのちには、より多くのいちごに対する願望は減少し、摘み取る作業は倦怠を感じさせるようになる。それは疲労というよりはむしろ単調感であるかもしれない。遊びたいという願望と摘み取る作業に対する厭悪感が、いちごを食べたいという願望と拮抗する時に、均衡が到達され、果実を摘み取ることから得られる満足が極大に達する。なぜなら、その時までは、摘み取る動作は喜びを減ずるよりも加える方が大であったが、それ以後は加えられるよりも大きなものが失われるからである。(3)

少年は黒いちごを食べることで"効用"を得るが、食べるごとに効用は低下するだろう。追加的な消費一単位からの効用＝限界効用は、正であるが逓減する。さらにマーシャルは限界「効用逓減の法則を価格による表現に翻訳(4)」する。「ある人間がある財を所有する量が大であるほど、他の事情にしてひとしいかぎり（すなわち貨幣の購買力と、彼の支配する貨幣の量が変わらないかぎり）、彼がその財のさらに少量の追加に対して払おうとする価格はより低くなるであろう。換言すれば彼のその財に対する限界需要価格は逓減する(5)」。物価水準や貨幣の保有量（＝所得）に変化がないかぎり、財一単位の購入に対して個人が支払ってよいと考える需要価格は財保有量の増加とともに逓減する。このためある個人について、価格と需要量の間に通常の右下り需要曲線を考えることが可能であり、諸個人の需要曲線の総計として、市場における当該財の右下り需要曲線を想定できる。

一方、黒いちごを摘む少年は、労働によって肉体的・精神的に疲労し、

「非効用」に耐えなければならない。この非効用は労働の激しさや長さにつれて増加すると考えられるから、黒いちごをより多く摘む労働は、それに見合った報酬の増加が必要となる。一般的に言えば、「任意の量の商品を生産するために必要とされる努力を呼び起こすために必要とされる価格は、同じ期間におけるそのような量に対する供給価格と呼んでよいであろう[6]」。供給者が財の追加一単位を供給するのに必要と考える供給価格は生産量の増加とともに逓増し、通常の右上りの供給曲線を想定することができる。ここでも特定の企業について、価格と供給量に関する通常の右上り供給曲線を考えることが可能で、その総計として右上りの市場供給曲線を想定できる。市場全体の需要曲線と供給曲線の交点の価格は需要と供給を一致させる均衡価格であり、商品の市場価値とも呼ばれている。

　しかしマーシャルは、19世紀の工業化と産業資本主義の確立を幅広く観察してきた人である。いちごを摘む少年でも農夫や職人でもよいが、一人の人間が労働して生産を増加させる場合の非効用を財の供給価格に対応させるのは、企業社会の現実を説明するには不適切と考えただろう。このため、「そのような商品の任意の数量の正常な供給価格は、そのような企業の正常な生産経費（経営の総稼得を含む）と考えてよい[7]」という結論に至る。たとえば毛織物工業の場合、「(1) 毛織物の生産に消費される羊毛、石炭およびその他の材料の価格、(2) 建物、機械およびその他の固定資本の消耗と減価、(3) 総資本に対する利子と保険料、(4) 工場で働く人々の賃金、(5) 危険を負担し、仕事を計画し監督する人々の総経営稼得（損失に対する保険料を含む）を計算しなければならないであろう[8]」。

　さて、このような生産費が生産量（＝供給）とともにどのように関係するかという問題は、供給が行われる"時間の長さ"に依存する。「時間が短い時には、供給はたまたま手許に存在している在庫に限定されるのを見出すであろう。時間が長い時には、供給は程度の差はあれ、問題の商品の生産費によって影響されるであろう[9]」。保存の難しい生鮮食料品の一日限りの供給量は現在の手持量であり、生産費とは無関係で供給曲線は垂直になる。

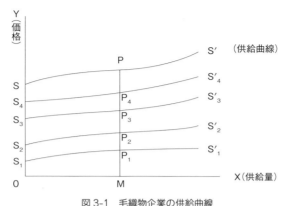

図3-1 毛織物企業の供給曲線
出所：マーシャル『経済学原理』邦訳第3分冊32頁。

　一方、現在の設備や生産方法を変えずに、原材料や労働の投入量を変えて供給量を変化させる場合、投入量を増加させるのに従い効率性の低下によって生産量の増加は逓減するだろう（収穫逓減の法則）。あるいは、生産量の増加に伴い、さらなる追加一単位の生産量の増加に必要となる原材料や労働投入量は逓増するだろう。また高価格での材料購入や高賃金の支払いを迫られ、供給が増加すればするほど供給一単位の増加に伴う企業の要求する価格（＝供給価格）は逓増していくと考えられ、生産費の上昇による右上り供給曲線を想定できる。前述の毛織物工業における特定企業の供給価格は、図3-1のように示される。

　たとえば生産量がOMである場合、企業の要求する羊毛製品の追加一単位の供給価格はMPで、内訳は以下のようになる[10]。

　　MP_1──布地の生産に消費される羊毛およびその他の流動資本の供給価格
　　P_1P_2──建物、機械およびその他の固定資本の消耗と減価の相当量
　　P_2P_3──全資本に対する利子と保険料
　　P_3P_4──工場で働く人々の賃金
　　P_4P──危険を負担し、仕事を指揮する人々の経営の総稼得

第3章　大企業体制の成立　51

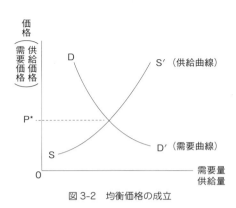

図3-2 均衡価格の成立

均衡価格の成立は、市場全体の需要曲線と供給曲線の平均値である代表的消費者、代表的企業の需要曲線と供給曲線によっても説明できる。図3-1の供給曲線を代表的企業のものとして代表的消費者の需要曲線を加えてみよう（図3-2）。「需要価格が供給価格よりも大であるような量である時には、売手は、それだけの量を市場にもたらすのに十分であると考えるよりも、多くの額を受け取ることになる」。追加一単位の毛織物が生産され、この傾向は需要価格と供給価格が一致するまで続く。逆に需要価格が供給価格を下回っている場合には企業は生産を減少させていくから、消費者の所得や嗜好、生産者のさまざまな供給条件に変化がなければ、この均衡は安定的である。安定的な均衡価格を前述したように市場価値と呼ぶ場合もある。「均衡量よりも少ない量においては、需要価格は供給価格よりも大であり、逆の場合はまた逆であることが、安定均衡の特徴である(12)」。

マーシャルは、需要と供給による市場価値の決定を論じるだけでなく、いわゆる大規模生産の利益を詳細に検討している。19世紀末から20世紀にかけて新産業や大製造企業が勃興し、収穫逓減の右上り供給曲線に限定された議論は困難になっていた。大企業による大量生産は、（イ）専門的機械の投入、（ロ）それぞれの機械に対応する専門的労働の活用、すなわち大規模生産の内部利益に支えられて広範囲に実行され、生産効率を飛躍的に上昇させた。たとえばアメリカの製靴業では、以下のような状況になっていた。

「メイフラワー号の乗船者の一人がリンで製靴業を始め、それがマサチューセッツ州の東部に広がった。一八四五年にはこの産業は大いに組織化され、多くの標準化と分業が行われるようになった。しかし、それは主として幼稚なやり方によるものに過ぎなかった。その後すばらしい機械の発明が連続し

て行われ、靴の直接の労働費用は以前の十分の一以下に減少した。そして、手による労働はこの産業からほとんど姿を消した。――中略――製靴業の各段階で必要とされる機械はきわめて多数でかつ高価である。その多くは特許が取られており、きわめて高価に販売されるか、または貸し出されて、自動登録器によって示される機械の使用時間数に応じて料金が徴収される。それぞれの機械の資本費用は高額であるために、小規模な製造業者は、きわめて多数の靴の加工はできるが、ただ一種類の短い作業だけしか行わない機械の利用を妨げられたかもしれない」。専門的機械の大量導入は大企業の生産効率を向上させ、一方で高価な機械を使用できない小規模製靴業者の経営を困難にした。

　熟練の経済も同様に作用する。「大企業は、高度に専門化された設備を利用する余地のない作業の場合にも、きわめて多数の人間の間に仕事を分割し、彼等をそれぞれ特定の仕事に厳密に専門化させ、同一の仕事を不断に反復させることによって、はるかに高度の才能を持っているとしても、他の仕事にも同様に熟達している熟練工に比べて、よりよく、はるかに迅速にその仕事ができるようにするであろう」。大企業による大量生産体制は、まず内部経済による生産の効率化を実現する。マーシャルは明確に述べている。「しかし原料の費用がそれほど重要でない、より精巧な製造工業の大部分においては、また現代の運輸業の大部分においては、収穫逓増の法則がほとんど抵抗の存在しない状態で作用する」。

　マーシャルは機械と労働の専門化によって発生する内部利益の大きい産業においても（＝大量生産による収穫逓増産業と呼ぼう）、専門的機械の導入や労働の最適編成が困難な短期においては、通常の収穫逓減が作用して右上りの供給曲線が妥当すると考える。しかし投資を行って専門的機械を導入し、それに対応して労働を適切に教育・編成できる"長期"においては、生産量の増加は効率性の上昇に結びついており、短期における生産一単位の増加に伴う費用逓増を前提とする"限界原理"は使用すべきでない、ということになる。生産一単位の増加により逓増する費用が競争的市場価格や限界収入と

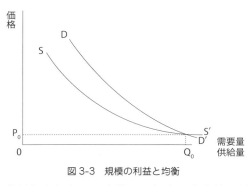

図3-3 規模の利益と均衡

一致するまで生産を行い利潤最大化を実現するという企業行動は、追加生産一単位の費用が低下を続けるケースでは適用できない。このケースでは、おのおのの生産量における製品一個当たりの平均費用（＝総費用／生産量）が重要な費用概念となる。企業は、任意の生産量に対する平均費用に、平均費用の一定率の利潤を加えた価格を供給価格として要求するとすれば、生産規模の拡大による収穫逓増が作用する生産ラインの構築によって、収穫逓増企業の供給曲線は図3-3のSS'のように示される。たとえば供給量が Q_0 の場合には、企業は一個あたり P_0 の価格を要求する。

規模の利益によって供給曲線は逓減するが、いずれは需要曲線と交差するだろう。マーシャルは次のように述べている。[16]「また、右方に動く場合に到達される最終の交点は安定均衡点でなければならない。なぜなら、生産される量が無限に増大するものとすれば、それを売ることのできる価格は、必然的にほとんど零に下落するであろう。しかし、それを生産する経費を回収するために必要とされる価格は、そのように低下することはないであろう。それゆえ、もし供給曲線が十分右方に延長される時には、ついには需要曲線の上方に位置せざるを得ないからである[17]」。

さて、このような需要曲線と供給曲線を予想した企業家が、投資を実行し労働の専門別編成を行ったとしよう。予想がほぼ的中したとすれば、財の供給は需要価格と供給価格が一致する Q_0 まで拡大を続け、市場を独占する可能性がある。しかしマーシャルは、（イ）需要面からの制約、（ロ）新旧企業の競争と交代、という点を強調して、完全な独占化の非現実性を主張する。「しかし収穫逓増の傾向が強く作用する多くの商品は程度の差はあれ特殊品である。そのあるものは新たな欲求を創造することを目的とし、あるものは

古くからの要求を新たな方法で満たすことを目的とし、あるものは特殊な嗜好に応じようとするもので、非常に大きな市場を持つことは決してあり得ない商品である。またあるものは容易に試すことのできない長所を持ち、一般の人気を得るためには、徐々に進めて行かざるを得ない商品である。これらのすべての場合において、おのおのの企業の販売は、それぞれの事情に応じて徐々に、しかも費用をかけて獲得される、特定の市場に限られており、生産自体は非常に急速に増加できても、販売はそのようなわけには行かない商品である。最後に、新しい企業が急速に新しい生産の経済を達成できる条件を産業が持っていること自体が、新しい企業が、より新しい方法を身につけたより若い企業によって急速に取って代わられるおそれがあることを意味する。殊に大規模生産の強力な経済が、新しい機械と新しい方法の利用と結びついている場合には、企業の成長を可能にした例外的な精力を失った企業は、ほどなく急速に凋落するように思われる。また大企業の充実した生命が非常に長く続くということは稀である」[18]。

収穫逓増産業における個々の企業の製品は、それぞれの需要曲線に直面していると考えられる。それは地理的な制約であったり、製品自体が差別化されることで発生してくる。おのおのの企業は他企業への需要を奪って規模の利益を実現するために自社製品の画期的な品質・性能の向上を追求し、一方、不断にコスト・ダウンによる供給価格の切り下げ努力を行うだろう。これは大企業間のイノベーション競争である。収穫逓増産業を明確に意識したマーシャルの立場は、短期の需要・供給の一致と商品の市場価値決定の理論を超えて、結果的に現代の大企業間競争を考える出発点になった。シュンペーターによる「新結合」が資本主義経済全体の発展を説明する基本的概念として登場するが、マーシャルの収穫逓増企業の考察は、現代の企業行動を理解するために不可欠の知識となった。

2 シュンペーターの新結合

1912年に出版されたシュンペーターの『経済発展の理論』[19]は、資本主義

経済の発展の原動力としての「新結合」を提示し、これに基づいて利子の発生や景気循環のメカニズムを説明しようとするものであった。その第一章は伝統的な市場均衡論が展開されているので、前述のマーシャル流の短期均衡論を要約して確認しておこう。そこでは買手は満足できる価格で必要量の財を購入しており、売手は、材料や労働力をコストをかけて調達しながら生産活動を行い、必要な価格で販売を行っている。買手の嗜好や所得の状態、他財の価格、供給側の諸条件に変化がなければ、この均衡は安定的で持続するだろう。シュンペーターによれば、たとえば供給者に「最も利益になるような生産の大きさを教えるものは、長い間の——一部分は親譲りの——経験である。この経験が彼の計算に入れられるべき需要の大きさと強さとを教えるのである」[20]。買手もまた経験によって自分の需要の状況を知っており、与件に変化がなければ均衡価格と均衡取引量は一定となるだろう。また需要側・供給側の諸条件に変化があれば需要曲線や供給曲線も変化し、新しい均衡価格と均衡取引量が再び成立する。シュンペーターは経験の支配する安定的な経済を「循環の経済」と呼んでいる。

しかし資本主義経済の大きな変動や発展は、たとえ外部的な与件のかなりの変化を認めたとしても、静態的な均衡分析によっては説明できない。シュンペーターは述べている。「われわれが取り扱おうとしている変化は経済体系の内部から生ずるものであり、それはその体系の均衡点を動かすものであって、しかも新しい均衡点は古い均衡点からの微分的な歩みによっては到達し得ないようなものである。郵便馬車をいくら連続的に加えても、それによってけっして鉄道をうることはできないであろう」[21]。そしてこの均衡を破壊する力を生産側に求めて「経済における革新は、新しい欲望がまず消費者の間に自発的に現れ、その圧力によって生産機構の方向が変えられるというふうにおこなわれるのではなく、——われわれはこのような因果関係の出現を否定するものではないが、ただそれはわれわれになんら問題を提起するものではない——むしろ新しい欲望が生産の側から消費者に教え込まれ、したがってイニシアティヴは生産の側にあるというふうにおこなわれるのがつね

である」[22]。そして物や力の結合を変更することで新しい生産物や生産方法を創出する新結合こそが、旧結合における均衡を破壊して経済発展を実現することになる。新結合は次のように分類されている[23]。

(1) 新しい財貨、すなわち消費者の間でまだ知られていない財貨、あるいは新しい品質の財貨の生産
(2) 新しい生産方法、すなわち当該産業部門において実際上未知な新生産方法の導入
(3) 新しい販路の開拓
(4) 原料あるいは半製品の新しい供給源の獲得
(5) 新しい組織の実現

　これらの新結合を実現するためには旧結合の生産資源を奪う必要があるが、通常、銀行の信用供与によって可能となる。信用供与を勝ち取り、さまざまな困難の中で洞察力と意志の力で新結合を成功させる主体を、シュンペーターは「企業者」と呼んだ。企業者は伝統や慣習に束縛されずに自己の信念で新結合を遂行して、費用を上回る収益によって"利潤"を獲得する。全てが既知である循環の経済では新規参入による競争によって利潤は存在しないが、新結合の成功は利潤を生み、企業者は財産を形成することになる。新結合による「発展なしには企業者利潤はなく、企業者利潤なしには発展はない。資本主義経済については、企業者利潤なしには財産形成もない」[24]。これがシュンペーター理論の核心である。
　もちろん、成功した新結合は模倣される。好況でもない状態において「新結合」を遂行して成功した企業者に続いて、多くの困難が除去された後に、「ますます多くの人々が企業者となることができ、また実際になるのである。それゆえに、一人の企業者の成功的出現は単に他の数人の企業者の出現を惹き起こすばかりでなく、ますます多数の、そしてますます能力の乏しい企業者の出現を惹き起こすのである」[25]。景気は拡大していくが財生産量の増加と

価格の低落が発生し、企業者利潤は消滅していく。経済活動は新しい均衡状態へ向かっていくと考えられている。

シュンペーター後期の著作『資本主義・社会主義・民主主義$^{(26)}$』においては、まず完全競争企業による均衡理論の非現実性が主張される。農産物の大量生産を除外するとして、「そして実際の商工業のいっさいの完成品やサービスについていえば、あらゆる雑貨商、あらゆる給油所、手袋やひげそりクリームや手のこぎりのあらゆる製造業者が自分だけの小さく不安定な市場をもっていることは明らかである。彼等は、その市場を価格戦術、品質戦術——「生産品銘柄」——、広告などによってきずき上げ、かつ維持せんとつとめる$^{(27)}$」。

おのおのの企業は自分自身の財に対する需要に直面しており、価格・品質戦略を駆使してライバル企業と戦っている。独占的競争や寡占企業間競争が一般的であり、「資本主義的企業の創造にかかる新消費財、新生産方法ないし新輸送方法、新市場、新産業組織形態$^{(28)}$」、すなわち前出の新結合によって厳しい競争が持続的に展開されていく。これは均衡へ収束するような競争ではない。「たえず内部から経済構造を革命化する産業上の突然変異$^{(29)}$」、シュンペーターによれば「創造的破壊（Creative Destruction）」と言うべき過程である。

このような新結合、あるいは創造的破壊を実行する現代の大企業を、マーシャルの収穫逓増企業の行動を説明した図3−3を参考にしながら考えてみよう（図3−4）。

各企業の製品はある程度まで差別化されており、企業は自社製品の需要曲線に直面している。専門的機械の導入と労働の適切な編成、大量の原材料購入の効果で規模の利益が発生し、それぞれの供給量における平均費用に対して要求利潤を加えた供給価格は逓減している。企業は製品の改良や広告政策によって他企業の需要を奪い、自社製品に対する需要曲線をシフトさせることができる（$D_0 D_0' \to D_1 D_1'$）。また新生産方法の導入や安価な原材料の確保で供給曲線を低下させることも可能である（$S_0 S_0' \to S_1 S_1'$）。独占的地位の確立

を目指す企業は需要価格が供給価格を上回る限りは供給量を増加させるとすれば、供給量は Q_0 から Q_1 へと変化する。巨額の設備投資さえ行っておけば大量生産が可能な電子部品産業などでは、このような状況が発生しやすい。独占化の可能性

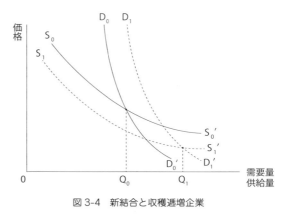

図 3-4　新結合と収穫逓増企業

はあるが、多くの場合は寡占企業間の投資競争とイノベーション競争が激しく展開されることになる。模倣者が、先行した企業よりも大量生産でコスト・ダウン可能な設備を導入して、低価格戦略で先行企業の市場を奪うこともある。自動車や複雑な機械の生産のように、数多くの部品や熟練作業者が必要で短期間に生産を急増させることが困難な業種には妥当しないが、量産型電気・電子機器や同部品のような業種の競争メカニズムを簡単に説明するモデルになっている。日本の家電製品・部品が韓国・台湾製品・部品に敗北していった背景も、このように理解することができる。低価格化と品質向上で日系への需要を奪いながら、大量生産でコスト・ダウンを現実化するという戦略であったと思われる。

2　多角化・企業統合と新企業組織

1　多角化と企業統合

　マーシャルが示したように、19世紀末以降、専門的機械を大量導入し労働力を最適編成して規模の利益を追求した大企業が数多く登場する。さらにこの時代には、電力、化学、自動車、電気機械というような巨額の設備投資

を要する新産業の勃興があり、20世紀の資本主義経済の主導産業では、大企業体制が一般的となった。大規模化は規模の利益を追求した投資の拡大とともに、一方では、(イ)製品の多角化、(ロ)垂直的または水平的な企業統合、によっても実現されていった。新製品や新企業組織の創造はシュンペーターの述べた新結合(または創造的破壊、イノベーション)であるから、規模の利益の追求とイノベーションこそが企業の大規模化を促進してきたと言うことができる。以下ではまず多角化について、ペンローズ(Edith Penrose)の議論を中心に検討する。[30]

ペンローズにとっての企業とは、人的・物的資源の集合体であり、この資源の生み出す生産的サービスを生産過程へ投入して財・サービスを生産・販売し、利益を追求しながら「成長しつつある組織[31]」である。伝統的な経済理論による企業の定義、所与の製品の「価格と生産量の決定主体」ではなく、利用可能な資源を管理し活用する組織が企業である。まずこの点を確認した上で、次に多角化を考えよう。

ペンローズは『企業成長の理論』第七章で「多角化の経済学」を議論している。

まず多角化の定義として、「生産される最終製品の多様化の増大、垂直統合の拡大、そして企業の営む『基本領域』の数の増大」を示している。垂直統合は後に議論するとして、多角化はまず、(イ)最終製品の数、(ロ)コアとなるような事業領域の数、として認識されている。たとえかなりの数の最終製品の生産を中止したとしても、重要なコア製品の開発へ内部資源を移したケースでは、多角化は強化されたと言うべきかもしれない。製品数だけで多角化の「程度」を議論すべきでないと考えられている。

第二に多角化の背景について考える。まず企業の内部資源の活用が多角化を推進するという立場がある。ペンローズの考える企業は前述したように、企業内に蓄積されている人的・物的資源を活用して成長を追求していく組織である。「直接的な競争や新製品との間接的な競争の双方に対してより長期的に自らを守れるかどうかは、工程や製品やマーケティング手法における脅

威的な革新に先手を打つか、少なくともそれらに対抗する能力にかかっている」。大企業間競争が一般化した20世紀の資本主義経済においては、内部資源を動員した製品の改良や新製品の開発が企業の生存にとって不可欠であり、企業は積極的な研究・開発によって

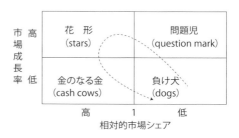

図3-5　PPM（製品ポートフォリオ管理）
出所：櫻井通治『管理会計』第6版589頁を修正。

「企業内の新しい知識の生産と新しい生産的サービスの創造を加速させるだろう」ということになる。イノベーションによって製品の多角化や新しいコア分野への進出が不断に追求され、一方で、「自ら狭い範囲の製品に活動を限定している企業の脆弱性」は高まると考えられているのである。これがペンローズの基本的な構想である。

　これに対して、市場における自社製品の状況を注視することで、多角化の必要性が理解される場合もある。企業は広告や顧客との関係構築で需要を創出しようと努力しているが、消費者の嗜好の変化、同種の競合品や代替品との競争によって、多くの場合、不安定な立場にある。通常、製品にはライフサイクルがあり、認知度が低く売上高があまり伸びない導入期、顧客が製品を認知し、また規模の利益や他企業の参入で価格も低下して売上高が急伸する成長期、製品・製法とも標準化され各社のマーケット・シェアも安定する成熟期、需要の減少に伴い売上高も減少する衰退期、と区別される。自社製品群の現状をどのように評価するか、また競争相手との関係の把握といった観点からたびたび利用されるのが、ボストン・コンサルティング・グループの製品ポートフォリオ管理（Product Portforio Management）である（図3-5）。

　ここで横軸の相対的マーケットシェアは、当該商品に関する自社のマーケット・シェアの業界最大企業のマーケット・シェアに対する比率である。1を上回る場合には自社が業界トップのマーケット・シェアをもっており、

自社のマーケット・シェアの二位の企業のシェアに対する比率を示している。相対的マーケット・シェアが高いほど、業界内で強力な地位を確立していると考えられる。また縦軸は市場の成長率である。企業はこのポートフォリオ・モデルを作成することで、今後の多角化戦略を考えるヒントを得ることができる。

- 金のなる木（cash cows）――圧倒的シェアを持つが市場の成長率は低い成熟商品である。新規投資は抑制して、売上高と利益への貢献を期待すべきである。
- 花形（stars）――市場シェアは高いが売上高成長率も高い成長期の製品であり、ライバルとの競争に勝ち続けるためには投資を続けなければならない。
- 問題児（question mark）――市場の成長率は高いがリーダー企業に追い付くために投資を拡大する必要がある。この問題児の製品を花形に育てることが、企業にとっての大きな課題である。
- 負け犬（dogs）――低成長市場の製品で市場シェアも低い。将来の市場成長が見込めなければ撤退や事業売却を考えるべきである。

一般的なケースを考えれば点線で示したように、まずライバルが先行する導入期の商品市場へ参入し、投資競争や品質改善競争に勝って徐々にシェアを高めて、問題児→花形→金のなる木、と進んで、最後には新たな競争相手に縮小したマーケットのシェアをさらに奪われる、ということになるだろう。もちろん"金のなる木"として長期に及んで利益を生み続けるケースもある。

さて、多角化の観点からすれば、自社製品の多くが"金のなる木"や"負け犬"のように成長性の低い商品で構成されている場合、"金のなる木"の生み出す利益を投資資金として、"問題児"や"花形"のような高成長分野での多角化を目指すべきだろう。市場成長率の低い成熟製品中心の商品構成

では社内資源の有効活用も制約されるから、多角化戦略は喫緊の課題である。また現在の製品構成にはない新分野への多角化も検討する必要がある。留意すべきはペンローズが指摘しているように「技術的な能力を欠いた市場での強力な地位は、販売力を欠いた強力な技術的能力と同様に心許ない。さらに、ある企業の強さがその技術力とは密接に関係しておらず、主に重要な市場での支配的地位に依存している場合、この企業がまったく基礎の異なる専門化領域に進出することはより困難である」(36)と考えられることである。強力な技術的基盤のない多角化はライバルとの競争に勝てないし、また有力な技術を持つ企業を有利な条件で買収して多角化を実現するのも難しい。多角化は企業内部の技術的資源に基づいて行われるべきである。これに加えて、既存事業への投資と多角化のための投資のバランスを考えておかなければならない。前述の"花形"のような市場成長率の高い分野においては、投資を拡大していかないと市場シェアをライバル企業に奪われかねない。このように投資資金の配分という面からも、多角化には一定の制約がある。

　以上のように、企業は内部資源の活用と市場における自社製品群の状況から多角化を志向するが、強力な技術的基盤の有無と資金配分という点から多角化は制約されてもいる。しかし、20世紀のアメリカの大企業においては、これらの制約条件を突破しつつ、大規模に多角化が行われた。たとえば電気分野の巨大企業GEとウエスチングハウスは、「発電・電力利用に関連した生産財をフルラインで提供するところから出発したが、1920年代には洗濯機、冷蔵庫、掃除機、コンロその他の家電製品の製造・販売を通して消費者市場にも参入した。同時にR&D組織の熱意を結実させて、プラスチック、合金、さらには真空管と電子工学を活かした多彩な製品を送り出していった」(37)のである。以下ではペンローズが示したゼネラル・ミルズのケースを見ておこう。(38)

　　1928年——五つの製粉会社が合同して設立。小麦粉、飼料、関連穀物製
　　　品を生産

1938年——多角化を年次報告書で宣言。「社会全体にとってもそのなかの個々の生産単位にとっても進歩というものは、何よりも新しい製品やサービスの開発を通して、有用かつ有利な成果のための新しい領域を開拓していくことにかかっていることは明らかになりつつある。このような開発は、製造と商品化と消費者のニーズの現実に密接に関連した、適切に指揮され、かつ十分に資金手当てのなされた研究を通じてのみ達成される」[39]。この結果、数多くの栄養食品、ビタミン製品、ダイエット用補助食品等が開発され、油やポリアミド樹脂も生産した。
　1940年——包装用機械や製粉機械を生産していた機械開発部門が事業部となり精密機器類等の軍需品生産を行う。
　1946年——機械部門は家庭用機器である電気アイロン、圧力鍋、トースター、ミキサー、コーヒーメーカー等を生産。八年後には家庭用機器事業を売却して、産業用設備と陸軍用精密機器の生産に復帰

　ゼネラル・ミルズの多角化は、企業内に蓄積されていった技術や知識＝内部資源の活用によって「精製食品から電子機械にまで及ぶ」ものであったが、同時に多角化の限界をも示している。「競争は、ある程度の専門化を企業に求める。なぜならば競争は、企業が参入するいかなる新領域においても、彼等が成功裏にそこにとどまろうとするのであれば、広範囲な投資を続けることを求めるからである」[40]。戦時中に取得した精密機器類の生産技術だけでは、民生用機器の分野で専門メーカーとの競争に勝つことはできなかったと思われる。
　企業統合も多角化の有力な方法である。他社の買収や合併、一部の事業の買収・売却は現代の資本主義経済における一般的な商行為であり、買収側企業の成長要因になっている。被買収側の個別的要因（後継者難、税金対策、老後生活に備えた流動的資産の必要性等々）や制度的要因が企業買収の背景にあるケースも多いが、ここではこの問題は無視して、ペンローズが考える"買収

の経済的根拠"についての議論を見ておこう。当面、買収側を大企業、被買収側を中小企業としておくが、これは議論の本質には関係がない。

　第一に、中小企業側の拡張臨界点の問題である。ペンローズが述べているように、企業成長とは生産設備や労働力といった物的・人的資源量の拡大にとどまらず、技術開発力・効率的生産力・マーケティング力・財務力・経営者能力等の各種の能力を強化して、生産・販売量や利益を拡大していくことである。中小企業の場合には事業の成功によって一時的に急成長できても、いずれかの企業資源の壁に直面して、「もう参ったといいたくなる」臨界点[41]に到達してしまう可能性がある。事業の拡大によって複雑化する企業の経営を組織的にサポートできないのである。この場合、「売却するか、大幅な成長をやめるか、徐々に効率を悪化させて破綻するか[42]」、である。買収しようとする大企業は、有利な立場で合併に成功する可能性が高い。

　第二に、たとえば臨界点を組織の改革や専門化集団の採用で乗り切った中小企業のケースを考えよう[43]。内部資源を活用して新分野進出を目指す大企業は、工場や設備を自分で購入し人材を投入して必要となる費用と当該中小企業の買収費用を比較するだろう。中小企業の所有者は、一定期間における期待粗利益の割引現在価値を自社の経済価値とみなすとすれば、大企業の当該分野への進出が中小企業の期待利益にどのような影響を与えるのかが、議論の焦点になる。当然、大企業による生産拡大は中小企業側の期待粗利益を低下させて企業価値も下がるから、中小企業側の要求価額も少なくなるだろう。大企業は低価格で工場や設備に加えて顧客や経験豊富な人材、のれん、原材料購入ノウハウまで獲得できるから、かなりの高額の支払いを行うかもしれない。大企業が中小企業製品の市場へ参入しようとする時、双方合意の企業買収が成立しやすい。ただし大企業間ではこの種の企業買収は実際上は困難で、企業Aが企業BやCの支配する市場へ新規参入した場合、激しいイノベーション競争が展開されることになるだろう。

　第三の企業買収パターンは、いわゆる垂直統合である。大企業がいままで他社から購入していた部品や材料を自社内で生産するか部品・材料メーカー

を買収するかを考えた場合、まさしく前述の議論が妥当する。産業の勃興期で部品・材料企業も未整備である時、低価格・高品質の部品・材料を大量に必要としている大企業は、積極的に部品・材料企業の買収に乗り出すか系列化しようとするだろうし、多くのケースでその試みは成功すると思われる。

最後の企業買収パターンは、シュンペーターが「私的帝国を建設しようとする意思」と述べた企業者の行動に関係している。ペンローズも同様の表現を使用しており、異常なまでの拡張的行動を「帝国建設」行動と述べている(44)。ペンローズによれば、帝国建設行動には二つのタイプがある。第一は「既存企業を広範に買収し、特定市場で独占に近い地位を確立することを通じて独占的利益を求める」タイプ、第二は、「多くの市場での事業展開から得られる利益に成功の基礎をおく巨大で強力な企業の創造に関心をもつ(45)」タイプである。

実際の企業買収は以上の背景が複雑に絡み合って、20世紀初頭における新産業勃興期に激しく展開された。たとえば1908年9月にゼネラルモーターズ(GM)を設立したウィリアム・デュラントは、「年末までにビュイック、オールズ、W・F・スチュワート社(フリントを本拠とするボディメーカー)の株式を買い占めていった。その後18ヵ月間で、主に買収先企業の株式とGM株を交換するという手法を通して、キャデラック、オークランド、その他自動車メーカー6社、トラック・メーカー3社、部品・付属品メーカー10社の株式のかなりの部分を保有するにいたった(46)」。同業の自動車メーカーを買収するのは「特許、工場、生産設備を手に入れること」であり、ボディ、エンジン、ギア、トランスミッション、照明装置、リム、ステアリング装置に触手を伸ばしたのは「組み立て工場への部品などの供給を絶やさないためだった(47)」。帝国建設的垂直統合は、鉄鋼業においても確認される。たとえば1989年のフェデラル製鋼会社の成立は、鉄鉱石を自給できず輸送部門も弱体であったイリノイ製鋼会社がモルガンをプロモーターとして鉱山会社、鉄道会社、製鋼会社を統合して成立したものである。鉄鋼業は原材料確保のため積極的に鉱山事業へ進出したし、1901年のU・Sスチールへの大合同も、

カーネギーやフェデラル製鋼といった大製鋼・圧延企業とブリキ、薄板、線材等の完成品部門各社を統合させて、安定した鉄鋼巨大企業をつくることが目的であった。垂直統合による独占的市場支配によって安定した利益を確保すること、これが買収や統合を繰り返した鉄鋼業の究極の目標となっていた。

　企業内の資源を活用した成長と多角化、度重なる合併や事業買収は、19世紀末から20世紀初頭の資本主義経済諸国において大企業体制を出現させる。チャンドラーは述べている。「製造分野では、多職能型の大企業が、きわめて対照的な二つの成長戦略を通して誕生した。片や、単一の企業が事業を拡大して、傘下に販売組織を設けるというもの、片や、多数のメーカーが業界団体、企業連合、トラスト、持ち株会社などを形成して製造活動を束ね、販売分野への前方統合、購買分野への後方統合にすみやかに乗り出すというものだ(48)」。

　このような企業の大規模化は、競争の内容を変質させる。チャンドラーが引用しているナショナル・ビスケットの1901年度年次報告書では次のように述べられている。

　「――略――大規模な販売企業の経営者は、以前であれば、成功するためには競争の行方をコントロールすることが必須だと考えたでしょう。当社も創業時にはこの前提に立っており、そのためには他社に打ち勝つか買収するか、どちらかが必要だと信じていました。他者と真っ向から競争するとなれば、際限のない価格競争を繰り広げ、利益を大幅に減らすことになるでしょう。買収戦略を取れば、とめどなく投資を増やさざるを得ないでしょう。経験からすぐにわかったのですが、どちらの選択肢も成功をもたらすどころか、仮に泥沼に陥ろうものなら、破滅につながるに違いありません(49)」。ナショナル・ビスケットは市場での価格競争や買収合戦に見切りをつけ、「社内で成功の種を探そうではないか(50)」という結論に達する。そして、（イ）調達の大口化、（ロ）製造コストの低減、（ハ）販売部門の強化、（ニ）品質向上、を目標とすることに決定した。大企業間での価格競争は、前述した収穫逓増

型で生産量を容易に増加させられるようなケースを除けば、基本的に回避される。ライバルも大企業であり、強力な対抗措置を有しているからである。ナショナル・ビスケットが企業買収を行わないとしている点は例外的であるが、同社の基本方針（イ）〜（ニ）は、まさしくシュンペーターの「新結合」である。大企業体制の成立は、企業間の競争をイノベーション競争中心へと移行させたのである。ライバルが死にものぐるいで対抗してくるような破壊的な価格競争は回避して、コスト・ダウン、品質改善、新製品開発力、マーケティング力、企業者能力といったイノベーション力が、企業の成功と挫折を決定することになった。

2　企業組織の変化

　大企業体制の成立に伴いイノベーション競争が現実化するが、20世紀前半における最大のイノベーションは、大企業経営を円滑に遂行していく企業組織＝多数事業部制の構築であったかもしれない。まずその前史としての単一職能型組織について検討しておこう。

　アメリカでは南北戦争後の鉄道建設ラッシュと都市化の進行の中で、多くの業種の事業機会が急速に拡大し、19世紀末には食肉加工、タバコ、石油、製鉄等の産業では巨大企業が誕生していた。そしてチャンドラーが述べているように、「合併によって成立した巨大企業の経営陣が業務の体系的な調整、評価、プランニングを目指す際には、必ずといってよいほど単一組織の中に職能別部門を設けて、集権的なマネジメントを試みた[51]」。ウィリアムソン（Oliver E. Williamson）はこの組織形態を単一型（またはU型）と呼んで、次のように示している（図3−6）[52]。

　しかし急激な企業規模の拡大に対して、この単一型企業組織は対応できない。「ごく一握りの人々に、膨大な量の複雑な判断が委ねられていたのだ。本社の幹部は、社長と一、二名の補佐、複数の部門を担当するバイス・プレジデントが何人か、そして企業によっては取締役会長という陣容だった[53]」。

　これに加えて素材・部品企業や輸送部門の企業まで次々と統合したり、社

図 3-6 単一型
出所：ウィリアムソン「市場と企業組織」邦訳 224 頁。

内資源の活用を目指して研究・開発と多角化を推進している企業では、単一型組織に限界があるのは明白である。組織変革の先頭に立ったのは化学のデュポン、自動車の GM であるが、ここでは GM のケースをチャンドラーに従って検討しておこう。

前述したように、GM を創業したデュラントは、同業の自動車メーカーや部品メーカーを次々と買収して GM 帝国を作り上げたが、株式取得を中心とした子会社化は組織としての統一性を欠き、「GM は依然として、多数の企業がゆるやかに結びついた連合体(54)」という状況であった。「既存の自動車工場の生産量を増やすこと、必要な部品、生産機械、原材料などを手当てすること(55)」がデュラントの最大の関心事であり、大規模化の中での合理的な企業組織づくりという発想はなかったのである。

1920 年、第一次大戦後の不況がアメリカ自動車産業を襲い、デュラントの拡大路線は頓挫する。デュラントは社長の座を下り、ピエール・デュポンが社長になるが、新社長はアルフレッド・スローンの組織改革提案を受け入れて GM は大きな組織変革に挑戦する。チャンドラーはスローンが作成した「組織についての考察」の土台を、次の二つの原則にまとめている(56)。

原則 1　各事業部の最高責任者は、担当分野についてあらゆる権限を持つ。各事業部は必要な職能をすべて有し、自主性を十分に発揮しながら道理に沿って発展を遂げていけばよい。

原則 2　全社を適切にコントロールしながら発展していくためには、本社が一定の役割を果たすことが欠かせない。

第 3 章　大企業体制の成立　69

図 3-7　多数事業部制
出所：ウィリアムソン「市場と企業組織」邦訳 230 頁。

ウィリアムソンはこのような多数事業部制の組織をM型構造と呼んで、次のように示している（図3－7）。

各事業部には必要な職能部門が配置され、業務的意思決定の最高責任者は事業部長である。スローンの改革案によれば、事業部は自動車、付属品、部品、関連事業の四グループに分けられ、自動車はキャデラック事業部、ビュイック事業部、オールズ事業部、シボレー事業部、トラック事業部等から成立していた。また本社には経営陣の他に財務・会計スタッフ、エンジニアリング・リサーチ、製造・工場レイアウト、特許、法務、購買等が入ることになっていた。各事業部は業務内容が明確に定められ、スタッフ部門のアドバイスを受けながら自由裁量の原則の下に事業を行っていく。各事業部門の製品の重複を回避しながら、「低価格帯から高価格帯に至るまで、フルラインの製品を提供して、大量生産を成り立たせよう」[57]としたのである。

事業部制新組織設立の効果は顕著であった。「1924 年から 27 年にかけて、自動車市場でのシェアは 18・8％から 43・3％へと上昇」[58]した。GM の場合はデュラントによる買収戦略で肥大化した連合型企業を、集権的な職能別組織を経由せずに分権的事業部制へ移行させて成功した。総合本社の経営陣は会社全体のマネジメントに専念し、各事業部門への最適資源配布やスタッフ部門の強化による長期経営計画の策定を通じて GM の経営の合理化に努力した。GM はこの分権的事業部制の企業として、全米第 1 位の自動車メーカーになったのである。まさにシュンペーターの言う"新しい組織の実現"

であり「新結合」の成功例である。

　このようにして事業部制は企業の成長を組織面から支え、企業の成長可能性は「拡張に利用可能な経営者サービスがどれだけあるかによって決まるだろう」というペンローズの制約条件を突破したように思われる。デュポンやGMのその後の発展は、事業部制による大規模化の成功の実例でもある。

　最後に、ウィリアムソンが提起している古くて新しい問題について検討しておこう。それは次のようなものである。

（イ）市場の独占化は技術進歩を阻害するのではないか。
（ロ）大企業の行動はリスク回避的であり、重要な発明技術の開発よりも改良的な仕事が中心になっているのではないか。

　まず垂直的・水平的統合を繰り返して大規模化してきた企業は、たしかに市場の独占的支配力を強化してきたことは確実である。しかし多くのケースで完全独占には至らず、勝ち残った少数の有力企業間で寡占的競争が行われるようになった。ウィリアムソンが先行するいくつかの研究を利用してこの問題を考察している。1950年代、60年代のアメリカでは、主要産業における支配的企業が確立して、エレクトロニクスや軍事・宇宙産業、大型航空機産業等一部の産業を除けば、寡占的大企業間の競争も"緩やか"であったかもしれない。次章で取り上げるアッターバックの表現を借りれば、大企業製品のドミナント・デザインが確立して、地味な生産工程改善のイノベーションの時代に入っていたかもしれないのである。しかし現在の大企業間競争を自動車、電気・電子、医療機器、製薬等の諸産業で見れば明白であるように、新技術や新製品需要が勃興してくる時代においては、企業の存亡を賭けた内外大企業のイノベーション競争が展開されることになる。寡占的大企業間の競争が協調的であるかまたは生存闘争的であるかは、主として技術の大革新・大転換という技術的側面の変化に依存している。また顧客ニーズの急速な変化も、イノベーション競争を刺激することは確実である。大転換期に

革新投資を行わなければ、業界から退出するしかないのだから。

一方、(ロ) については、ウィリアムソンの懸念する大企業組織の官僚制的システムの弊害が確かに存在する。技術の転換期で各社がイノベーション競争に邁進している時においてさえも、大組織の陥りやすい前例主義と事大主義的傾向のために、多くの企業が失敗することがある。後に見る青色発光ダイオード開発のケースは、この典型的な例である。ウィリアムソン流に言えば"組織の失敗"を引き起こすことになるのである。実はこの問題は、大企業特有の煩瑣な事務手続きや複雑な階層的意思決定システムだけに起因するのではなく、事業部制そのものに関係している。確かに事業部制は、統合と多角化を繰り返して大規模化していく企業を合理的に経営する最良の組織イノベーションであった。しかし各事業部は、投資計画をめぐる予算配分や人事面等で有利な立場となるために、"今年の利益にこだわり、製品改良レベルで手堅く稼ぐ"体質になりやすい。中央本部直轄の基礎研究所が大発明となるかもしれない成果を生んでも、それが開発――製品化の段階で頓挫するケースが多いのは、事業部開発部門と基礎研究部門との連携の欠如が一因であった。中央本部内に技術担当副社長クラスをヘッドに置いたイノベーションの企画・推進組織を設けて、社内の知識・情報の流動化と新製品開発への協力を具体化する必要がある。これは両部門間の人事交流レベルでは解決できない制度的な問題である。

第二に、大企業でしか実現できない大きなイノベーションがある。大企業の各部門にはさまざまな知識・技能・技術が蓄積されており、多くの優れた人材が存在する。トヨタ自動車のプリウス開発のように、内燃機関と電気自動車の技術を統合し、統合システムを開発するという統合型イノベーションは、大企業組織でないと実現不可能だろう。統合技術の選択肢は数多く、システム開発は容易ではない。実験に次ぐ実験の繰り返しでコストは増加し、投入される技術者の数も激増していくから、統合型イノベーションは資金と人材を有する大企業の独壇場である。

それではウィリアムソンの述べている「小企業の発明的能力」をどのよう

に評価すべきだろうか。ウィリアムソンは、革新のプロセスを、発明、開発、最終供給、の三段階に区分して、「革新のプロセスの初期段階に関する能力については大企業に重大な欠陥があるという考えに傾く」ことから「新製品を導入するには、最初の開発と市場テストは独立の発明家や産業のなかの小企業（おそらくは新規参入企業）におこなわせ、つぎにそこで成功した開発を、たぶんライセンス契約ないし合併を通じて多数事業部型の大企業に買い取らせ、以後のマーケティングをおこなわせるというのが効率的な手続である」と述べている。すでに十分な技術知識の蓄積があり事業化の自信も持っている大企業のスピンアウト組ベンチャー企業は、エンジェルかベンチャー・キャピタルの資金提供があればイノベーションに成功する可能性がある。スピンアウトが一般的なアメリカ産業界ではこれらの企業は大企業によって積極的に買収されており、今日において、ウィリアムソンの提言は実現しているのである。しかしベンチャー企業の成功事例を、普通の中小企業に当てはめることは難しい。通常、最先端技術知識に接触してきたスピンアウト組は一攫千金を夢見てベンチャー企業を設立しており、中小企業に入社することはない。中小企業が大企業による組織の失敗の間隙を縫って"最初の開発と市場テスト"の分野で大きなイノベーションを実現しようとすれば、（イ）自社としては"思い切った投資"でイノベーション対象事業を確定し、必要な技術基盤を構築すること、（ロ）技術的知見とイノベーションの情熱を持った技術者を社内で育成しておくこと、が必要である。後述の青色発光ダイオードの開発はこのケースに当たるが、中小企業にとっての最大の課題は、イノベーションに挑戦できる技術者の育成であると思われる。

　大企業にとっても中小企業にとっても、イノベーションを企画して実現するのは簡単ではない。しかし技術の大きな転換期であり、内外でイノベーションに取り組む企業が群生している今日においては、全ての企業が存亡を賭けて、まず社内技術基盤の強化とすでに蓄積されている技術の活用を考えるべきである。その後、大企業の場合はベンチャー企業の買収、中小企業ならば技術ライセンスを受けての生産活動も考えられる。大学等研究機関との

共同研究も、可能ならば徹底的に追求すべきである。日本の主要企業が、転換期である現在のイノベーション競争に敗北すれば、日本の将来は確実に極めて困難な状況になるだろう。大企業、中小企業、ベンチャー企業の全ての企業がそれぞれの方法で、イノベーションを目指すべきである。イノベーションを成功させる特定の解はないから、試行錯誤してさまざまな可能性を追求していくしかない。

注

(1) マーシャル／永沢越郎訳、『経済学原理』岩波ブックセンター、信山社、1985年 付録A、邦訳第1分冊、249頁、以下『原理』として示す。
(2) マーシャル『原理』付録A、邦訳第1分冊、256頁。
(3) マーシャル『原理』第5編第2章、邦訳第3分冊、13頁。
(4) マーシャル『原理』第3編第3章、邦訳第1分冊、136頁。
(5) マーシャル『原理』第3編第3章、邦訳第1分冊、137頁。
(6) マーシャル『原理』第4編第1章、邦訳第2分冊、8頁。
(7) マーシャル『原理』第5編第3章、邦訳第3分冊、29頁。
(8) マーシャル『原理』第5編第3章、邦訳第3分冊、30頁。
(9) マーシャル『原理』第5編第1章、邦訳第3分冊、11-12頁。
(10) マーシャル『原理』第5編第3章、邦訳第3分冊、31-32頁。
(11) マーシャル『原理』第5編第3章、邦訳第3分冊、33頁。
(12) マーシャル『原理』第5編第3章、邦訳第3分冊、33頁。
(13) マーシャル「産業と商業」永沢越郎訳、岩波ブックセンター、信山社、1986年、第2編第3章、邦訳第2分冊、71-72頁。
(14) マーシャル「産業と商業」第2編第4章、邦訳第2分冊、86-87頁。
(15) マーシャル『原理』第4編第13章、邦訳第2分冊、267頁。
(16) マーシャルは需要曲線と供給曲線が複数回交差するケースを論じているが、ここでの議論に関係しないので省略する。
(17) マーシャル『原理』第5編付録H、邦訳第3分冊、288頁。
(18) マーシャル『原理』第4編第11章、邦訳第2分冊、223頁。
(19) シュンペーター「経済発展の理論」塩野野祐一・中山伊知郎・東畑精一訳、岩波文庫、1977年
(20) シュンペーター「経済発展の理論」、邦訳（上）30頁。
(21) シュンペーター「経済発展の理論」第2章、邦訳（上）180頁。
(22) シュンペーター「経済発展の理論」第2章、邦訳（上）181頁。

(23) シュンペーター「経済発展の理論」第 2 章、邦訳（上）183 頁、ただし一部を省略している。
(24) シュンペーター「経済発展の理論」第 4 章、邦訳（下）53 頁。
(25) シュンペーター「経済発展の理論」第 6 章、邦訳（下）219 頁。
(26) シュンペーター「資本主義・社会主義・民主主義」中山一郎・東畑精一訳、東洋経済新報社、新装版、1995 年
(27) シュンペーター「資本主義・社会主義・民主主義」第 6 章、邦訳、123-124 頁。
(28) シュンペーター「資本主義・社会主義・民主主義」第 7 章、邦訳、129 頁。
(29) シュンペーター「資本主義・社会主義・民主主義」第 7 章、邦訳、130 頁。
(30) ペンローズ「企業成長の理論」第 3 版、日高千景訳、ダイヤモンド社、2010 年
(31) ペンローズ「企業成長の理論」第 2 章、邦訳、37 頁。
(32) ペンローズ「企業成長の理論」第 7 章、邦訳、169-170 頁。
(33) ペンローズ「企業成長の理論」第 7 章、邦訳、170 頁。
(34) ペンローズ「企業成長の理論」第 7 章、邦訳、162 頁。
(35) 図 3-5 は、櫻井通晴「管理会計」同文館出版、第 6 版、平成 27 年 589 頁の図 18-7 に点線と英語呼称を記入した。
(36) ペンローズ「企業成長の理論」第 7 章、邦訳、174 頁。
(37) チャンドラー（Alfred D. Chandler, Jr.）「組織は戦略に従う」1961 第 1 章、有賀裕子訳、ダイヤモンド社、2004 年、53-54 頁。
(38) ペンローズ「企業成長の理論」第 7 章、邦訳、182-186 頁。
(39) ゼネラル・ミルズ第 11 回年次報告書、ペンローズ「企業成長の理論」第 7 章、邦訳、182-183 頁。
(40) ペンローズ「企業成長の理論」第 7 章、邦訳、185 頁。
(41) ペンローズ「企業成長の理論」第 8 章、邦訳、231 頁。
(42) ペンローズ「企業成長の理論」第 8 章、邦訳、233 頁。
(43) ペンローズは買収企業側をアルファ、被買収側企業をベータとして一般的な議論を行っている。ペンローズ「企業成長の理論」第 8 章、邦訳、226-244 頁。
(44) ペンローズ「企業成長の理論」第 8 章、邦訳、259 頁。
(45) ペンローズ「企業成長の理論」第 8 章、邦訳、259 頁。
(46) チャンドラー「組織は戦略に従う」第 3 章、邦訳、148 頁。
(47) チャンドラー「組織は戦略に従う」第 3 章、邦訳、149 頁。
(48) チャンドラー「組織は戦略に従う」第 1 章、邦訳、30 頁。
(49) チャンドラー「組織は戦略に従う」第 1 章、邦訳、40 頁。
(50) チャンドラー「組織は戦略に従う」第 1 章、邦訳、40 頁。
(51) チャンドラー「組織は戦略に従う」第 1 章、邦訳、51 頁。
(52) O・E・ウィリアムソン「市場と企業組織」第 8 章、1975、浅沼萬理・岩崎晃訳、日本評論社、1980 年、224 頁。

(53) チャンドラー「組織は戦略に従う」第1章、邦訳、51頁。
(54) チャンドラー「組織は戦略に従う」第3章、邦訳、156頁。
(55) チャンドラー「組織は戦略に従う」第3章、邦訳、153頁。
(56) チャンドラー「組織は戦略に従う」第3章、邦訳、168頁。
(57) チャンドラー「組織は戦略に従う」第3章、邦訳、180頁。
(58) チャンドラー「組織は戦略に従う」第3章、邦訳、199頁。
(59) ペンローズ「企業成長の理論」第9章、邦訳、280頁。
(60) ウィリアムソン「市場と企業組織」第10章、邦訳、291-341頁において議論されたテーマである。
(61) ウィリアムソン「市場と企業組織」第10章、邦訳、333頁。
(62) ウィリアムソン「市場と企業組織」第10章、邦訳、333頁。

第4章
現代のイノベーション論

1 二つのイノベーション

1 プロダクト・イノベーション

　20世紀では人々の生活を一変させる新製品、新サービスが数多く生み出された。また、画期的な生産方法が導入された時代でもあった。これらのさまざまなケースにおいて、最も典型的なイノベーションは、ブレークスルー（大発見）に始まって新製品として登場し、その後に大量生産されて人々の生活や経済活動を激変させたプロダクト・イノベーション（製品イノベーション）だろう。

　非連続の新発明、すなわち鉄道、自動車、航空機、電力、電話、コンピューター等々の製品群や、それらに組み込まれている高出力エンジンや半導体等の新部品・新素材の開発と製品化こそ、イノベーションの花形である。

　こういったリニア・モデルと呼ばれる製品イノベーションの成立過程は、図4－1のようになる。

　例えば大学の研究室や大企業の基礎研究部門において、強く耐熱性に優れた新金属素材が発見されたとしよう。企業の技術者はこの素材をさまざまにテストして改良し、高性能でできるだけ低価格の機械部品を製作しようと試みる。これがステージ1とステージ2の研究・開発の過程（R&Dプロセス）であり、アワースバルトとブランスコムは、「インベンション（発明）から

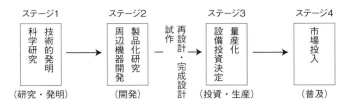

図 4-1 イノベーション過程……リニア・モデル
参考：アワースバルト・ブランスコム論文、注（1）参照。

イノベーション（革新）への移行」と呼んだ。

　彼等は多くの研究・発明が、開発段階での製品化に失敗して消え去る事実に着目して、合衆国下院議員のバーン・エラーズが命名した「死の谷」という呼称を自らの論文でも使用している。ここでは「死の谷」を研究段階から、商業化の可能性や知的財産権の保護を考えるべき段階へ移行するにあたっての壁と考えよう。基礎研究部門がいかに研究成果を商品化したいと望んでいても、顧客ニーズを熟知する営業部門や、生産を行う現場情報にも通じている応用・開発部門が製品化を困難と見ているようなケースがこれにあたる。

　さて、応用・開発部門も同意して製品化が決定されたとしよう。しかし実際にコマーシャル・ベースで展開される製品としては、価格、品質、アピール力で優位性を持つ必要があり、それには費用と時間をかけた困難な調査が要求される。また仮に技術スタッフが製品化を決めたとしても、必要な資金を提供する投資家と会社経営者が同意するとは限らない。投資を実行し、量産体制を構築することに関して、ノーが突き付けられることは実に多いのである。ここでもまたアワースバルトとブランスコムが使用した「ダーウィンの海」という表現を借用して、イノベーションに立ちはだかる新たな障壁を考えよう。ここでの「ダーウィンの海」は、主に経営者や投資家が抱く「このイノベーション・プロジェクトが投資に見合う利益を生み出すのか」という疑問に対してどのような判断を下すかという問題である。もちろん、ロー

ゼンバーグの強調する模倣や、改良後参入戦略も大いに関係がある。「シュンペーターの言うイノベーターは、『模倣者』が追い付くまでに異常な高利潤を得ることになっているが、未完成の発明に性急に投資したために破産するかもしれない」し、「技術変化の持続性を考慮すれば、イノベーションの最適のタイミングは、将来の改良のタイミングと重要性に関する期待に強く影響される」のであるから。

　このため、「ダーウィンの海」を渡りきることなく様子を眺め続けて、ライバルに先を越されたりもする。また投資が実行されて、量産新製品が市場へ投入されても、それが市場で幅広く受容されて普及していく保証はない。企業は営業活動に全力を尽くすが成果が出ず、イノベーションは最終段階で失敗に終わるかもしれない。新製品が画期的であればあるほど、市場の拒絶反応も強いということがある。プロダクト・イノベーションの成否は、最終的には市場の判断に委ねられるのである。

　一方、プロダクト・イノベーションが成功したとしても立ち止まることはできない。ライバル企業の対抗措置や代替品の市場参入の可能性を考えれば、絶えずコスト・ダウンと品質改良、モデルチェンジに取り組まねばならない。プロダクト・イノベーションの成功が持続するために必要なもの——それは常に、さらなるイノベーションなのである。

2　さらなるイノベーション……プロセス・イノベーション

　新製品の開発・生産・普及というプロダクト・イノベーションと共に、経済活動全体に大きな影響を及ぼしてきたのが、各段階における方法の変革、すなわちプロセス・イノベーションである。中でも生産段階での変革は、18世紀後半のイギリス綿工業の発展による産業資本主義の確立以降、資本主義経済の発展の原動力となってきた。ここでは生産段階のプロセス・イノベーションを、①新鋭設備の導入、②既存の生産能力の拡大、③現場改善、の三つの角度から概観しておこう。

①新鋭設備の導入

伝統的な投資理論では、「投資からの年々の期待キャッシュ・フローの流列を資本コストで割り引いて、現在の必要投資額と比較して割り引き現在価値の方が大きければ投資を実行する」ということになっている。

しかし、高価な新鋭機械の導入を割り引き現在価値基準で行うことは難しい。従来の生産ラインの一部に新鋭機械を導入して他工程とフィットするかどうか、また労働力の削減や原材料節約の見通し、機械を使いこなす作業者の能力等々の課題は、実際の作業の中で修正を繰り返して改善していくべきものである。またローゼンバーグの言うように、短期間で機械が改良されたり、別の優れた機械が開発されたりする可能性もある。

このため新鋭機械の導入は、

(a) 競争相手の動向
(b) 市場の将来性
(c) 作業者やエンジニアの能力
(d) 機械の価格や維持コスト
(e) 改良や新機械の開発情報

等を見ながら、経営者が戦略的に決定するしかない。ライバル企業が先に導入してさまざまな問題点が判明し、機械が大幅に改良された時点で購入することも可能である。しかし大企業間の競争では、新技術を体化した設備を導入してコスト・ダウンと品質向上を実現することは企業の生存のための必要条件である。機械設備の性能がある程度確立された段階で、このプロセス・イノベーションは必ず実行されることになる。

②既存の生産能力の拡大

第二のプロセス・イノベーションは、投資による生産過程の資本集約化によって規模の経済性を実現することである。多くの場合、労働は導入された

機械や装置によって代替される。また労働投入量が増加する場合でも、各種の機械作業別に編成して分業させることで、生産性は飛躍的に上昇するケースが多い。19世紀末から現在に至る大企業体制の時代において、規模の経済性を実現するための大規模化と分業によるプロセス・イノベーションは、絶え間なく実行されている。

③現場改善

新たな価値を生み出すための連続的な企業活動において、生産過程における改善は有力な価値創造活動である。既存の生産設備とそれに体化された技術を前提に、

（イ）現場作業の改善
（ロ）生産方法の変革
（ハ）使用中の機械や部品の改良
（ニ）生産管理技術の向上

等によって、コスト・ダウンと品質の向上を実現できる。これも効果的なプロセス・イノベーションであり、全ての製造企業が追求する目標である。現場改善は多くの場合、企業内で静かに行われる目立たない活動と成果であるが、重要なイノベーションを実現する場合もある。例えばローゼンバーグがルイス・ハンターの著作から引用している蒸気船のケースは以下のようなものである。[4]

（イ）蒸気船の歴史は天才の偉業や発明の歴史というよりは、地味な進歩の過程である。ちょっとした改良や調整、調節の部分が大半である。
（ロ）この歴史の中心にいるのは、日々の仕事を改善しつつ進めていく職人や工場長、熟練工なのである。
（ハ）たとえば十六分の一インチだったシャフトを百分の一インチにした

り、有効圧力を数ポンド高めたシリンダー・パッキンを考案したりといったこと、あるいはボイラーのデザインを変えて清掃時間を六時間から三時間に短縮し、航海の度にではなく二回に一回の清掃ですむようにしたりといった改善こそが、蒸気船のイノベーション歴史であった。

画期的発明によるイノベーションの重要性は言うまでもないが、生産プロセスにおける改善は企業競争力の重要な源泉となる。企業の努力が積み重なって、大きなイノベーションに結びつくことも多い。

2 イノベーション行動のメカニズム

20世紀の資本主義経済は、数々の科学的発明とその生産技術への応用、さらに国民所得の向上による消費者需要の多様化を特徴とするが、それに伴い新製品・新技術が絶えることなく開発され、市場へ投入される状況が生み出された。

そういった中での大企業体制の成立は、企業間の競争が単純な価格競争に留まらず、イノベーションによるコスト削減・性能改良・新製品投入の競争に変質していくことを意味していた。高度な能力を持った大企業間においては、イノベーション競争が新しい競争のルールとなったのである。

このようなイノベーションの分析はいくつかの視点から行われているが、本節ではネルソンとウインターの議論を中心に、企業のイノベーション行動の基本的メカニズムを考える。しかしその前に、彼等の理論に大きな影響を与えたダーウィンの生物進化の理論について要約しておこう。

1 ダーウィンの進化論

企業のイノベーション活動は人や組織の意思決定活動であり、生物進化の

プロセスとは異なっている。しかし、イノベーションと生物進化のプロセスには興味深い類似性があるため、進化論のアイデアを借用して企業行動としてのイノベーションを考えるメリットは大きい。

ダーウィンは『種の起原』第一章で、自然環境から切り離された家畜が子を生まないケースを説明し、環境の変化が生物の自然的状態に何らかの影響を与えること、すなわち「変異」を発生させる可能性に言及している。また自然界においても、調和した静かな生物間の共生の世界と共に激しい生存競争の世界があり、「この生活のための闘争によって、変異は、いかに軽微なものでも、またどんな原因から生じたものでも、どの種でもその一個体にいくらかでも利益になるものであったら、他の生物および外的自然に対する無限に複雑な関係において、その個体を保存させるように働き、そして一般に子孫に受け継がれていくであろう」として、変異の遺伝的性質を考えている。

今日、われわれは、変異が染色体や遺伝子の異常によって発生することを知っている。ダーウィンは、人為的に引き起こされる変化とともに、気候や土壌といった自然環境の変化が生物の変異に影響し、「いかなる種でもその変化した子孫は構造が多様化すればするほど成功することが多くなり、他の生物が占めている場所をだんだん奪っていくことができると仮定してよい」と述べている。変異の多様性が環境の変化に対応する有利な変異を実現し、自然選択による種の存続と繁栄をもたらすのである。

2 「ルーティン」と「セレクション」

このような生物の進化の原因が遺伝子の変異にあるとすれば、経済活動を行う企業における遺伝子は、企業メンバーによるさまざまな日常的活動の方法、すなわち「ルーティン」であろう。

各メンバーは独自の技能（スキル）を使って、自分に割り当てられている仕事をルーティンとして行っている。これらのスキルには、標準作業書等の明示化されたものから学ぶ知識（形式知）もあるが、多くは仕事に取り組む

中で修得された、文書化しにくい知識（暗黙知）から成り立っている。このようなスキルに支えられて、おのおのの仕事はルーティン化されており、材料調達や生産の実行、研究・開発活動、投資の決定、雇用や解雇といった人事政策まで、あらゆる活動を秩序づけている。ルーティンは全ての企業活動を支えているのである。

さて、日々のルーティンでは対応できない事態が発生したとしよう。ネルソンとウインターはいくつかの具体例をあげている。

① 職長が機械の異常を発見したケース[9]

このケースでは、日常的なルーティンではない仕事を行うことになるが、企業の中では異常事態への対応もまたルーティン化されている。職長はメンテナンス部門へ連絡し、機械修理工が派遣される。彼はルーティンに従って原因を究明し、部品を修理する。また修理工は、この種のトラブルは部品にアルミニウムが使われ出したため頻発するのであるから、機械の使用方法を変えるべきだと職長に伝えるかもしれない。

② セールス・マネージャーが異常な販売減に気付いたケース[10]

彼はルーティンとして、経営学を勉強してきた若いアシスタントを呼んで原因究明を依頼する。アシスタントは特定の地区と人を調べることで販売状況に何が発生しているのかを調査し、販売減の大半が南東地区であることを明らかにする。彼は同地区のセールスマンの交代を提言するかもしれない。また、需要の重大な変化の可能性を疑い、それを解明するための新調査を提案するかもしれないし、あるいは新しい広告キャンペーンを南東地区の人々へ行うように提言するかもしれない。

これらの例は、企業組織のある部門に発生した例外的状況に対して、他の部門がルーティンで対応するというものである。しかしその結果として機械

が改良されたり、新しい需要条件を察知して製品が改良されたりして、ルーティンの変更、すなわちイノベーションへ結びつくことがある。企業内のルーティンはイノベーションの対極にあるように見えて、実はイノベーションの源泉になるケースも存在するのである。

さて、ここでの例によれば、環境の変化は前者が機械の変調という供給・技術側から発生しており、後者は需要・市場側の要因の変調である。これらはイノベーションの発生原因についての分類において、それぞれ「テクノロジー・プッシュ」、「ディマンド・プル」と区別されている。結果的には両者共に、機械の改良や製品改良に結びつくイノベーションの可能性を孕んでいるが、問題は企業の対応の仕方である。

環境の変化に直面した時、企業はいくつかの（数は多くはない）対策群を構想する。具体的にどういうことかというと、新しい機械の購入、技術者の雇用、広告・宣伝政策、製品デザインの変更といったさまざまな可能性に対して、「セレクション（選別）」を行うのである。いわゆる戦略的意思決定と呼ばれるもので、その基本ルールは「収益性基準」と「技術的可能性基準」に大別される。

収益性基準は、ネルソンとウインターの表現を借りれば、「成功すれば大きな利益を生むプロジェクトのリストをつくり、その収益性が高いだけでなく合理的なコストで実行できるものを選ぶ[11]」というものである。

一方、技術的可能性基準は、「まず画期的な技術的可能性に注目し、次にそれが達成されたら高収益となるものを精査する[12]」もので、この両者を企業側は共に検討することになる。

前者の方が一般的で、商業的に成功しているケースが多いが、後者の技術的可能性に注目するイノベーション計画は、成功した時には画期的な成果を実現する場合がある。①のケースについて検討しよう。

（イ）修理工にアルミニウム等金属の知識をさらにつけさせて、問題の早期発見で対処していく

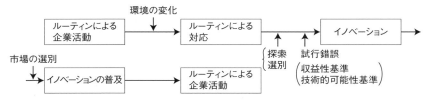

図4-2 イノベーションプロセスとルーティンによる対応

（ロ）機械部品の一部を取り替えて作業方法を見直し、生産工程の部分的改良に努力する

（ハ）金属の基礎研究から始めて機械全体の自社生産まで行う

等々、セレクションの可能性はいくつか考えられるが、これらを収益性基準と技術的可能性基準で評価していくルーティンを作り出すことが課題となる。

図4-2は、イノベーションとしての製品の改良や生産プロセスの改善が、企業内でルーティンの活用によって実行されていくことを示している。企業は環境の変化にルーティンで対応し、収益性基準と技術的可能性基準に基づいて「サーチ（探索）」と「セレクション（選別）」を行っている。従業員のスキルや知識を強化して、多様で柔軟なルーティンを蓄積しておけば、新技術・新製品の開発に結びつく可能性が高まるだろう。一方、この模索過程で重大な失敗を繰り返せば、それは企業に死をもたらすかもしれない。さながら遺伝子変異が環境の変化に適応せず、絶滅してしまう生物の種のように。以上が、変化に直面した企業の対応型イノベーションのメカニズムである。

3　イノベーションの普及

企業内におけるイノベーション戦略のセレクションに加えて、結果として実現された新製品や新生産技術が受け入れられていく過程についても、検討しておく必要がある。新製品や新技術が普及していくためには「市場のセレ

クション」をパスしなければならない。ロジャーズに従って、イノベーションの普及に関係する五つのイノベーション属性について見ておこう。[13]

(1) 相対的優位性＝新たに登場したイノベーションが、既存のイノベーションよりもよいものであると知覚される度合い
(2) 両立可能性＝イノベーションが既存の価値観、過去の体験、そして潜在的採用者のニーズと相反しないと知覚される度合い
(3) 複雑性＝イノベーションを理解したり使用したりするのに、相対的に困難であると知覚される度合い
(4) 試行可能性＝小規模にせよイノベーションを体験しうる度合い
(5) 観察可能性＝イノベーションの結果が他の人達の目に触れる度合い

こういった五つの属性は、全てのイノベーションの普及分析に適用できる。特にロジャーズは、経済的イノベーションの好例とも言うべき携帯電話の普及について、フィンランドのノキア社のケースを挙げて説明している。[14]

1988年、ゴム長靴や電線、紙製品、パソコンなどの事業を行っていたノキア社は破産寸前であった。社長は自殺し、後任となったヨルマ・オリラは既存の事業をすべて売却し、携帯電話とそれを支える電気通信ネットワーク事業に集中することにした。その後のノキア社の躍進は衆知の事実である。2000年頃、世界市場の3分の1以上の携帯電話がノキア社製であったといわれている。

ここでの携帯電話の相対的優位性は明白である。どこからでも他者に連絡できるし、また連絡してもらうことが可能である。緊急事態が発生して近くに固定電話がない時など、携帯電話のおかげで命を救われたり、ビジネスの破談をまぬがれたりするケースもあっただろう。大量生産によって機器のコストも低下し、使用料も普及を困難とするようなレベルではなかった。また固定電話と両立可能であり、旧製品を排除することもなく、電話のための操作は従来と同じである。試しに使ってみることも容易で、他人の使してい

る姿を観察する機会も多い。携帯電話というイノベーションは、一度市場へ投入されたら爆発的に普及していく条件を最初から備えていたのである。

その後、急成長したノキア社は、ひとつの時代の最先端企業となった。市場のセレクションをパスして、世界的な大企業に成長していったのである。当時、2007年にアップルがスマートフォンを発表し、ほとんどの携帯電話がスマートフォンに代替されるようになるとは知る人もなかっただろう。また、ノキア社がマイクロソフトに買収されることを予想する人もなかったと思われる。

3 さまざまなイノベーション論

ここまで、消費財なら価格や品質の優位性、生産財なら顧客企業の生産性向上や、製品の品質力強化を実現するような新製品が市場でセレクションされ、普及していく過程を見てきた。以下では市場のセレクション過程とイノベーションとの関係を、さらに詳しく検討する。まず最初にアッターバックの著作(15)を参照しながら、特定の産業におけるイノベーションの事例研究について考えてみよう。

1 アッターバックのイノベーション論

アッターバックはアバナシー（William J. Abernathy）とともに、イノベーション過程における「ドミナント・デザイン」という概念の提唱者として知られている。

ある製品や製造方法が発明された場合、多くの個人や企業が当該市場へ参入し、複数の製品デザインが生み出される。その後、市場のセレクションを受けて製品の修正を繰り返し、やがて「個々のイノベーションから合成された新製品(16)」が登場する。製品イノベーションと、市場のセレクションが一定の形に収束した結果が標準化・固定化されたドミナント・デザインとなるわ

けで、これがイノベーション過程の第一段階である。

　第二の過程は、ドミナント・デザインの下での製造方法の変革、すなわちプロセス・イノベーションに関係している。製品スタイルが確立することによって、企業は安心して大型投資に踏み切り、また生産工程の合理化を徹底的に追求することになる。この過程で多くの企業は競争に敗北して脱落し、当該産業での企業数も減少していく。最終的には「ほんの少数――レビューされた事例からすると四つか五つというのが、典型的な数――の、安定的な売り上げと市場シェアを持つ、標準化されて少ししか違いのない製品を生産する企業のみが存在するような、安定点に到達する」(17)。

　この産業におけるイノベーションの推移を、アッターバックは流動期――移行期――固定期と呼んで、図4-3のように示している。

　さて、製品の支配的なデザイン、生産技術や企業数、企業間競争が安定した固定期は、いつまで持続可能なのであろうか。生産が極めて難しいジェット旅客機用エンジンのように、ゼネラル・エレクトリック社（GE）やプラット＆ホイットニ社（P&W）等の数社寡占状態が続く業界もあるが、多くの産業では従来のドミナント・デザインを完全に覆すような、非連続的技術によるイノベーションに見舞われるケースが多い。これは、タイプライターに対

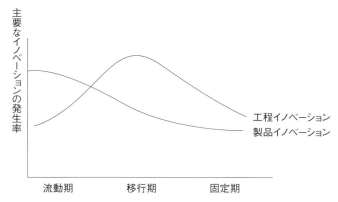

図4-3　イノベーションのダイナミクス
出所：アッターバック「イノベーション・ダイナミクス」邦訳118頁、一部省略。

第4章　現代のイノベーション論　89

するワープロやパソコン、銀塩フィルムカメラに対するデジタル・カメラなど、

(イ) 使用技術の基本的原理が異なり、圧倒的に有利な性能を持つ新製品
(ロ) 技術的には既知であっても、さまざまな要素技術の改良と新しい組み合わせで開発に成功した画期的新製品
(ハ) アイデア商品として圧倒的な市場支配力を生み出した製品

等の市場を揺るがす新たな技術・製品の登場を意味している。アッターバックが描いた図4-4は、これらの新・旧技術の転換を示している。

ここで t_1 は新技術が登場する時期であり、t_2 は新技術によって生産された製品が優位に立つ時期である。t_2 以降の市場セレクションは新製品に集中し、旧製品は壊滅的打撃を受ける。もちろん新製品登場に対抗して旧製品の技術改革が進み、点線で示すようにパフォーマンスが上昇することもあり得る（エジソンによる白熱電球の発明後にガス灯の改善が顕著であったことは、たびたび指摘されている事実である）。しかし非連続的技術によるイノベーションが出

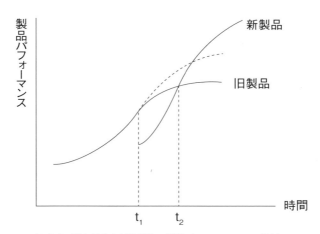

図4-4　既存技術と新技術との製品パフォーマンスの比較
出所：アッターバック「イノベーション・ダイナミクス」邦訳192頁を一部修正。

現した時、基本的に旧技術製品の命運は尽きたのであり、改善は一時的延命にすぎない。

アッターバックは以上のようなイノベーションのプロセスを、いくつかの工業製品を例にとって説明している。

(1) タイプライター

19世紀末のアメリカではさまざまな産業が勃興し、書類作成を伴う事務仕事も急増していた。そんな1873年、発明者ショールズからタイプライターの独占製造権を買い取ったレミントン社は、レミントン1型機の生産と販売に着手した。この1型機は大文字しか打てなかったため不評であった。だが、その後の1878年にはシフト・キーを使って大文字と小文字の両方を印字できる2型機の製造・販売に成功し、レミントンの名はアメリカのタイプライター史に燦然と輝くことになった。

このタイプライター事業の成功は多くの新規参入者を生んだ。「とくにショールズの特許の期限切れが近づくと、市場に参入してくる新規競争者の流れは押し止められることはなかった。——中略——20社に及ぶ部品供給業者はいつの間にか実力をつけ、それぞれ1890年には1,800人もの従業員を抱え、360万ドルの製品を製造した[18]」のである。

そしてこの時期、真のイノベーションとなる打ち込んでいる文字が見える「可視型のタイプライター[19]」が、発明者ワグナーからデザイン権を購入したアンダーウッド社によって製造・販売された。現在まで続くQWERY式キーボード、可視型タイプ、シフト・キーによる大文字入力等々のドミナント・デザインが、ここに成立したのである。

これをもって成功を夢見る企業家達のデザイン競争の時代は終わり、「アンダーウッド社、レミントン社、ロイヤル社、L.C.スミス兄弟社（後にコロナ社に買収される）が、次の時代の幕開けまでアメリカ市場を支配することになる[20]」。製品イノベーションのペースも「劇的に鈍化し、大規模製造業者の関心は製造工程と生産コストの改善に移っていった[21]」。プロダクト・イノ

ベーションからプロセス・イノベーションへの転換である。

　だが、固定期は長くは続かなかった。このようにして成立したドミナント・デザインを破壊する主要なケースは、しばしば業界外で発生する非連続技術によるラディカル・イノベーションである。その例に漏れず、1933年、IBM（インターナショナル・ビジネス・マシーン社）は小規模業者のエレクトロスタティック・タイプライター社を買収し、電動式タイプライターの生産・販売に乗り出した。これが真の技術的革命であったかは疑問の余地があるが、第2次大戦後の売り上げ増は目覚ましく、1960年代には従来の手動式タイプライターを完全に追い抜いた。アッターバックによれば、「1967年までには、IBM社は電動式タイプライター市場の60％を占め、ハイ・エンドのフル装備型電動式タイプライター市場の74％を握った」[22]。業界の老舗であるレミントン社は、上位からほとんど姿を消したのである。

　そこへ次のイノベーションの波がやってくる。ワープロである。この時期にはデジタル技術を詰め込んだ高性能タイプライターは、文章作成用のソフトウェアと共にオフィスの主要事務機器となり、多くの新規参入企業がワープロの開発・生産に乗り出した。石油産業のエクソン、電信・電話のAT＆T社、複写機業界の巨人ゼロックス等々、アメリカを代表する巨大企業までが、ワープロ生産を行ったのである。

　しかしワープロの繁栄の時代は短かった。1960年代、メインフレーム（業務用大型コンピューター）の開発で業界の巨人となったIBMは、70年代にはミニ・コンピューターでも成功し、大型・中型のコンピューター業界の帝王の座にあった。一方でインテルの開発したマイクロプロセッサを搭載したパーソナル・コンピューターの生産が始まって、1976年にはアップル社が「アップル1」を販売、77年には「アップル2」をヒットさせる。

　守勢に回ったIBMは従来の自主開発路線を放棄し、インテル製マイクロプロセッサとマイクロソフト社のソフトウェアを採用してIBM-PCを発売、大成功を収めた。「1981年の10月からの3ヵ月間だけで、IBM社は1万3000台の新製品を出荷した。続く2年間には、その40倍の販売となった。

技術的にみれば必ずしも十分でなかったにもかかわらず、IBM 製品はパソコン産業を普遍的なものとして確立させてしまった」。

パソコンの進歩は、ソフトウェアを含めて周知のところである。パソコンによって、正確に素早く印字すること以外に多くのことができるようになった。レミントン社の成功から始まったタイプライターの歴史は、全く異なったコンピューター業界の新製品によって幕を閉じた。オフィスの事務仕事は今やほとんどがパソコンで行われ、タイプライターやタイピストが活躍した日々の記憶も完全に忘れ去られている。タイプライターという製品の時代は、ここに来て完全に終わったのである。

(2) 写真フィルム

写真技術の発展は比較的古く、19世紀中頃には合衆国東部地域にかなりの数の撮影所が存在した。人々は写真館に出かけて、肖像写真を撮影してもらっていたのである。

当時の主要な技術はガラス版にコロジオンという薬品を塗り、さらに撮影の直前に硝酸銀溶液を塗って感光性を与えるというものであった。「コロジオン湿板写真」と呼ばれる技術である。だが、撮影直後に現像せねばならないことや、ガラス版が重く持ち運びが困難で、また化学的知識も必要であったことから、少数の専門家と熱心なアマチュアだけの小さな市場であった。

だが1870年、ゼラチン感光乳剤が湿布されたガラス乾板が導入され、日持ちのする感光ガラス乾板の工場生産が可能となった。「そのおかげで、写真の複雑さを低減し、より手近にし、そして写真の重要な構成要素のひとつである乾板が大量生産によって低価格になった。加えて、それらは湿板よりも感度が高く、短時間で撮影ができた」。

それから8年の時を経た1878年、ジョージ・イーストマンが乾板供給のためのイーストマン社を設立した。イーストマンは優秀な企業家で、大規模生産のための工程と設備の開発、すなわちプロセス・イノベーションを徹底的に追求し、さらにカメラや印画紙といった関連分野にも積極的に進出し

た。

　当時、感光乳剤の基材としてセルロイドが注目されていた。その理由は、「軽量で、柔軟性があり、透明で、耐久性に優れ、現象処理に用いられる化学薬品類と化合しなかった(26)」からである。イーストマンと主任化学者であったライヘンバッハは作業を進めて、「1889年の春までに感光性セルロイドフィルムと商業的にそれを生産する製造工程とを開発することに成功した(27)」。

　また、ほぼ同時期に「この新しいフィルム専用の、コダック（Kodak）という名の簡単で安価なカメラを開発し完成させた(28)」。フィルムを巻き上げてカメラに装填する技術はすでに保持しており、「フィルム、カメラ、そしてそれらの製造工程とをきちんと揃えたイーストマンは、今や写真市場の伝統的な境界を突破するための全ての要素を手に入れたのだった(29)」。

　イーストマン・コダック社の進撃が開始され、ついに全てのアマチュア写真家がこの市場へ登場することになった。イーストマン・コダック社は「百枚撮りのフィルムが装填されたコダックカメラを25ドルで販売する。顧客は、写真を撮り終わると、カメラ全部を郵便でニューヨーク州ロチェスターにあるコダック社に送り返す。――中略――顧客は、現像と再装填されたカメラの返送代金として10ドル払えばよい(30)」。販売方法まで含めた革新的ビジネス・モデルが、ここに成立したのである。

　その間にもイーストマンは製造工程の改善に注力し、また他企業が発明したセルロイドの連続形成特許も購入して、連続的に生産されるセルロイドに感光乳剤を塗布する最初の機械を稼働させた。「セルロイドの巻フィルムを装填したカメラ」というドミナント・デザインの下で、イーストマン・コダック社は巨大で合理的な大量生産システムを構築し、全世界のセルロイドフィルムの80ないし90％を生産するカメラとフィルム業界の巨人となった。

　アッターバックは、イーストマン・コダック社の成功のビジネス史を説明しながら、1989年、ソニーの盛田昭夫社長によるデジタル・カメラの発表会に言及して、次のように述べている。

「今後ソニーの新しい画像処理技術の将来がどうなるかは、本書執筆時点の1993年段階ではまだ明らかではない。――中略――何十億ドル企業であるコダック社と富士フィルムをはじめ、何十ものカメラ製造業者、そして世界中の何十万ともしれない個々のフィルム現像所、これらが19世紀の氷採取業者たち[31]と同じ状況に置かれているといえるだろう。もし電子画像技術が来たるべき波になるのなら、これら既存企業群のうちの誰が、既存技術とかけ離れたこのような新規技術への跳躍ができる能力を持っているのだろうか？[32]」

われわれはすでに知っていることであるが、イーストマン・コダック社は、2012年に経営破綻する。少数の専門的写真家やマニアを除いて、市場は「現像処理なしに、即座にテレビ画面で見ることができる[33]」デジタル・カメラをセレクトしたのである。富士フィルムはデジタル・カメラへ進出し、さらにフィルム生産に関連していた化学的知識を生かして医療・化粧品・食品分野へと重点を移して成功した。コダックも一部でデジタル・カメラの生産を行ったものの、時すでに遅しで日・米の二大フィルム・カメラメーカーは、完全に明暗を分けたのである。

タイプライターと写真フィルム。アッターバックが示したこれらの産業の例から、以下のような貴重な教訓を読み取ることができる。

(1) 製品の使用目的を実現する諸環境や生産技術、デザイン等が未確定である初期段階ではさまざまなプロダクト・イノベーションが行われるが、時間とともに一定のドミナント・デザインに収束する。その後はプロセス・イノベーションが精力的に試みられて、生産コストの切り下げや品質・性能の向上が実現される。やがて市場の選別によって、少数の優良企業が主要なプレーヤーとして業界を構成することになる。
(2) ドミナント・デザインを破壊するイノベーションには、①業界の外部

で発生し、非連続な技術を特徴とする、②当該製品の使用価値を含んだ多様な価値をもつ製品として登場、③新・旧の製品市場が共存しながら競争する、といったプロセスは存在せず、ラディカルに新製品が旧市場を破壊する。

　端的に言えば、このような真のラディカルなイノベーションに直面したとき、旧技術・旧製品の企業は自らが新技術の推進者になるか、当該業界から撤退するしかない。富士フィルムのようにビジネス・モデルを一新するのが唯一の生き残り策であり、支配的企業として君臨している時から、さまざまなビジネスの可能性を探索しておく必要がある。ネルソンとウインターのアイデアを借りれば、事態の変化を迅速に察知して対策を具体化する柔軟・多様なルーティンを企業が確立しておくこと——これが非連続的技術によるイノベーションに対する唯一の対策であろう。

2　クリステンセンのイノベーション論

　さて、持続的にイノベーションに努力してきた有力企業群を突発的な非連続的技術のイノベーションが襲うわけであるが、まずここでの「持続的イノベーション」について定義しておこう。持続的イノベーションは、ポーターの言う「競争優位を保持するための重要な技術革新」[34]として、改善・改良レベルから、ドミナント・デザインの品質・性能を変えたり、相当のコスト・ダウンを実現するようなイノベーションまでをも含むものとする。変化はあるが、従来の製品デザインや生産技術は基本的に維持されているケースである。

　それに対して、クレイトン・クリステンセンは著作『イノベーションのジレンマ』[35]において、従来の価値基準の下ではむしろ性能を低下させるが、新しい価値基準の下では優れた特徴を持つ新技術・新製品によってもたらされる変化を「破壊的イノベーション」と定義づけている。これは前述のドミナント・デザイン成立後の持続的イノベーションや、あるいは予想が困難な方

法で襲来する非連続的技術イノベーションとは異なったタイプのイノベーションである。

　ここではまず「バリュー・ネットワーク」という概念について、理解しておく必要がある。クリステンセンは特定の業界の既存有力企業と新規参入企業では、お互いのバリュー・ネットワークが明確に相違することを強調する。例えば大型コンピューター（メインフレーム）向けの14インチ・ディスク・ドライブのメーカーでは、高額の研究・開発費や営業費をカバーするために、50〜60％の粗利益率が必要となる。一方、デスクトップ・パソコン用の5.25インチのディスク・ドライブメーカーの粗利益率は25％程度である。同じディスク・ドライブの生産者であっても、材料費や設備費、研究・開発費や営業費には大きな相違があり、おのおのの企業は異なるバリュー・ネットワークの中で活動を行っている。

　図4−5は、クリステンセンによる持続的イノベーションと破壊的イノベーションの影響を示したものである。図中の(A)は上位のバリュー・ネットワークに属する企業による製品技術進歩を示すライン、(B)は下位のバリュー・ネットワークの企業のラインとする。両企業は共に持続的イノベーションに努力しているから、ラインは時間とともに製品性能が向上して右上がりに描かれている。これに対して二つの点線は、市場のハイエンドで求められる製品性能とローエンドで求められる性能を示している。時間の経過とともに顧客は性能アップを求めると考えられるから、二つの点線も右上がりである。下位のバリュー・ネットワークの企業が技術を進歩させて、さらに低価格を武器に市場のローエンドに食い込んできた時、上位のバリュー・ネットワークの企業はさらに製品性能を上げて、上位市場を守ろうとするから、最終的にハイエンドで求められる性能をオーバーしてしまうことになる。一方、下位のバリュー・ネットワークの企業はさらに製品性能を向上させていくから、市場の大半を奪取することも可能になる。このような下剋上のイノベーションを、クリステンセンは破壊的イノベーション（disruptive innovation）と呼んだ。

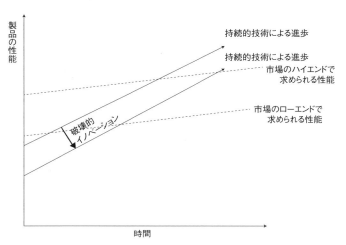

図4-5 持続的イノベーションと破壊的イノベーションの影響
出所：クリステンセン「イノベーションのジレンマ」邦訳10頁。

　それではなぜ上位バリュー・ネットワークの企業は、下位からの破壊的イノベーションに対抗できなかったのだろうか。これを説明するのが、資源・プロセス・価値基準の理論（RPV理論）である。企業は人材や設備、資金や生産技術、新製品・新技術の開発力やブランド力、さらにはサプライヤーや販売店との強力な関係等々、さまざまな資源を保有している。この全資源を全従業員がどのように活用するか、すなわち企業組織における資源活用力を、クリステンセンは「プロセス」と呼んでいる。プロセスは、ネルソンとウインターの議論にあった「ルーティン」と似た概念であり、日常的なさまざまの仕事の方法全体を指すものと考えられるが、クリステンセンにおいては「プロセス」の固着性のデメリットが強調されることになる。最後の価値基準は「組織の行動原理」と言うべきもので、クリステンセンは、成功した組織は

（イ）さらに高い利益率
（ロ）大規模市場

を目指すものであると指摘している。成功して上位のバリュー・ネットワークへ入れば、研究・開発費や営業費は増加するから高い利益率が必要となるし、小規模事業では売上高成長率を維持できないからである。[39]

さて、破壊的なイノベーターが出現して上位の既存企業が無視していた下位市場に橋頭堡を築き、持続的イノベーションによって既存企業の市場の一部を侵食してきたとする。この時点では既存企業のプロセスは、(イ)品質向上を要求する顧客の声に耳を傾け、(ロ)高収益率と大幅な売上高拡大を実現すること、に全資源を投入し編成されているから、低い収益率の下位製品市場に留まる必要はない。持続的イノベーションによってさらに高性能、高利益率の上位分野へ資源を振り向けるだけである。

イノベーションで上位市場へ進むことはプロセスに含まれているが、低収益の下位市場で新興企業と戦うことは、合理的な経営が選択する方法ではない。クリステンセンの言うように、「登れるが、降りられない」のである。[40]このようにして、下位のバリュー・ネットワークの中から生み出される破壊的イノベーションは上位市場へ進攻を続け、低コスト——低価格——低収益率の中で鍛えられた「プロセス」によって上位企業群が君臨していた業界を破壊していく。以下では「破壊的イノベーション」の実例を、クリステンセンのミニミルとオートバイの説明を要約することで確認しておこう。

(1) ミニミル[41]

ミニミルは、ミニの製鉄業という意味で、くず鉄を原材料とした電炉製鉄のことである。いわゆる銑鋼一貫の高炉製鉄と比較して圧倒的に設備投資コストは低く、研究開発費等の一般管理費も少ない。コスト面での優位性は明白である。

1960年代にミニミルが登場した頃は、くず鉄を原材料とする電炉鉄の品質は低く、建物の中に組み込む建設資材がほとんど唯一の市場であった。しかし、「鉄筋市場で実績を築くと、特に積極的なミニミル、とりわけニュー

コーとチャパラルは、鉄鋼市場全般に対して、総合製鉄所とはまったくちがった見方をするようになった。自分たちが掌握している下位市場の鉄筋分野は、総合製鉄所にとってはまったく魅力がないようだが、ミニミルから上位市場を見た場合、増収増益のチャンスが頭上に広がっているように感じたのだ。これが刺激となって、ミニミルは製品の金属的な品質を高め、安定した品質を出せるように努力し、さらに大きな鋼材を生産できるように設備投資した」[42]。

ミニミルの快進撃が始まる。「棒鋼、線材、山形鋼の市場での地位を確かなものにすると、上位市場への行進を続け、今度は形鋼市場へ乗り込んだ。ニューコーはアーカンソーの新工場で生産を始め、チャパラルはテキサス州の最初の工場の隣に新工場を建設して攻撃を開始した。またしても、総合製鉄所はミニミルによってこの市場から追い出された」[43]。

結局、総合鉄鋼メーカーは、巨額の投資が必要でミニミルが容易に手を出せない高品質圧延鋼板に事業を集中させ、大幅な利益増を実現する。「選択と集中」を実践して、利益率の高い缶、自動車、家電製品向けの「表面に傷のない品質の安定した鋼材」の生産に特化したのである。しかし新たな技術革新に成功してミニミルが上流分野へ進出してきた場合、下位のバリュー・ネットワークで活動してきた彼等の競争力は総合製鉄メーカーを圧倒する可能性が高い。20世紀後半のアメリカ製鉄業は、ミニミルという下位のイノベーターによる進撃の歴史であり、これはディスク・ドライブのケースと同じであることをクリステンセンは強調している。

(2) ホンダのオートバイ[44]

1959年、日本での小型オートバイ生産で成功したホンダは、大型バイクが中心の北米市場への進出を目指してマーケティングを開始した。しかしホンダの大型バイクは、長時間にわたってハイウェイを高速走行するには不向きで、「エンジンはオイル漏れを起こし、クラッチは摩耗した」[45]という状況であった。

しかしホンダの北米担当スタッフは、日本で人気商品であった小型バイクのスーパー・カブがダート・ツーリング用としてアメリカ人の関心を引くのを知って、方向転換を決定する。時あたかも、UCLAの学生が広告の講義用レポート作成にあたって、「すばらしい人びと、ホンダに乗る」という新聞広告のスローガンを思いついた。広告代理店はこれをホンダに持ち込み、ついに賞を受けるほどの広告キャンペーンとなった。[46]

　ホンダは50ccバイクによって「ハーレー・ダビッドソン、BMWなど、従来のオートバイ・メーカーが競争していた実績あるネットワークとはまったく別のバリュー・ネットワーク[47]」から出発することになった。そして低コストで信頼性の高い小型オートバイを生産するというゾーンから、1970年から80年代にかけてエンジン馬力を高めて上位の市場へ参入した。ハーレーは小型エンジン付きバイクの生産で反撃しようとしたが、ディーラーの反対にあって挫折した。「ディーラーの利益率は、ハイエンド・バイクの方がはるかに高く、小型バイクは、ハーレー・ダビッドソンの主要顧客にとってのイメージを損なうと考える向きが多かった[48]」のである。ホンダは「かろうじて生き残ったハーレー・ダビッドソンとBMWを除くすべての実績あるオートバイ・メーカーを市場から追い落とした。[49]」

　以上、クリステンセンにおける破壊的イノベーションについての二つの事例を検討した。貴重な事例研究から導出された「破壊的イノベーション」の概念は興味深いものであり、イノベーションの多様性を示している。

3　ティースのイノベーション論[50]

　いくつかのイノベーション理論と、それに関連する事例を検討してきたが、イノベーションのプロセスは多様で複雑である。まず企業内において、死の谷やダーウィンの海という壁が存在した。優れた発明や開発努力が他のプロジェクトとの競争に巻き込まれて、日の目を見るに至らず消え去ったり、あるいは他社が事業化して大成功を収めたりするケースは枚挙にいとまがない。事業化に成功して企業に利益をもたらすイノベーションは、試みら

れた新製品開発中の数％〜十数％と言われているものの、もちろん明確ではない。

　研究・開発や試作・製品化段階で挫折するケースは、表面化しないものを含めて無数にあるが、中でも発明・発見が他企業の手で商品化されて大事業になった事例を見ておこう。

　　　「1970年代に、ゼロックス社のパロアルト研究所（PARC）が立て続けに大きな発明を行ったにもかかわらず、それらの開発はその後、他企業によっておこなわれることになってしまった——中略——例えば、パーソナル・コンピューターにおける〈ビット・マップ〉ディスプレイ、ウィンドウズ、マウス、ワード・プロセシングのプログラムなどである」[51]。

その背景と結果はこういったものであった。

　　　「PARCはゼロックス社の他部門とのつながりが弱く、社内の他の部門は研究者の努力によって生まれた製品を市場に導入するためのチャンネルを持っていなかった。——中略——不満な研究者達は、フラストレーションに襲われ会社を去った。これらの研究者は、自分たちをゼロックスの小惑星（Xeroids）と呼ぶが、彼等によって、PARCで生まれたパーソナル・コンピューター、事務機器、その他の製品の設計のためのコンセプトは競合企業へと拡散していったのである」[52]

　さらに量産体制を整えて市場に投入したとしても、市場のセレクションにパスして顧客に評価されるケースもあれば、さまざまの事情からイノベーターが敗退するケースもある。前者の場合、持続的イノベーションに成功していけば長期にわたって企業収益に貢献するが、敗退のケースでは開発コストや巨額の量産化投資を回収できず、企業の経営基盤を揺るがすことになり

かねない。

　それでは、仮に画期的な新製品の開発と市場投入に成功した場合、イノベーションを阻害するどのような事態が起こり得るだろうか。そこにあるのは、ディヴィッド・ティースが取り上げた模倣や類似品との厳しい競争である。最初に新製品や新生産方法を市場へ投入した企業が、模倣者によってイノベーションの利益を奪われるケースは、たびたび発生する。

　図4-6は、ティースが示したイノベーターと追随者・模倣者との勝敗の分類である[53]。①イノベーターが勝利したケース、②追随者・模倣者が勝利したケース、③追随者・模倣者が敗北したケース、④イノベーターが敗北したケース、が示されている。ここで注目すべきは④である。

　まずRCコーラは、缶入りコーラとダイエット・コーラを初めて市場へ投入した。しかしコカ・コーラとペプシは直ちに追随し、イノベーションの利益を奪ってしまった。Bowmar社はポケット計算機の開発者であるが、テキサス・インスツルメント社やヒューレット・パッカード社等との競争に敗北した。ゼロックス社の失敗は前述したとおりである。またエミー社のCTスキャナー、デ・ハヴィランド社のジェット旅客機コメット号のケースは、イノベーターの敗北例として、しばしば議論されるものである。

　エミー社（EMI）はビートルズのレコード販売で有名なイギリス企業で、1960年代にはレコードの利益をさまざまな分野に投資して事業の多角化を行っていた。1972年、上級エンジニアのゴッドフリー・ハウンズフィールドは、コンピューター支援断層X線写真撮影装置（CTスキャナー）の開発に成功した。しかしわずか七年後、発明者ハウンズフィールドがノーベル賞を受賞した1979年に、エミー社は他企業に買収され、その後、CTスキャナー事業はライバルであったゼネラル・エレクトリック社に売却された。

　同じくイギリスのデ・ハヴィランド社は、アメリカ企業に先立つ二年前、ジェット旅客機コメット号を開発した。しかし遅れて参入したボーイング社やダグラス社の新型機との競争に敗れ、航空機産業の覇権は完全にアメリカ企業のものになった。開発者であったエミー社やデ・ハヴィランド社は、な

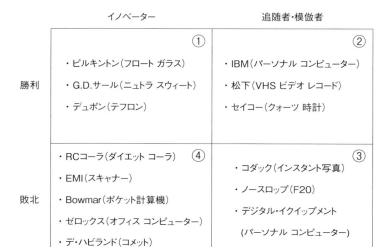

図 4-6　イノベーションの結果
出所：ティース前掲論文 287 頁、図 2。

ぜ敗北してしまったのだろうか。これを説明するために、ティースは以下の三つの概念を提起する。

（イ）専有可能性（appropriability）
（ロ）ドミナント・デザイン
（ハ）補完資産（complementary asset）

専有可能性は、プロダクト・イノベーション（新製品開発）やプロセス・イノベーション（新生産方法開発）等から発生する利益をイノベーター自身が獲得できる可能性である。これは特許権や著作権による法的保護、模倣の容易さ、補完資産の状況等に左右される。法的保護の有効性や当該技術の性質によっても、専有可能性のレベルは相違する。ドミナント・デザインについては、すでに検討したとおりである。

ここでの問題は（ハ）の補完資産で、新製品や新生産方法が開発されても、

それが市場へ投入されて幅広く顧客に受け入れられたり、有効的に使用されたりするためには、他の能力や資産と結びつく必要がある。たとえばマーケティングや競争力のある生産体制、アフター・サービス等が必要であり、これらはしばしば特定の補完的な資産から得られる。⁽⁵⁴⁾

　さて、デ・ハヴィランド社のケースから考えてみよう。コメットⅠは世界最初の商業用ジェット旅客機であったが、ドミナント・デザインとして完成されたものではなかった。高高度を高速で飛行する場合の金属疲労の問題や機体設計上の難点を抱えていたのである。このため、約二年遅れて投入されたボーイング707の安定性に対抗できず、またその後の乗員定数や速度の競争でも優位性を確立できなかった。コメットⅣが定員百名で時速四百八十マイルであったのに対して、ボーイングやダグラスは定員百八十名で時速五百五十マイルの飛行機を投入できたのである。⁽⁵⁵⁾

　航空機の場合は軍事目的もあるから各国は懸命に開発努力を行っており、一国の特定企業の専有可能性は強くない。ドミナント・デザインが確立するまで対等の立場での競争が行われ、ジェット旅客機の分野でも第二次大戦の戦勝国イギリスとアメリカのメーカーがしのぎを削ったのである。ティースによれば、（イ）専有可能性が弱いケースでは、イノベーターは市場ニーズを十分に反映したデザインを作り上げなければならない、（ロ）プロトタイプを数多く製作することが有効であるが、大型ジェット旅客機の開発コストは1機で10億ドルを上回るため、実質的に不可能である。⁽⁵⁶⁾このため、イノベーターの優位は保証されないことになる。

　ローゼンバーグは、さらに航空機製造技術に基づいた議論を行っている。一般論として、「耐久消費財の性能は、それを長く使ってみないと分からない。複雑で相互依存的な部品や素材を含む商品群は、極端な環境の下でのさまざまな長時間のストレスを受けることで、部品間の相互関係がどうなるのか、予測できない」。⁽⁵⁷⁾使用してみないと、問題点が理解できないのである。各メーカーは金属疲労の問題を処理し、翼の設計変更で安定性を確保してエンジンを強化しなければならなかった。そしてイギリス企業に遅れてジェッ

ト旅客機を開発したアメリカ企業は、これらの問題点の理解が進んでいたのである。

ジェット旅客機の技術の方向性を決めたと言われるマクドネル・ダグラス社のDC-8型機や、それに対抗して投入されたボーイング727型機は、イノベーターのデ・ハヴィランド社に取って代わったアメリカ企業の技術的優位を確立するものであった。ローゼンバーグの言うように、（1）推進力を強化し、燃料消費量を減少させるエンジンの開発、（2）翼のデザイン修正による抗力の減少、（3）客定員を増加させることになる機体の伸張、によって、営業コストは劇的に改善される(58)。後発のアメリカ企業は「ラーニング・バイ・ユージング（Learning by using）」によって問題点を解決する余裕を持つことができたのであり、その結果、ドミナント・デザインの確立に成功する。かくしてイノベーターは、市場のセレクションによって敗退した。

エミー社のケースは、少し異なっている。エミー社の開発したCTスキャナーは極めて優れた断層撮影装置で、エミー社は特許も取得した。しかし特許は不完全なものであり、従来からのX線撮影装置の生産者であったゼネラル・エレクトリック社、シーメンス社、フィリップス社等との競争に突入する。特許が不完全な状態で画期的新製品が市場へ投入されている場合、本質的部分は巧みに模倣されがちである。

> 「二人の競争者、ゼネラル・エレクトリック社とテクニケア（Technicare）はスキャナーが必要とする補完的能力を有しており、有力な技術力も持っていた。これに加えて、両企業は医療設備の市場での経験が豊富で、自社製品の品質、信頼性、サービスに対する名声を勝ち得ていた(59)」。

特許制度の不備と模倣の能力を持った従来製品の生産者の存在が、エミー社の新技術専有可能性を著しく弱体化させていた。そしてCT装置を導入するような大病院との強力な関係やマーケティング力、医療機器分野ですでに

確立されている評価や名声、これらはエミー社が持っていない補完的資産であった。

1979年10月、ゴッドフリー・ハウンズフィールドはCTスキャナーの発明でノーベル賞を受賞するが、エミー社はソーン社グループ（Thorn Electrical Industries）に買収され、ソーン社はスキャナー事業をゼネラル・エレクトリック社へ売却する。ロイヤルティーは支払われ続けたが、エミー社はこのイノベーションによる利益の「ライオンの分け前」を手に入れることはできなかった。市場投入してドミナント・デザインに近い状況になったとしても、模倣や補完的資産の欠如によって敗北するケースである。

ティースはまた、補完資産の活用によってイノベーションを成功させたケースをいくつか挙げている。IBM・PCと人工甘味料のニュートラスイートについて見ておこう。

大型コンピューター（メインフレーム）の生産でコンピューター業界の王者の座にあったIBMは、1981年にパーソナル・コンピューター事業に参入した。すでに1977年にApple ⅡIで躍進したアップル社の後塵を拝しての進出であった。未体験の低価格帯コンピューターの設計、強力なライバルの存在という事態を前にして、IBMは一計を案じた。自社内での設計・生産という伝統的手法を放棄し、主要部品やソフトウェアを外部に設計・生産委託したのである。

かくしてマイクロプロセッサはインテルに、オペレーティング・システムはマイクロソフトの手に委ねられた。ティースによれば、「1981年のIBMパソコンは、設計構造（アーキテクチャ）は月並みで構造部品も標準的であったが、成功を収めた。フィリップ・エストリッジの設計チームは、フロリダのボカラトンの地において、芸術的に洗練されてはいないがしっかりした信頼できるマイクロ・コンピュータをつくるために、既存の技術を利用することを決めたのである(61)」。

このIBM・PCは大成功を収め、IBMはパソコン分野で首位に立つことになる。他企業と提携しながら新製品・新技術を完成させ市場化するという

第4章　現代のイノベーション論　107

オープン・イノベーションの先駆けであった。またパソコン販売の拡大に必要なソフトウェアの充実を狙って、パソコンのシステム情報も公開し、自社パソコン向けのソフトウェアの開発を促した。ティースは述べている。

> 「このPCの成功の鍵は、技術ではない。それはIBMがすでにもっていたか、あるいは短時間でパソコンの周辺に取り込んだ一群の補完資産によるものである)」[62]

　IBMは、インテルのマイクロプロセッサ、マイクロソフトのOS、すなわち基幹部品とソフトウェアを外注し、それをIBMという名声の下に包み込んだのである。次々と開発されるIBM・PC向けのソフトウェアは、補完資産としてパソコンの価値をさらに高めることになる。オープン・イノベーションは、完全に成功したのである。――少なくとも、短期的には。

　しかしパソコン仕様を徹底的にオープンにして、さらに主要な部品やソフトを全て外注している場合、どのような事態が発生するかは明白である。まずIBMパソコン向けに作られているソフトウェアを使用可能な類似パソコン（＝IBM互換機）が続々と開発される。そしてインテルとマイクロソフトは、互換機メーカーにもマイクロプロセッサ、ソフトウェアを販売していくことになる。彼等はパソコン業界の世界的巨人となるが、IBMは他のパソコンメーカーとの競争で疲弊していく。IBMは自分が大きなチャンスを与えたインテルとマイクロソフトのプロセッサ、ソフトウェアを搭載した低コストのパソコンメーカーに敗北していき、2005年にIBMのパソコン事業は中国企業レノボに売却された。

　この物語は重要な教訓を含んでいる。IBMによるオープン・イノベーションが成功するためには、IBMという名声と豊富なIBM・PC向けのソフトの供給が必要であった。多様なソフトウェアは最大の補完資産であり、パソコンの市場販売を拡大させる必要条件である。しかしパソコン本体の大半がIBMによって供給されるという条件がなければ、このシステムは勝利の方

程式にはならない。たとえばIBMがマイクロプロセッサを内製して、持続的イノベーションによってパソコンの性能を向上させ続けていれば、オープン・イノベーションによるソフトウェア産業の発展はIBMに有利に作用したかもしれない。「IBM」という名声頼みの極端なオープン化が、この巨大企業に大きな傷を負わせることになったのである。

　サール社のニュートラスイート（Nutra Sweet）の成功例も検討に値する[63]。ニュートラスイートは、1985年時点で売上高が7億ドルを上回る砂糖代替品（人工甘味料）であり、その卓上用品のイコール（Equal）はアメリカでの同種製品市場で50％を占め、アメリカ以外の5ヵ国でも第1位であった。サール社は1970年にアメリカで特許を取得し、続いて日本、カナダ、オーストラリア、イギリス、フランス、ドイツ等々の国々でも取得した。

　しかしこれらの特許の大半の期間は17年であり、食品として認められた1982年からすると実質保護期間は5年にすぎなかった。サール社は猛然と延長運動を行い、1984年に5年の期間延長をアメリカとイギリスで勝ち取った。サール社は、まず特許による専有可能性を徹底的に追求したのである。

　第二にサール社は、（イ）あらゆる手段を使ってニュートラスイートという名前を使用し広め、（ロ）ニュートラスイートを材料として使用する場合には必ずロゴ「Swirl」をつけさせ、（ハ）卓上甘味料に「Equal」という商標名をつけてそれを広めていった。アメリカでは商標は使用されている限り法的に保護されることになっているから、「ニュートラスイートとEqualの商標は、この甘味料の特許が切れる時に重要な資産となるだろう[64]」。無形固定資産である商標権を徹底的に補完資産として活用しようというのが、サール社の戦略であった。また（ニ）特許期間中に巨額の設備投資を行い規模の経済によるコスト上の有利性を確保すること、（ホ）期限が来たらサプライヤーとの契約を打ち切り、潜在的な模倣による新規参入者の出現を防いできたこと、等も、極めて巧妙な戦術である。

　自社内における生産にこだわりながら、商標権を補完資産として活用するのが特許権消滅後に備えたサール社の基本戦略であり、自身の努力で補完資

産を形成していくことが目指されている。このように、イノベーションを市場で成功させるためには新製品・新技術をさまざまな補完資産と適切に組み合わせる必要があり、そういった手段を持てない発明企業がイノベーションからの「ライオンの分け前」の獲得に失敗するのである。

イノベーションは現代の企業にとって、生死を賭けた競争である。以上のような補完資産に関する議論を踏まえて、ティースは国の産業政策にも言及している。特許権による専有可能性が弱体である場合には、補完資産を適切に活用することで「外国のイノベーターから自国企業を保護することが可能である」という主張に結びついていくのである。

注

(1) Philip E. Auerswald, Lewis M. Branscomb (2003) "Valley of Death and Dawinian Seas: Financing the Invention to Innovation Transition in the United States", Journal of Technology Transfer, 28, pp. 227-239.
(2) 「死の谷」及び「ダーウィンの海」という表現は、アワースバルトとブランスコムの論文では、共に研究・開発と事業化との間の困難を意味するものとして使用されていた。しかしここでは両者を区別して、現実に発生する二つの障害と関連づけて用いることにする。
(3) Nathan Rosenberg (1982) "Inside Black Box: Technology and Economics", New York: Oxford University Press, pp.107-108.
(4) Nathan Rosenberg, 前掲書, p.64.
(5) Richard R. Nelson, Sidney G. Winter (1982) "An Evolutionary Theory of Economic Change", The Belknap Press of Harvard University Press.
(6) ダーウィン「種の起原」、八杉龍一訳、岩波文庫、1990年。
(7) ダーウィン、前掲書、86頁。
(8) ダーウィン、前掲書、156頁。
(9) Richard R. Nelson and Sidney G. Winter, 前掲書, p. 129.
(10) Richard R. Nelson and Sidney G. Winter, 前掲書, p. 129.
(11) Richard R. Nelson and Sidney G. Winter, 前掲書, p. 255.
(12) Richard R. Nelson and Sidney G. Winter, 前掲書, p. 255.
(13) エベレット・ロジャーズ「イノベーションの普及」三藤利雄訳、翔泳社、2007年、以下の記述は同書第4章150-211頁にもとづいている。

(14) ロジャーズ、前掲書、201-211頁。
(15) J・M・アッターバック「イノベーション・ダイナミクス」大津正和・小川進訳、有斐閣、1998年。
(16) アッターバック、前掲書、48頁。
(17) アッターバック、前掲書、114頁。
(18) アッターバック、前掲書、31頁。
(19) アッターバック、前掲書、32頁。
(20) アッターバック、前掲書、33頁。
(21) アッターバック、前掲書、33頁。
(22) アッターバック、前掲書、35頁。
(23) アッターバック、前掲書、38頁。
(24) 以下の記述はアッターバック前掲書第8章を要約している。
(25) アッターバック、前掲書、203頁。
(26) アッターバック、前掲書、208頁。
(27) アッターバック、前掲書、208頁。
(28) アッターバック、前掲書、208頁。
(29) アッターバック、前掲書、208頁。
(30) アッターバック、前掲書、208-209頁。
(31) アッターバック前掲書第7章で扱われている事例である。北部ニューイングランドの製氷業は暑い南部で始まった製氷工業に対抗できなくなったが、従来の池や川からの切り出しと貯蔵という方法の改善を行っただけであった。
(32) アッターバック、前掲書、217頁。
(33) アッターバック、前掲書、217頁。
(34) M・E・ポーター「競争優位の戦略」土岐坤・中辻萬治・小野寺武夫訳、ダイヤモンド社、1985年、208頁。
(35) クレイトン・クリステンセン「イノベーションのジレンマ」改訂版、玉田俊平太監訳／伊豆原弓訳、翔泳社、2001年。
(36) 売上高粗利益率は（売上高－売上原価）÷売上高に100を乗じたもの。売上原価は製造に要する費用であり、販売費や一般管理費を含まない。通常、欧米では研究・開発費は一般管理費に含まれるが、高度技術を必要として、またエンドユーザーへの直接販売が中心となるメインフレームの生産企業や関連ディスク・ドライブ企業では、粗利益で高額の販売費や一般管理費をカバーしなければならない。
(37) クリステンセン、前掲書、71頁。
(38) クリステンセン、前掲書、220頁。
(39) クリステンセン、前掲書、224-225頁。
(40) クリステンセン、前掲書、117頁。
(41) 以下の記述はクリステンセン前掲書132-140頁にもとづいている。

- (42) クリステンセン、前掲書、135 頁。
- (43) クリステンセン、前掲書、136 頁。
- (44) 以下の記述は、クリステンセン前掲書 205-210 頁にもとづいている。
- (45) クリステンセン、前掲書、207 頁。
- (46) クリステンセン、前掲書、208 頁。
- (47) クリステンセン、前掲書、208 頁。
- (48) クリステンセン、前掲書、209 頁。
- (49) クリステンセン、前掲書、206 頁。
- (50) David J. Teece "Profiting from technological innovation: implications for integration, collaboration, licencing and public policy" Research Policy, 15, pp. 285-305, 1986. 以下の議論はティースの論文にもとづいている。
- (51) ジョー・ティッド、ジョン・ベサント、キース・パビット「イノベーションの経営学」後藤晃・鈴木潤監訳、NTT 出版、2004 年、170 頁。
- (52) ティッド・ベサント・パビット、前掲書、170 頁。
- (53) 以下の事例の説明はティースの論文によるが、デ・ハビランド社のケースはローゼンバーグ (Nathan Rosenberg) の前掲書を参考にしている部分がある。
- (54) Teece, 前掲論文, p. 288.
- (55) Rosenberg, 前掲書, p. 110.
- (56) Teece, 前掲論文, p. 291.
- (57) Rosenberg, 前掲書, p. 122.
- (58) Rosenberg, 前掲書, p. 127.
- (59) Teece, 前掲論文, p. 298.
- (60) IBM の本拠地ニューヨーク州アーモンクから切り離して、フロリダで自由にパソコンの設計を行うことが政策的に決定された。
- (61) Teece, 前掲論文, p. 299.
- (62) Teece, 前掲論文, p. 299.
- (63) Teece, 前掲論文, pp. 299-300.
- (64) Teece, 前掲論文, p. 300.

第5章
イノベーションの推進力

1 イノベーションの分類

　シュンペーターは、イノベーションの主体である企業者に関して、「典型的な企業者というものは、――中略――自分の行動の快楽的成果を気にかけない。彼は他になすべきことを知らないために、たえまなく創造する」と述べて、(1)（イ）私的帝国建設意欲、（ロ）勝利者意志、（ハ）創造の喜び、をイノベーション活動の動機としていた。イノベーションは企業者の独自的行動によって実現されるものであり、需要側の影響力は、"循環の経済"における人口増等の与件の変化と同様に扱われるべきものと考えられていた。たしかにダイムラーやベンツが自動車を発明した時、彼等の新製品は豪華な馬車に対抗できなかったし、ベルは発明した電話事業を長距離電信事業の巨人ウェスタン・ユニオン社に売却しようとしたが、拒否された。後に巨大な市場が生まれるとは誰にも予測不可能で、発明者達は独自の信念で事業化を推進していかねばならなかった。企業（者）側がプッシュするイノベーションであり、狭義に技術進歩が主導するケースに限定した場合、テクノロジー・プッシュのイノベーションと呼ばれる。

　一方、多くの研究者たちによって、イノベーションに対する需要側の影響力を強調する見解が提起された。"自社の新製品の成功は、市場ニーズを十分に充足させてきたからである"という企業の主張が続出したためである。ディマンド・プルのイノベーションである。このタイプのイノベーションが

数多く存在するのも間違いないから、イノベーションの成立については（イ）市場が明確に存在、または予測可能なケースで展開されるイノベーション、（ロ）企業（家）による技術的発明・開発や独自の信念・判断力、アイデア創造力等が市場の不確実性下でイノベーションを推進していくケース、に区別して考えるべきである。

　さて前章では、ブレークスルー（大発見）から始まる典型的なイノベーションであるリニア・モデルを見て、さらにいくつかのイノベーションや模倣について検討した。これをまとめたものが、図5-1である。死の谷やダーウィンの海を乗り越えて市場へ投入された新製品の生産は、ディマンド・プルやテクノロジー・プッシュといった環境の変化にルーティンで対応し、新たなルーティンを確立させながらドミナント・デザイン競争や模倣との戦い、破壊的イノベーション等との競争に突入していく。冒険的なイノベーションの詳細については後述するが、不確実な市場に対して斬新なアイデア力や改善力で挑戦していくイノベーションである。業界の多くの企業が予想できなかった市場を開発した新興企業の冒険的行動によって、主要企業が大打撃を受けることがある。これらの競争に勝ち抜きながらイノベーションは普及していき、多くは非連続技術のイノベーションの登場によって歴史を終える。大きなイノベーションの生成から消滅に至る全過程は、企業の発展と衰退の歴史に重なっているケースも多い。

　図5-1では、高度な技術的発明から日常的な改善による持続的イノベーションに至る様々なレベルの"技術力"が想定されている。また不確実な市場に挑戦する冒険があれば、一方、確実に利益に結びつく企業内での工夫や改善がある。イノベーションの分類を考える際には、技術力・改善力・アイデア力等の"企業力"と、市場の"確実性・不確実性"を基準にすることが一案である。図5-2では、縦方向に高度な技術力・開発力（高度技術力と表示）と改善力・アイデア力、横方向に市場の確実性・不確実性、をとってイノベーションを分類している。境界線上にあると思われるイノベーションもあるが、ケース（1）～ケース（4）に区分して、イノベーションを分析して

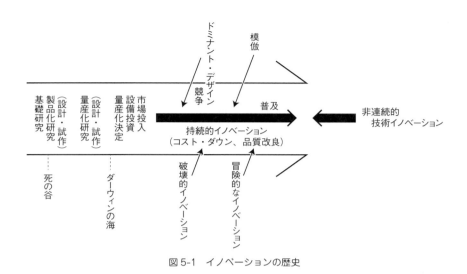

図 5-1　イノベーションの歴史

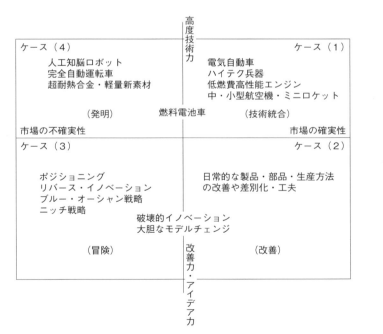

図 5-2　さまざまのイノベーション

第 5 章　イノベーションの推進力

いく。

　ケース(1)は、市場ですでに顕在化した需要が存在しているか、または通常の市場調査で需要予測がほぼ可能な状態で、一方、新製品や新設備、新素材の開発において高度の技術力・技術の統合力が必要とされる状況を想定している。開発時のハイブリッド車や現時点における電気自動車、ハイテク兵器や新型自動車エンジン、中・小型航空機のように需要は確実に存在するが、高性能・高品質の製品供給が簡単ではないケースである。自動車メーカーも現時点で確実に需要が存在する新型ガソリンエンジンの開発は続けており、イノベーションの成否は、企業サイドの努力と能力にかかっている。ディマンド・プルで製品や技術の開発が急ピッチで行われているケースが多いが、(イ)新薬開発のように成功の確率が極めて低い、(ロ)航空機の場合は絶対品質が要求され難易度が極めて高い、という中での開発競争となる。

　ケース(2)は(1)と同様に需要の存在を前提にして、改善を中心とした持続的イノベーションで企業が対応していくケースである。日常的な生産活動の中から製品・部品の改良技術を蓄積し、さらに設備や生産方法も見直していくことで、高品質・低コストの製品生産を実現していく持続的・累積的なイノベーション領域である。前章の第一節で見た蒸気船の歴史が、このような累積的なイノベーションの一例となっている。市場の情報や顧客の声に耳を傾けて、またサプライヤーの技術革新に対応したりして、生産プロセスや作業の効率性を改善していく企業努力がイノベーションを実現する。また、技術力を向上させながら下位市場から上位市場へ浸透していく破壊的イノベーションもここに含めてよいだろう。ただ破壊的イノベーションには未知の市場を狙うという冒険的要素もあるので、次のケース(3)にも関係している。

　ケース(3)は、市場が確実には把握できない事業分野へ戦略的に進出するケースである。通常の市場調査では見えてこないニーズを素早く察知して、この分野に特化した商品やサービスを提供するビジネス・モデルが典型的なケースである。たとえばポーターが取り上げたカーマイク・シネマは、

人口二十万人以下の都市・町に限定して映画館を展開している。チケット料金は低くなるが、「カーマイクが相手にしている小規模市場の顧客なら、大都市の映画館に比べ、スクリーン数も少なく映写技術の点でもさほど高度でない、標準的で低コストのシネマ・コンプレックスで対応できる。同社独自の情報システムや管理プロセスのおかげで、各映画館には支配人を一人置く以外には、管理スタッフは必要ない。──中略──支配人は地元の常連客と知り合いだし、個人的なつながりで動員を働きかけることも可能である[2]」。いわゆる地域密着型の低コスト・ビジネスに特化したことが、カーマイクの成功要因というわけである。このケースでは市場は存在しているのだが、通常のリサーチを行う企業はビジネスの可能性を評価しない。戦略的に業界他社と異なるポジションを取る経営者の意思が決め手であり、一般的な需要分析に基づく行動ではない。未知の市場に対する嗅覚や斬新なアイデア力、独自の調査・分析力と市場に適合した製品改善力が鍵となる。冒険的なイノベーションと呼ぶことにする。

　ケース（4）は典型的なイノベーションであり、シュンペーターの"企業者"の世界である。19世紀から20世紀にかけては画期的な大発明が数多く発生したが、発明された新技術が従来の技術に対して非連続的であったため、発明時に市場が正当な評価を行った例は少なかった。電話と自動車のケースは前述したが、20世紀最大の発明といわれるトランジスタにおいても、発明者のベル研究所は東京通信機工業（後のソニー）に、トランジスタの特許ライセンス契約を認めてしまった。当時、ベル研内でのトランジスタに対する評価は低く、ライセンスを取得できた東京通信機工業はトランジスタ・ラジオのソニーとして、世界に飛躍していくことになる。ゼロックスのパロアルト研究所のパソコンのアイデア開発、日系電機メーカーの攻勢で半導体メモリー分野が絶対絶命の立場に置かれるまでマイクロプロセッサーの技術開発を軽視していたインテル、等々、当事者には大発明や大市場の創出となることが理解できなかったケースは多い。もちろん、市場に将来の大市場となる信号はほとんど点滅していなかった。図5-2における人工知能ロ

ボットや完全自動運転車がどの分野でどこまで商品化されるのか現時点では不透明で、技術発展の方向性も予測が難しい。燃料電池自動車はすでに製品化されており市場の要求するコンセプトも一部は明確であるが、(イ) 将来の市場規模が確実には読めない、(ロ) 量産化とコスト切り下げに関する技術が依然として不確実、ということからケース (1) と (4) の中間地帯にある。画期的な新合金や新素材開発の可能性も不確実で、素材各社は共同研究を始めるといったレベルのものが多い。しかしこのようにナイフの刃の上を歩くような状況下でも積極的にイノベーションを試みて成功に結びつけなければ、現代の大企業間競争に生き残ることはできない。現在の市場状況を正しく理解するとともに未来の市場を予測し、必要な技術と製品を開発する努力を続けていくしかない。

さて、シュンペーターの企業者から現代の大企業に目を転じる時、ケース (1) 〜 (4) のイノベーションを生み出す推進力を考えておく必要がある。"創造的破壊"に邁進する企業家というだけでは、現代のイノベーションを議論できない。次に、この問題を正面から考察したプラハラードとハメルのコア・コンピタンス論を取り上げ、さらに事例研究を参考にしてイノベーションの推進力を考えていく。

2 コア・コンピタンスあるいは企業力

1 コア・コンピタンスとは

1990年、プラハラードとハメルはハーバード・ビジネス・レビュー誌上でコア・コンピタンスの議論を展開し、現在の市場における自社製品の価格や性能、市場シェア等で競争力を認識する伝統的議論に異議を唱えた。以下では同論文[3]を参考にして、イノベーションの源泉について考えておこう。

企業の活動は多岐にわたるが、製造業の場合には (1) 原材料・部品の調達、(2) 生産活動、(3) 営業・販売活動、(4) 研究・開発活動、(5) 経営戦

略の策定と実行等が中心になる。コア・コンピタンスは、これらの主要活動を支えている当該企業独自の知識、ノウハウ、技術力を統合した人材の能力やシステムと考えられ、企業の競争力の源泉となる。部品・材料の調達能力も極めて重要であるが、以下ではまず研究・開発・生産による中核的技術力(4)としてのコア・コンピタンスについて考えていく。企業の競争力の源泉として企業力と表現する場合もある。

プラハラードとハメルは前掲論文において、大木を例にとってコア・コンピタンスを次のように説明したが、これを図5-3のように示しておこう。

「多角化した企業は一本の大木である。幹と大枝はコア製品であり、小枝はビジネス・ユニットで、葉や花や果実が最終製品である。またそれらに養分を与え、維持し安定させている根が、コア・コンピタンスである」(5)。企業内に存在する知識・ノウハウ・技術が統合されたり適切に組み合わされて、コア技術・コア製品を生み出し、ここから各種のビジネス・ユニット（小枝）と最終製品（葉・花・果実）が生まれてくる。また根から養分を吸収して次世代のコア技術・コア製品が準備さ

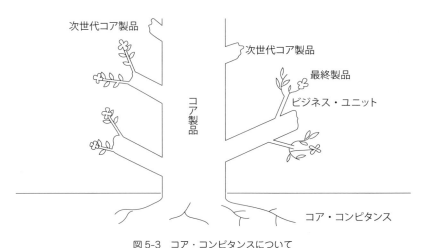

図5-3　コア・コンピタンスについて

れる。実はグローバル企業間の真の競争は、このようにして根源的な競争力となるコア・コンピタンスの構築をめぐる競争であることをプラハラードとハメルは強調する[6]。

（イ）　短期的には企業の競争力は、販売している製品の価格と性能に依存している。
（ロ）　しかしグローバル競争下にある企業では、製品コストや品質は均一化され標準化される。
（ハ）　長期における競争力は、競争相手よりも低コストでより素早く、予期できないような製品を生み出すコア・コンピタンスを創造する能力から発生する。優位性の真の源泉は、企業全体の技術と生産スキルを統合して競争力を確立していく経営能力に見出される。

19世紀の企業は生産設備の増強による大規模化で規模の利益を追求し、約十年周期で発生する恐慌と不況に対する抵抗力を強化していった。ライバルより優位なコスト競争力をもつことが、不況下で生き残る最重要の手段であった。20世紀に入ると生き残った企業や新興勢力間の寡占的競争状態が生まれ、有力大企業では効率的経営を目指して事業部制が採用されていく。大企業における事業部は、安定した利益を継続して実現することが期待されており、出血を伴う"野蛮な"価格競争よりも製品差別化やモデルチェンジ、プロセス・イノベーションによるコスト・ダウンが追求されるようになる。（イ）ニューモデルを生み出す改善・開発力、（ロ）コストと品質の改善力、に加えて、（ハ）新ポジションや競争のない静かなブルー・オーシャンを発見するアイデア創造力、が要求されてくる。いずれも企業経営における永遠のテーマであり、現代の企業が生き残るための最低限の努力目標であろう。図5−2におけるケース（2）、ケース（3）のイノベーションの重要性に疑問をもつ企業は存在しない。そして長年の事業経験とさまざまな分析手法を活用して、現代の大企業はたとえ不完全であるにしても、たとえばケース

(2)の問題に対する企業としての解決手法をルーティンとして保持している。ニューモデル開発については日本の自動車メーカーにおける原価企画システム、生産過程における改善においても日本の製造業全般における品質管理運動や現場改善のルーティン化は、代表的な成功事例である。またアメリカの３Ｍ社（塗料・接着材・プラスチック類等の化学品や素材・日用品のメーカー）の有名な"15％ポリシー"は、「社員に対して勤務時間の15％以内であれば、個人的に興味のある仕事をすることを認める」ことで、ケース(3)で要求されるアイデアの創造を促しているのである。

一方、プラハラードとハメルによって提起された議論は、改善力やアイデア創造力にとどまらず、未来の競争力を生み出すコア技術力の育成を企業発展の推進力と考える。個々の事業部の製品差別化力や斬新なアイデアでライバルの意表を突く戦略とは異次元の競争力を重視しているのである。プリウスに体化されたトヨタのハイブリッド車の開発・生産技術、東レの炭素繊維の研究・開発・生産技術、日亜化学の青色発光ダイオードの開発と応用技術、等々は、コア技術として現在における各社の業績の屋台骨を支えている。このようなコア技術を生み出す企業力の源泉を考えることを、プラハラードとハメルは強調したのである。以下ではまず、図5－2の高度技術力によるイノベーション（ケース(1)、(4)）に関する事例について三つの先行研究から要約し、これらのイノベーションを実現させた要因を検討する。イノベーションの推進力を考えることで、現在における大企業の政策的課題を明確にすることが可能になる。なおケース(2)の改善イノベーションについては自動車メーカーの原価企画への言及にとどめ、詳細は次章における中堅・中小企業の対応イノベーションとして議論する。またケース(3)の冒険タイプのイノベーションについても、オーストラリア産ワインの事例を簡単に説明することに限定している。この分野は、欧米の研究者による数多くの事例研究がある。

3 事例研究の検討

1 トヨタのプリウス——ケース（1）(8)

　ケース（1）は、新製品に対する需要はほぼ確実に予想されるが、高度な技術力が要求されるイノベーションとなるケースである。高度な技術力とは、（イ）新しい知識の創造に基づく新技術の開発、（ロ）さまざまの技術の統合や発展による画期的技術の開発、（ハ）画期的な生産方法の変革、を意味している。過去における成功事例としてトヨタ自動車のプリウス開発を見ることにする。ハイブリッド車は、後述するように社内の技術陣の中では時期尚早論が根強かったが、経営トップの人たちには"市場が要求している車"と考えられていた。このため短期開発が"上からの指示"で至上命題化され、困難な統合的技術開発にチャレンジすることになる。図5－2のケース（1）の事例として扱うことができるだろう。またプリウスの開発は伝統的な新車開発の手続きと異なったところもあるので、まずプロダクト・マネージャーと原価企画を中心とする従来の開発手法を概観しておこう。図5－4は、日本の自動車メーカーによる新車開発プランと実行の概略である。(9)

　新車開発は、5年程度の長期利益計画に組み込まれ、開発初年度以降の費用計画や発売後の計画売上高、営業利益等が経営企画室によって作成される。目標販売価格と販売量、目標利益差額が決定されることで製品一単位当りの許容原価は次のようになる。これは経営トップの指示する希望的な原価である。

$$許容原価 = 目標販売価格 - 目標営業利益$$
$$= 目標販売価格（1 - 目標営業利益率）$$

　さて、当該車種の開発責任者としてプロダクト・マネージャーPM（また

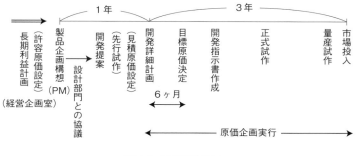

図 5-4　新車開発プロセス

はチーフ・エンジニア CE、主査とも呼ばれる）が選任され、開発計画は始動する。PM は社内の他部門（たとえば商品企画室）から情報を得たり自身で市場調査を行って、約一年間かけて新車の仕様や構造を検討していく。市場の動向、社内に蓄積されている技術を見ながら新車に取り込むべき新装備や新性能を構想し、各部門の設計担当者やデザイン担当者に加えて試作部や営業部のスタッフとも協力してチームをつくり、開発提案及び開発詳細計画を作成する。またこの段階でコストテーブルを活用しながら、新車の成行原価を機能や部品別に設定する。成行原価はコスト削減努力なしでの新機能を含んだ新車の原価で見積原価とも呼ばれるが、この成行原価を許容原価に近付ける活動を設計・開発段階で積極的に行う試みが原価企画であり、この核心はVE（value engineering　価値工学）を活用した目標原価の決定である。製品・部品の仕様をさまざまの領域の専門家が議論して改良し、繰り返して修正設計しながら高機能・低コストの製品・部品を作りだし成行原価を限界まで引き下げた目標原価を設定する。それでも許容原価との間に差があれば、生産段階でのコスト・ダウンで原価を切り下げて利益計画に対応していくのである。以上が原価企画の要点であり、PM を中心に各設計部門、試作部門、生産部門が協力して、四年間で低コスト・高機能の新車を開発するシステムを作り上げてきた。原価企画を中心とする通常の新車開発プロセスは、高次元の改善イノベーションとしてルーティン化されたシステムであり、ケース

(2)の事例である。生産現場におけるジャスト・イン・タイム方式、系列部品メーカーとの相互協力体制と並んで、日本の自動車産業の競争力を生み出してきたのである。

次に野中郁次郎、遠山亮子、平田透三氏と木野龍逸氏の著作にもとづいて、プリウスの開発史を検討しよう。プリウスの開発は、省資源、省エネルギーが社会的要請となっていた1990年代前半、トヨタ首脳によって次世代の自動車開発が模索される中で始まった。1994年2月、内山田竹史氏（現トヨタ自動車会長）がチーフエンジニア（CE）となり、大部屋方式でメンバーを集めてプロジェクトは発足した。従来の原価企画では、ボディ設計、エンジン設計、生産技術等の各部門からチーフエンジニアの下に集められた新車開発チームのメンバーはアイデアを各部門へ持ち帰り調整していたのであるが、大部屋で共同開発チームを発足させてチーム全員で新車のコンセプトを作り上げるプロジェクトチーム方式に転換したのである。プロジェクトチームは、排気量1500cc、当時のカローラに比べて燃費効率が1.5倍になる目標を立て構想をまとめあげた。しかし94年9月、技術担当のトップであった和田明広副社長、塩見正直技術担当常務は、ハイブリッド・システムを採用し燃費効率を2倍に引き上げる事を指示する。大イノベーションの始まりである。

実はプロジェクトチームにおいても、ハイブリッドは検討されていた。しかし量産車として必要な要素技術は未確立であり、現場の技術陣はハイブリッド提案に強く反対した。それにもかかわらず副社長の決断は変わらず、95年2月にEV（電気自動車）開発部門も入った新プロジェクトが発足する。

ハイブリッド車は、ガソリン・エンジンと電動モーターを併用して走行するものである。トヨタは世界トップ・レベルのエンジン生産技術を持っていたが、問題はモーターの稼動に必要な高性能のバッテリーの開発と全体の制御技術の開発であった。EV開発部内に一定の技術的知識は存在していたが、前述したように多くのエンジニアの見解としては「時間をかければ技術的には可能だが、早期実用化には否定的」[10]というものであった。プロジェクト・

チームは、この難問に挑戦することになる。

　新たな問題も発生した。95年6月の技術総合会議でハイブリッド車は正式開発プロジェクトとなるが、「このとき発売時期は、21世紀に入る前にラインオフしたいということで、1999年12月に設定されていた」[11]。約4年の開発期間であり、従来からの新車開発パターンを踏襲したものである。しかし和田副社長は一年前倒しして98年12月に発売日を変更、さらに95年末には奥田碩新社長が和田副社長に対してさらに1年間の短縮を指示する。トヨタの経営陣は、自社の将来をプリウスに賭けたと思われる。

　2年間の短期決戦となった。血の出るような努力の結果、ハイブリッド車搭載用ガソリン・エンジン、モーター、バッテリー、制御システムが開発された。難問であったバッテリーについては松下電池工業と共同でニッケル水素バッテリーを開発して試作車に搭載し、96年12月には松下電器（現パナソニック）も加えたバッテリー製造会社まで設立している。1997年12月10日、初代プリウスは予定どおりに発売された。

　プリウスの開発は、技術統合型のイノベーションである。ハイブリッド車の概念は既に存在していたし、市場は省エネ車を渇望していた。世界最高水準のガソリン・エンジン車を製造する技術を持つトヨタは、ハイブリッド車のために電気・化学系の技術を基礎研究レベルから実用レベルへ高めるとともに、二つの主要な技術を統合して量産型乗用車をつくるシステム技術を開発しなければならなかった。関連する技術分野は多種多様であり、「統合」は容易なことではない。以下の成功要因が考えられる。

（イ）基礎知識・技術の蓄積、他社の技術へのアプローチ

　90年代初頭、自動車メーカーはカリフォルニア州の排ガス規制策の強化に対応して、電気自動車の開発研究を進めていた。その結果、バッテリーとモーターの基礎技術は、徐々に開発されつつあったのである。トヨタにおいては第三開発センター長塩見正直氏の下でEV開発部が立ち上げられ、「電気自動車、ハイブリッド車、燃料電池車を三本柱にして次世代車開発」[12]が進

められていた。商用車やSUV（多目的スポーツ車）を担当の第三開発センター内に、ハイブリッド技術の芽が存在していたのである。また松下グループとの電池共同研究によって、手薄な技術分野を積極的にカバーしている。

　（ロ）技術統合チームの編成

　ハイブリッド車は、発進・加速時はモーターで駆動し、ある一定範囲のスピードの場合にはエンジン主導で走ることで燃費が向上する。しかしそのシステム構想は約八十種類もあり、実際に採用する場合、構想→実験→修正、の繰り返しとなり、チームを組んで組織横断的に統合技術としてのハイブリッド・システムを作らなければならない。各プロジェクトチームは本社へ集結して横断的技術統合を成し遂げたのである。通常のモデルチェンジという改善技術力を採用せずに、新たな社内資源の統合によって技術統合型のイノベーションに成功した。またチーム・リーダーたちは類いまれな応用能力の持ち主で、トヨタにおける人材の層の厚さがプロジェクトを支えていた。

　さらに付け加えるべき点がある。イノベーターの存在という問題である。

　（ハ）革新者（イノベーター）と支持者（サポーター）の存在

　プリウスが世に出るためには、ハイブリッド車を開発するという決意を持ったイノベーターが必要であった。それは1994年末に和田副社長がハイブリッド・システムの開発を命じた時の技術担当常務・塩見正直氏であったと思われる。「1991年頃、トヨタの社内で、次世代の原動機開発に対する危機感を持った技術者が集って、電気自動車についての検討会が始められた」時に、「東富士研究所の研究部から数人を集めてワーキンググループを結成した塩見正直は、エンジンに比べて圧倒的に発熱が少ないモーターに関心を持っていた技術者の一人であった」[13]。常務という立場以前の技術者の目で、電気系動力の重要性を確信していた塩見氏こそが、イノベーターであったと思われる。また時期尚早論の現場技術者の声を封じた和田副社長は、この大イノベーションの必要性を正しく理解していた最大の支援者であり推進者

であった。もし和田・塩見両氏の決断がなければ、EV系技術は第三開発センター内で眠り続けていたかもしれないのである。社内に蓄積されていた高度な技術力とそれを統合していく幅広い分野のエンジニアの存在、さらにイノベーションを発起してリードする企業トップの指導力、まさしくプリウス開発はトヨタのコア・コンピタンスが生み出した技術統合イノベーションであった。

2　青色発光ダイオード——ケース（4）[14]

山口栄一氏は、青色発光ダイオードの開発を既存の科学的知識の体系を破壊した「パラダイム破壊型イノベーション」に分類し、名古屋大学の赤﨑勇、天野浩両氏の業績と中村修二氏を中心とする日亜化学工業の開発・製品化のプロセスを詳しく説明している[15]。このイノベーションによって三氏は2014年のノーベル物理学賞を受賞しており、名実共に青色発光ダイオードは20世紀最後の大発明となった。実は1970年代から多くの内外の企業や研究所が青色発光ダイオードの研究・開発に取り組んでいたが、基礎技術自体が未確立であり、将来の市場規模や成長性を予測することなど問題外であった。各社は省エネルギーの観点から発光半導体開発の必要性を理解はしていたが、赤色発光ダイオードと比べて青色の開発は極端に難しく、20世紀中の発明は困難と考えられていたのである。その意味で、赤﨑・天野・中村三氏の業績は典型的な発明型イノベーションであり、図5－2のケース（4）に分類される。まず赤﨑氏と天野氏の研究から見ていこう。

赤﨑氏は1970年代に、青色発光半導体素材としての窒化ガリウムに注目していた。1981年、名古屋大学に戻った赤﨑氏は、弟子となった天野氏とともに、基板結晶のサファイア上に窒化ガリウムの結晶を"生やす"研究に没頭する。難問があった。サファイア基板は窒化ガリウムガスを分解させるのに必要な摂氏1000度以上に耐えられるが、窒化ガリウムとサファイアは格子整合条件[16]を満たさない。このためサファイア上に低温で柔らかい物質を"スポンジ"のようにつけて、その上に窒化ガリウムの硬い結晶を成長さ

せればよい、というバッファ層の構想に行き着き、窒化アルミニウムをバッファ層として採用する。1985年2月、窒化アルミニウムバッファ層上に、窒化ガリウム薄膜が成長していた。「原子間距離も結晶構造も違う物質の結晶成長は不可能である[17]」という結晶成長学のパラダイムは破壊された。

次の課題はＰ型窒化ガリウムの作成である。窒化ガリウム膜に不純物を加えることで簡単にｎ型の膜は作れるのだから、発光半導体をつくるためにはＰ型の窒化ガリウムを開発してPn接合[18]を実現しなければならない。この作業も難航したが、1989年1月に「マグネシウムを添加した窒化ガリウムに電子ビームを照射[19]」することで成功した。1989年、窒化ガリウムによる青色発光ダイオードが二人の研究者によって実現されたのである。

この時期に、徳島県の従業員数百名程度である中堅企業、日亜化学工業の中村修二氏も、青色発光ダイオードの開発に向けて第一歩を踏み出していた。中村氏は蛍光体材料会社の日亜化学工業を立ち上げた小川信雄社長に掛け合って数億円の研究費を獲得する。88年のフロリダ大学留学から89年4月に帰国、MOCVD（有機金属気相成長法）装置を購入して窒化ガリウムの単結晶をサファイア基板上に成長させる作業に没頭した。全世界の多くの研究者が試みて失敗したように、中村氏も一年間は失敗の連続であった。

中村氏の強味の一つは、装置改善の能力である。中村氏は日亜化学に入社後、いくつかの半導体材料の製作を行ってきたが、爆発したりする生産装置の修理・改善まで担当していた。この経験を生かして一年間かけてMOCVD装置の改良を行いながら、1990年「ツーフロー法」を開発する。

ツーフロー法は、従来から行われてきたように高温のサファイア基板上に原料ガスを横から流し込む一方、上からも窒素と水素のガスを流して窒化ガリウムの結晶成長を実現する中村氏独自の方法である。機械装置に精通し、自力で修繕や改良を繰り返してきた中村氏の実践的知識や気付きが、原料ガスを上から押さえこむツーフロー法という着想に至ったものと思われる。中村氏はツーフロー法に変えて一発で成功した。

次の課題はバッファー層である。当初は赤﨑・天野氏が発見したバッ

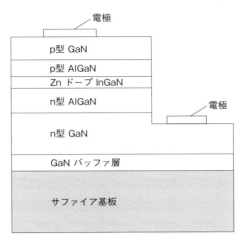

図5-5 InGaN/AlGaN ダブルヘテロ構造高輝度青色発光ダイオードの構造
出所：日経BP社 特別編集班「中村修二劇場」2014年、277頁（図8）

ファー層技術を採用していたが、中村氏は低温で窒化ガリウムをバッファー層としてサファイア基板上に形成し、その上に高温での窒化ガリウム単結晶膜を成長させることにも成功する。

　第三の課題はP型窒化ガリウムの製作である。中村氏と部下の岩佐成人氏は単純に熱処理して水素を追い出しさえすれば、マグネシウムを添加した窒化ガリウムがP型になることを発見する。偶然の実験結果から、簡単にP型窒化ガリウム膜が作成できることが判明した。そして91年3月、Pn接合による青色発光ダイオードの試作に成功する。この窒化ガリウムのPn接合型はたしかに発光し、寿命も千時間以上あったが、輝度が低く製品化は困難であった。

　第四の課題は、単純なPn接合型発光ダイオードの輝度を向上させることである。これは、n型とP型の窒化ガリウムの間に窒化インジウム・ガリウムを発光層として挟み込み、さらに「窒化インジウム・ガリウムを窒化アルミニウム・ガリウム（AlGaN）という材料で挟み込んだ、いわゆる『ダブルヘテロ構造』」にして成功した（図5-5参照）。「当時市販されていた炭化シ

リコン（SiC）を使った青色 LED の約百倍の輝度[21]」であり、1993 年 11 月 30 日、青色発光ダイオードの開発成功が発表された。以上が 20 世紀最後の大発明となった青色発光ダイオード開発の概要である。日亜化学は 1996 年に青色発光ダイオードをベースに白色発光ダイオードの製品化にも成功、2016 年には従業員八千名の大企業になっている。

　山口栄一氏は、この青色発光ダイオードの開発を、「知の創造」と「知の具現化」の過程として説明している[22]。

　赤﨑氏と天野氏による知の創造は以下のようになる。まず格子整合条件を充足しない窒化ガリウムの"素性のよさ"を直感した暗黙知から出発して、以下の発明が行われた。

（イ）窒化アルミニウムをバッファ層として窒化ガリウム単結晶の作成に成功（1985 年）
（ロ）窒化ガリウムにマグネシウムを添加して電子顕微鏡内で電子線を照射することでＰ型窒化ガリウムを作成（1989 年）

また NTT 光エレクトロニクス研究所の松岡隆志氏らによって、

（ハ）大量のアンモニアを注入することで窒化インジウム・ガリウムの混晶の作成

という「知の創造」が実現されている。これらはいずれも図 5−5 で示した青色発光ダイオードの基本構造に不可欠の素材と製法の発明であり、大学や企業の研究所における基礎研究の成果である。赤﨑氏の場合、「窒化ガリウムのもつ天賦性への気づき[23]」が知の創造の出発点となっていた。

　さて、基礎研究の成果をさらに詳しく分析する一方で、（a）別の技術や考え方の適用可能性、（b）別の実験法や生産方法、（c）別の素材の利用可能性、（d）別の設備や生産装置の導入、等々を新たに検討するケースを応

用研究と呼んでおこう。応用研究は、基礎研究に基づいて新製品の開発への方向づけを行い、さらに事業部開発部門と協同して生産コストの削減や製品の高付加価値化に結びつく基本技術や方法を開発することを目的にしている。日亜化学工業と中村修二氏が青色発光ダイオードのイノベーションの表舞台に登場するのは、まさしく応用研究としてのツーフロー法の開発に成功した時からである。中村氏は、「一年かけて毎日改造してできたツーフローの装置」[(24)]で、窒化ガリウム・バッファー層上に窒化ガリウム結晶膜を成長させた。その後、ガス流や温度の徹底的な調整を続けたと思われるが、「1990年も暮れる頃、安定に窒化ガリウム膜を成長させる条件が手探りながら分かってくる」[(25)]。中村氏独自のツーフロー法で窒化ガリウム膜を成長させる手法を自家薬籠中のものとしたことが、日亜化学のコア技術になっていたと考えられる。このツーフロー法を使いながらＰ型化のための熱処理、窒化インジウム・ガリウムを組み込んだダブルヘテロ構造化の成功と相次いで画期的な製法イノベーションを実現していく。

以上のように赤﨑・天野両氏と松岡氏の基礎研究、中村氏と日亜化学技術陣による応用研究が結びついて、20世紀最後の大イノベーションが行われたと言ってよい。知が創造され具現化されたのである。今後の参考のために、二つの研究についての課題をまとめておこう。

まず基礎研究においては、自由な発想と研究意欲が原点であることが明白である。赤﨑氏や天野氏の窒化ガリウムへのこだわりとバッファ層というアイデア、松岡氏の窒化インジウム・ガリウムの製作等は、個人的な直観や信念・使命感から研究が行われている。結果は研究者の創造能力に期待するしかない。企業としては、研究者の自由な発想を制約せずに彼等の意欲をフルに発揮させるべきである。

しかし大きな問題が残っている。実は1980年代以降、日本を代表する大手電気メーカーの大半が、青色発光デバイスの開発に取り組んでいた。彼等が名古屋大学グループや日亜化学によるイノベーションの後塵を拝することになった背景は、単純ではない。しかし最大の理由の一つが、「格子整合

条件を満たすセレン化亜鉛」を発光素材として選択したことにある。もちろん大企業の技術者の中にも「セレン化亜鉛の素性の悪さ、弱さ[26]」を懸念する声はあった。しかし教科書から学ぶ一般理論（＝形式知）は、異端の知を認めたがらない大企業の研究方向を左右する。「結晶成長学のパラダイムを踏み外してはならない」と考えるほとんどの大企業研究者は、「窒化ガリウムを選んだわずかばかりの人々を高みから眺めた[27]」のである。自由な創意と研究が出発点で道を間違えて、その後に資金と人材を投入し続ければ、企業にとって取り返しのつかない損失をもたらすことになりかねない。大規模プロジェクトとなるかもしれない基礎研究ほど念入りに、複数の可能性を常に探索（search）し、唯一無二の選択ではない選別（selection）を繰り返すことを想定しておかなければならない。

　応用研究においても「ラディカルな問いかけ」は重要である。中村氏は窒化ガリウム結晶の製作作業で失敗を繰り返しながら、ツーフロー法に到達する。通常の、横から原料ガスをサファイア基板上に流すだけの方法に疑問を持ったのである。赤﨑氏がバッファ層を着想したように、中村氏は上からもガスを吹き付けることを考えた。これは多くの研究者が行っているMOCVD法を変革することであり、非常識な意思決定である。ここでもラディカルな着想がある。

　中村氏の革命には、さらに重要なポイントが存在する。中村氏は日亜化学入社後、リン化ガリウム、ヒ化ガリウムといった化合物半導体の製作に取り組んできたが、その間、製造装置の多くを自作してきた。また、リン化ガリウム製作では、「一度切断した石英管を溶接し、再生利用すること[28]」まで行っていたのである。中堅企業の技術者ならではの、苦闘の連続である。設備・装置を完全に改良・製作できる中村氏であったからこそ、「設備を改良して上からガスを流す」ことを着想し、実行できたのではないだろうか。応用研究においては、実験設備や製造装置類を自由自在に改良できる知識・経験が強みとなる。それは日常的な研究活動、すなわちルーティンの中身・内容にかかってくるが、十分な科学的知識の蓄積の下で、研究者達が日常的

ルーティンの近くから革命的アイデアを発見するケースは少なくない。

このように青色発光ダイオードの開発においては、名古屋大学グループが基礎研究の知識を蓄積し、異端の発想を加えてイノベーションの発起人になっていた。そして類まれなるT型スキルの持ち主である中村氏が、日亜化学の技術者とともに応用研究と実用化をリードしたということであろう。

さらにもう一例、武石彰、青島矢一、軽部大の三氏の著作から、富士フイルムのケースを検討する。

3　富士フィルムのデジタルX線画像診断システム──ケース（1）⁽²⁹⁾

富士フィルムは写真フィルムやレントゲンフィルムの生産で国内最大のシェアを誇り、名実共にフィルム業界のトップ企業であった。1974年、足柄研究所でレントゲンフィルムを含む白黒フィルムの研究部門を率いていた園田實氏は、デジタル式のX線画像診断システムの研究・開発構想を部下に提案する。前に見たように、1970年代はイギリスのEMI社が開発したCTスキャナーが全世界に衝撃を与えていた時期である。医療機器のデジタル化は、技術者達の大きな挑戦テーマになりつつあった。しかしフィルム・メーカーの富士フィルムにとって、「X線情報をなんらかの材料で受け、それをレーザー光線で読み取ってデジタル信号化し、コンピューターで画像処理を行う」⁽³⁰⁾という機械装置を製造するということは、図5-2のケース（1）のイノベーションの世界へ突然飛び込むということであった。「創立以来技術を重視してきた富士フィルムの伝統や、写真フィルム中心の企業から総合映像情報企業への転換を目指す」⁽³¹⁾という新たな経営方針がなければ、何年先に製品化されるのか予測不可能なプロジェクトの運命は絶望的であったと思われる。中央研究所における電子写真方式によるX線イメージングシステムの研究は存在したが、フィルム・メーカーが画像処理まで含めた機械装置を製作するということは、トヨタのプリウス開発よりも初期条件ははるかに厳しかったと思われる。とにかく75年11月に計画は正式に承認され、三年間で九億円の予算がついた。この間の状況は図5-6に示されている。

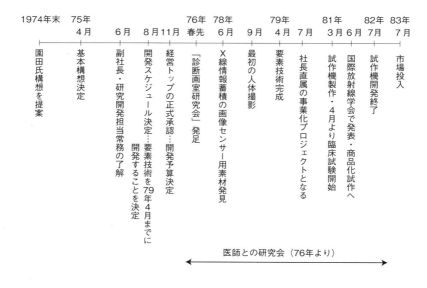

図 5-6　X 線画像診断システムの開発
出所：武石彰、青島矢一、軽部大『イノベーションの理由』事例 2 より作成。

　実は園田氏は、1971 年にデジタル X 線画像診断システムのアイデアを構想していたが、三年後に再提案したのには特別の事情があった。1973 年の石油危機と資源価格の高騰は、大量の銀を使用するフィルム事業に大きな影響をもたらした。「特にレントゲンフィルムはサイズが大きく、その銀の消費量は写真業界が使用する銀量の三分の一を占めるほどだった[32]」ため、レントゲンフィルム部門の経営は悪化し、技術者達の処遇が問題となっていた。リーダーの園田氏は、「まったく新しい発想によって自分たちで生きる道を切り開いていけないだろうかと彼等に提案したのである[33]」。このチームこそが X 線画像診断システム・イノベーションの推進力となったのであり、まさしく異色の技術者集団であった。後に FCR（Fuji Computed Radiography）の開発・商品化で活躍する高野政雄、宮原諄二、加藤久豊の三氏は次のような経歴の持ち主である[34]。

高野氏〜新聞社の印刷工を経験した後に、大学で物理学を学ぶ
宮原氏〜大学で金属学を学び、別の会社で原子炉用核燃料被覆管材料開発に関わった後、富士フィルムに転職
加藤氏〜大学で応用物理を学び、スタンフォード大学へ留学して画像処理の研究を行う

　世界の写真フィルム会社は、いずれも化学系の技術者が主流であって、当然、日本最大のフィルム会社の富士フィルムにおいても同様であった。高野・宮原・加藤三氏は「いずれも傍流の技術者たちであった。傍流であったから行き場を失いかけたわけだが、傍流であったからこそ『背水の陣』で画期的な技術に挑戦することに心ひかれた。――中略――園田は彼等がいなければ新しいシステムの開発を提案していなかったとのちに振り返っている(35)」。
　言うまでもなく園田氏はイノベーターである。技術部門の長であり、未来の技術を構想して傍流であるがゆえに人一倍やる気と使命感に燃えた部下を組織化し、新技術・新製品をゼロから開発することを決意した。優れたチームが必ずイノベーションに成功するわけではないが、主流派・多数派の常識にとらわれない技術者達が強いチームワークで試行錯誤を繰り返すというイノベーションの必要条件を、このチームは充足している。実際、79年4月を期限と決定された要素技術の開発も、粘り強い探索の結果、期限内ギリギリにことごとく成功する。ほとんどゼロからの出発であったことを考慮すれば、驚異的な努力が結実したと言ってよいだろう。
　まず第一に問題になるのは、X線情報を蓄積してレーザー光線で発光させて読み取らせるための素材の開発であった。「光読み出し可能な情報蓄積型の輝尽発光現象を示す材料」は、「結晶中にエネルギーを蓄えるためになんらかの結晶欠陥のある『きたない結晶』である」と考えられるから、「求める『きたない結晶』は『きれいな結晶』の実用蛍光体開発の過程で捨てられていった材料の中にあるはずだ(36)」と予測が立てられた。非凡な発想である。宮原氏らは二年半の年月をかけて、「フィリップスやデュポンによりX

線蛍光スクリーンとして検討されたものの実用には至らず、輝尽発光特性があることに両社の研究者は気づいていなかった」[37]材料を発見する。これを改良して第一の要素技術の開発に成功したのが78年の6月であった。またX線情報を蓄積したイメージング・プレートにレーザーをあてて発光を電気信号として取り出す画像読み取りシステム（第二の要素技術）、読み取った電気信号を診断用にコンピューターで画像処理するシステム（第三の要素技術）もこの頃には目鼻がついていた。改善を繰り返して79年4月、当初の目標期限内に必要な性能を持った三つの技術が完成し、先行試作の段階に入っていく。同年7月には社長直属の事業化プロジェクトに昇格し、1981年3月、最初の試作機が完成した。メンバーは六月の国際放射線学会で新システムを発表、これをフィリップスの技術担当副社長が評価してその後のOEM供給につながっていく。82年7月に試作機の開発は終了し、その後は商品化のための臨床試験を行って、1983年7月、デジタルX線画像診断システムはFOR101として価格1億7000万円で発売された。またその後は新製品の投入を繰り返し、低価格化・小型化を実現して、90年代以降は富士フィルムの重要な収益源に成長していくのである。外国の技術にもアプローチして各種要素技術を開発し、見事に技術統合型のイノベーションに成功した。園田氏というイノベーターが中心になって、非主流の、しかし後述するT型スキルを持つ異端の技術者たちが応用・製品化研究を推進した。実際の製品化の段階では、大企業の豊富な人材が投入されただろう。イノベーターと意欲的なT型スキルの技術者による、絵に描いたようなイノベーションである。

4 イノベーションの推進力

　事例研究から推測される大イノベーションの成功要因は、以下のようにまとめられる。

（イ）　前提条件としての資金・設備の確保と多様な内外の知識・技術への接近および内部蓄積

（ロ）　内外の知識・技術やビジネス環境の大きな変化を理解した研究者が、イノベーションの発起人、すなわちイノベーターとして登場すること

（ハ）　イノベーターを支持してさまざまな技術的統合を行い、基本技術を発展させて製品化への道筋をつける応用技術者の活躍（T型スキルの技術者）

（ニ）　基礎研究や製品化研究において、特定分野を集中的に研究開発する専門的研究者、技術者の存在（I型スキルの技術者）

図5-7は、このようなイノベーションの必要条件を図5-2に加えたものである。円内を企業力を構成する要因の集合とすれば、高度技術力によるイノベーションの推進力としては、知識・技術の蓄積とイノベーターおよびT型スキルの技術者が最重要であろう。一方、ケース(2)の改善イノベーションではディマンド・プルやテクノロジー・プッシュという企業を取り巻く状況の変化に対応しながら、多様なルーティンの確立と見直しがイノベーショ

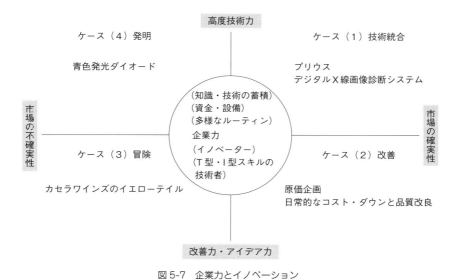

図5-7　企業力とイノベーション

ンを支えている。また後述するが、意外なことに冒険的なイノベーションにおいても、ルーティンの役割は大きい。

以下ではまず、内外の知識・技術への接近と内部蓄積の問題から検討していく。

1　知識・技術へのアクセスと内部蓄積

1960年代から70年代、多くの日本企業は提携による技術導入と自社内における研究・開発努力によって、自社のコア技術を確立させていった。しかし今後は、主要な欧米企業の優れた技術に対するアクセスは容易ではないだろう。今日、世界の大企業は、コア技術を維持してコア製品の世界的支配力を確立することの重要性を熟知しており、簡単に技術提携に応じるとは考えにくい。そのためベンチャー企業への出資や中堅企業レベルの買収が戦略的に行われることになるが、正確な情報収集力や技術の評価力を蓄積しておく必要がある。相手方経営陣との信頼関係構築に加えて、少数株主とのトラブル回避も課題である。信頼できる助言者や法律家とのパイプ構築も重要で、これらの問題点をクリアーにしておかないと大失態を演じることになりかねない。その上でさまざまな分野の内外企業の研究・開発動向を注意深く分析し、自社のコア技術に組み込むべき対象技術をターゲットとして選別しなければならない。また、ともすればコア・リジィディティ[38]（コア技術の硬直化）ともなるコア技術を活性化するために、大学や政府系研究機関との提携や共同研究も模索されるべきである。

重要技術の導入が容易ではないとすれば、自主開発による技術の内部蓄積が課題となる。日本企業にとって自主開発は、どのように評価されてきたのだろうか。1990年代の長期不況下で固定費の削減を迫られた結果、かなりの企業が最新の内外技術の調査や自社内での独自の研究・開発を行うための基礎研究組織を縮小または廃止してしまった。基礎研究組織の廃止は自主技術開発による企業力強化策の軽視であり、自主的な技術開発力の弱体化につながりかねない。企業経営者は「研究所は費用以上の製品開発や収益貢献を

行っていない」と考えたと思われるが、欧米主要企業の生み出す新技術へのアクセスが難しくなればなるほど、自主的な技術開発の必要性が高まることになる。基礎研究部門を強化・復活させることは、グローバルな競争を行う大企業にとってのコア・コンピタンス（企業力）構築の必要条件であり、喫緊の課題である。資金力のある大企業は、まず基礎研究の立て直しから着手すべきである。

さらにつけ加えれば、今日、社内に蓄積されているさまざまな技術を組み合わせて、新技術の開発に結びつけることを考えていかなければならない。なるほど基礎研究部門は、60年代から70年代における欧米主要技術の吸収と社内への定着の時代が終了し、90年代以降には生産性が低下していたかもしれない。しかし社内にはコア技術力が生まれ、多くの最終製品の開発力も蓄積されてきた。これが現在の日本の製造業を支えているのである。新たに新技術を自主開発するかM＆A（合併・買収）等で導入しながらコア技術や蓄積された製品開発技術と統合していけば、画期的な新製品（たとえばトヨタのプリウスのケース）を開発できる可能性がある。自主開発を目指して知識・技術の蓄積を強化するとともに、技術統融合によるイノベーションの機会を探索していかなければならないだろう。

2　人材の確保と育成

企業力を強化して高度技術力によるイノベーションを実行する場合、鍵となるのは少数のイノベーターと彼等を支える応用技術者グループの存在である。まず、イノベーションの発起人であるイノベーターの誕生を、3つの事例研究から確認しておこう。

（イ）イノベーター
塩見正直氏——次世代原動機開発に危機感をもって電気自動車の研究会に
　　　　　　　参加
赤﨑勇・天野浩氏——発光半導体に対する世界的な関心の高まりの中で、

窒化ガリウムの天賦性に気づいてバッファー層構想を推進
　園田實氏──医療機器のデジタル化の中で、X線画像診断システムの導入
　の必要性を確信

　研究の出発点は、世界の研究者が関心を持ち始めた新技術や時代的要請に対するチャレンジ精神である。大きな問題意識を持つ研究者、技術者が基礎研究において独自アイディアを構築し、これを徹底的に追究することで大イノベーションは開始される。視点の独自性や通説に従わない研究スタイル等々、通常、イノベーターは異端者として登場する。大学や企業の基礎研究所における研究者、技術の統合・融合で新製品を開発しようとしている開発部門の技術者、等の中から、独自の着眼点を持つ人がイノベーションを主導するのである。しかし技術や知識が細分化され複雑化した今日においては、（イ）基礎研究部門の役員や上級研究員のマクロ的知識や個人的資質に多くを期待できなくなっていること、（ロ）専門的知識を持つ開発部門の部・課長クラスも意思決定力が分散化しており、興味深いが多くの反対意見も予想される異端の発想を伴うイノベーションプランを提起しないかもしれないこと、が問題である。
　欧米の先端技術の導入に成功し、高度経済成長で先進国の仲間入りをしたわが国では、1970～80年代、産業界も革新の意気込みに溢れていた。また石油危機や公害問題の深刻化という負の側面も、積極的に技術革新で克服すべき課題と考えられていた。とりあげた3事例以外にも、東レの炭素繊維、機械メーカーによる数値制御工作機械、東芝のフラッシュメモリ等々、基礎研究の成果を受けた目覚ましいイノベーションが誕生していた。しかし21世紀の現在、イノベーションの勢いは雲散霧消し技術革新力の低下が懸念されている。次に応用技術者の役割を考えながら、この問題を再検討する。

　（ロ）　応用技術者
　応用技術研究として、以下のような研究・開発活動を考えよう。

(a) 基礎研究を発展させて新製品、新技術を創造
(b) 基礎研究の修正可能性、他の製法や素材による新製品開発の可能性などの基礎研究関連研究
(c) 他の知識・技術と基礎研究を統合して新製品、新技術を開発
(d) 自社内技術や提携による他社の技術を統合して、新製品や新技術を開発

プリウス開発においては内山田チーフエンジニアを中心とするトヨタの技術陣、青色発光ダイオードでは中村氏と日亜化学の技術者たち、X線画像診断システムでは園田氏を囲む異色の経歴の技術者たちが新製法開発や技術統合に乗り出して、画期的な新製品を生み出したのである。開発過程についてはすでに先行研究から概略を説明したが、多様な知識、技術を組み合わせながら実験を繰り返し、修正しながら再び知識、技術を組み替えていく技術統合のイノベーションが展開された。プリウスの場合には、あまりにも短期間で統合過程を実現しようとしたために血の出るような集中的作業が展開されたが、さまざまな複雑な技術を統合するイノベーションでは十分な時間をかける必要がある。突貫工事はリスクも大きくなるし、度重ねると人も組織も疲弊する。イノベーションの可能性に順位をつけて投入すべき人や組織を予定し、また開始時期もスケジュール化するようなイノベーションの計画化を考えるべきである。

技術統合のイノベーションは、さまざまな知識・技術の統合を繰り返す応用技術研究と、実験と修正の模索過程からなるが、このような仕事は、ドロシー・レオナルドの述べるT型スキルを持つ人々(特定の技術領域における専門家で、他の領域に知識を応用できる人々)こそが適任である。ドロシー・レオナルドは、T型スキルを次のように示している(図5-8)。[39]

先の事例研究は、構想―実験―修正―再構想―、を繰り返しながら、最終的には統合された新技術によって画期的な新製品を創造した技術者たちの活

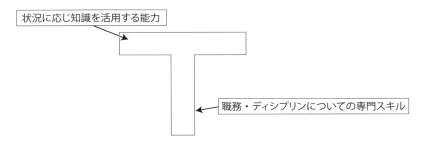

図 5-8　T型スキル
出所：ドロシー・レオナルド「知識の源泉」邦訳 110 頁。

躍を教えている。細分化された複雑で多様な技術を統合する大イノベーションの場合、イノベーターとともにT型スキルの応用技術者の育成・確保が不可欠になる。彼等が基礎研究部門との討議をベースにしてさまざまな応用研究を推進し、事業部開発部門も入った製品化研究に結びつけていかなければならない。大イノベーションの成功の鍵は、彼等が握っている。

　しかし今日においては、多くの企業でイノベーターは不在でT型スキルの技術者の育成も困難となっている。技術の極端な細分化は専門的I型技術者を必要とするが、一方で、10年先、20年先を展望して未来技術を構想する人材を育てず、興味を持って専門的技術の垣根を乗り越えようとするT型の技術者は排除されかねない。現代の大組織においては、一定の思考と行動を踏み外すことを嫌う前例主義と権威主義が跋扈しており、全ての革新力を低下させている。内外の事業環境の激変によって、過去の成功体験の秩序の下でルーティンを維持するだけの組織は生き残れない。イノベーション力を回復させるためには、基礎研究部門と事業部開発部門の双方の状況を知悉している応用技術部門にT型スキルの人材を集めて強力な技術戦略遂行の組織をつくり、企業力の再強化に取り組むしかないだろう。基礎研究部門と協力しながら、イノベーションを計画し実行するT型スキルの集団に、地に足をつけた活動を行わせるべきである。内外の企業、大学研究室、ハイテク・ベンチャー企業等の情報をキャッチして、自社の基盤技術の見直しや基礎・応用

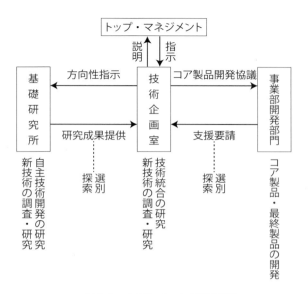

図5-9 イノベーションの推進組織

研究の活性化に活用していく役割も担わせる必要がある。企業の将来は、このような技術者の育成と、彼等が主導する柔軟で強力な組織の確立にかかっている。図5-9ではこのような応用研究部門を技術企画室と呼んで、外部の新知識や新技術へのアクセス、あるいはそれらの自主開発を行う基礎研究部門─技術統合をリードする技術企画部門─コア製品開発を実行する事業部開発部門、の関係を表示している。

　各組織内及び組織間での徹底的な討議を通じていくつかの可能性が探索され選別されて、最終的に特定の製品・技術の開発が行われる。成功すれば新たな企業力の強化となり、イノベーションとして顕在化することになる。

　留意しておくべき問題がある。新技術や異質の新製品が開発されてライバルが優位に立った時や「新しい政策ないし社会的出来事がパラダイムをシフトさせた時」[40]などに、企業力あるいはコア・コンピタンス（ドロシー・レオナルドによるとコア・ケイパビリティ）として社内に定着した技術やシステムは、コア・リジディティ（硬直性）となりかねない[41]。このときT型スキルを持つ

第5章　イノベーションの推進力　143

企画室メンバーは、旧技術を改良するのか新技術へスイッチするのかを迅速に正しく判断し、会社全体の意思決定をリードする必要がある。経営トップから一般従業員に至るまで、ルーティン化された思考や行動様式の拘束力は強い。T型スキルの所有者やその集団は、企業力を創造するリーダー役を担うとともに、時にはそれを破壊しなければならない。柔軟な発想から諸技術を統合して新製品・新技術の開発を先導する人達は、自分たちが創造した企業力が問題に直面した時、その限界と打開策を経営トップに直言しなければならない。技術企画室は経営トップの頭脳となって、十年先、二十年先の技術的可能性や新分野・新製品を探索し、現時点でのコア技術の見直しにまで踏み込んだ議論を行う必要がある。

3 市場の不確実性下のイノベーション——ケース（3）におけるアイデアの創出とルーティン

　図5-7のケース（3）は、需要動向は不確実な状況の下で、企業が独自の洞察力・アイデア力で冒険的にイノベーションを生み出していくことを想定している。画期的な発明や技術統合ではないが、通常の市場調査では発見できない潜在的な需要を、アイデア商品や特異な改善力で発掘していくケースである。従来の安定した製品ブランド内での改善の枠を超えて、極めて斬新なアイデアやスタイルを導入して市場投入するようなケースも含めて考えられる。冒険は必ずリスクを伴う。前述した徳島県勝浦町の葉っぱビジネス、ポーターが取り上げた小都市・町専用の映画館事業等は、事前的には市場の存在自体が否定されかねないものである。以下では、W・チャン・キムとレネ・モボルニュが彼等の著作で取り上げた「カセラ・ワインズ」のケースを見ておこう。

　オーストラリアのワインメーカーの「カセラ・ワインズ」は、競争厳しいアメリカのワイン市場に参入するために一計を案じた。従来のワインにおける常識（栽培土壌、風味や香り等）を無視して、「誰でも気軽に飲める、これまでにない楽しいワインをつくる」ことを目標にしたのである。アメリカ人が

毎日飲んでいるビール、アルコール飲料、カクテル飲料と同じように、ワインを飲んでもらおうというわけである。この計画は成功して、フルーティでまろやかなブランド名「イエローテイル」は、フランス産、イタリア産の輸入ワインを凌駕し、わずか数年で「750ミリリットルの赤ワインとしてアメリカ国内で最大の販売量を誇り、カリフォルニア産から首位の座をもぎ取った」のである。

カセラ・ワインズは、ライバルメーカーとの競争で血を流すレッド・オーシャンではなく、平和な青い海（ブルー・オーシャン）でのビジネスを成功させた。従来のワインの常識を超えたところに、ワイン業界の各社が予想できなかった大市場が存在したのである。不確実な市場に独自の戦略で挑戦して新市場を開拓した事例であるが、顧客の潜在的ニーズを洞察するために、競合他社よりも代替産業に目を向けたことが大きい。その視点の転換が、画期的な新製品の市場投入に繋がっている。

以上のようなブルー・オーシャン戦略のアキレス腱が、模倣や新規参入であることは容易に想像できる。（イ）レッド・オーシャンにおける競争の論理に染まった人々には理解できない、（ロ）ブランド・イメージを損なうことを恐れるために模倣も困難、という指摘もあるが、先端的技術開発を伴わないケースでは、模倣は不可避的に発生してくるだろう。これを阻止するためには特許や補完資産で守るか、それが困難な場合には参入阻止的な低価格戦略を採用するしかない。ブルー・オーシャン戦略にとっては、（イ）斬新なアイデア創造力、（ロ）低価格設定を可能にする調達・生産・流通のコスト改善力が要求される。

冒険的なイノベーションの起点はアイデアであり、営業部門や商品企画室が中心になって、顧客のニーズの調査や従業員からのアイデアの募集、取引先への質問等によって、常にアイデアを収集する必要がある。特に、自社製品をよく理解している従業員はアイデアの源泉として有望であり、彼等の自由な発想から画期的アイデア商品が生まれる可能性がある。表彰制度等のインセンティブを工夫して、従業員の知恵や感性を積極的に活用すべきである。

しかし冒険的なイノベーションの他方の柱は、実は社内に蓄積されているさまざまなルーティンである。アイデアの採用・不採用の決定方法、アイデアを製品化するコンセプト・テストの方法等は、完全にルーティン化されている。葉っぱビジネスのような突発的な成功ビジネスは例外であり、大企業の冒険的イノベーションの成否は、実は改善イノベーションと同様に、ルーティンの確立と修正能力にかかっているのである。コトラーは、ブーズ・アレン・ハミルトン社の調査に基づいて、次のように述べている。「15年前には、一製品を得るのに六十八のアイデアが必要だった。最近の調査によると、七つの新製品アイデアから一成功新製品がだされている。ブーズ・アレン・ハミルトン社は、多くの企業が事前スクリーニングとプランニングをより有効に活用し、手当り次第に弾を打つのでなく、最良のアイデアに予算をつけていくことに習熟したからだと結論づけている[45]」。ルーティンの対極にありそうな冒険的イノベーションも、今日における成功の鍵は、ルーティンの確立と見直しにある。改良ソケットで世に出た松下幸之助氏のようなケースを期待することは、難しい。商品企画部門はルーティンに基づいてアイデアを集め、数年単位で有望な新製品を市場投入できるように、ルーティンを強化し見直していく必要がある。

　繰り返しになるが、イノベーションで世界が必要とする新製品・新技術を創造していかなければ、グローバル競争下にある企業には未来がない。現在の主流技術はいずれキャッチ・アップされるのだから、全ての手段を用いてイノベーションに取り組むしかない。コア技術力、強力な改善力、独創的なアイデア創造力等の源泉となる企業力を強化することが最優先されるべきである。そのためには企業の全成員が主体的にルーティンを鍛え、変革と進歩を追求するような公正で躍動的な組織を創造することが第一歩となるだろう。企業経営者の責任は重い。

注

(1) シュンペーター『経済発展の理論』第2章、邦訳（上）、244頁。
(2) マイケル・E・ポーター『競争戦略論Ⅰ』竹内弘高訳、ダイヤモンド社、1999年、88頁。
(3) C.K. Prahalad and Gary Hamel (1990) "The Core Competence of the Corporation" *Harvard Business Review*, May-June, pp.79-91.
(4) 材料・部品調達において日本の自動車メーカーが部品企業との間でつくり上げた密接な関係は、自動車メーカーのコア・コンピタンスの一部を形成している。また生産過程における改善活動も同様である。
(5) Praharad and Hamel, 前掲論文, p.82.
(6) Praharad and Hamel, 前掲論文, p. 81.
(7) ジョー・ティッド／ジョン・ベサント／キース・パビット『イノベーションの経営学』後藤晃／鈴木潤 監訳、NTT出版、2004年、58頁。
(8) ここでの事例に関する記述は、木野龍逸『ハイブリッド』文春新書、2009年と野中郁次郎、遠山亮子、平田透『流れを経営する』東洋経済新報社、2010年にもとづいている。
(9) 自動車メーカーの新製品の開発計画全般については、門田安弘『価格競争力をつける原価企画と原価改善の手法』東洋経済新報社、1994年を参考にしている。また目標原価の設定については、櫻井通晴『管理会計』第6版、同文館出版、2015年、第11章にもとづいている。
(10) 野中・遠山・平田、前掲書、145頁。
(11) 野中・遠山・平田、前掲書、148頁。
(12) 木野　前掲書、68頁。
(13) 野中・遠山・平田、前掲書、135頁。
(14) このイノベーションの事例研究と説明については、以下の文献にもとづいている。
　（1）山口栄一『イノベーション　破壊と共鳴』NTT出版、2006年。
　（2）日経BP社　特別編集班『中村修二劇場』2014年（なお所属先については青色発光ダイオード開発時のものである）。
(15) 山口、前掲書、第4章、191-236頁。
(16) 基板結晶のサファイア上に半導体結晶を成長させる場合、格子定数（原子間距離）がほぼ同じでなければならない。結晶成長学のパラダイムである。
(17) 山口、前掲書、229頁。
(18) P型とn型の半導体を接合してP型を陽極に、n型を陰極につないで電圧をかけるとn型半導体の電子がP型へ移動して正孔と結合して発光する。発光半導体の原理である。

(19)　山口、前掲書、200頁。
(20)　日経BP社特別編集班、前掲書、30頁、277頁、GaNは窒化ガリウム、AlGaNは窒化アルミニウム・ガリウム、InGaNは窒化インジウム・ガリウムである。
(21)　日経BP社特別編集班、前掲書、102頁。
(22)　山口前掲書、227頁、図4－1は赤﨑・天野氏とNTT研究所で窒化インジウム・ガリウムの混晶を作った松岡隆志氏等の仕事を「知の創造」、中村氏や岩佐氏の仕事を「知の具現化」として示している。
(23)　山口　前掲書、196頁。
(24)　日経BP社特別編集班　前掲書、28頁。
(25)　日経BP社特別編集班　前掲書、88頁。
(26)　山口　前掲書、216-217頁。
(27)　山口　前掲書、229頁。
(28)　日経BP社特別編集班　前掲書、70頁。
(29)　ここでの事例研究に関する記述は、武石彰、青島矢一、軽部大『イノベーションの理由』有斐閣2012年事例篇事例2にもとづいている。会社名も同書に従っている。
(30)　武石・青島・軽部　前掲書、249頁。
(31)　武石・青島・軽部　前掲書、250頁。
(32)　武石・青島・軽部　前掲書、245頁。
(33)　武石・青島・軽部　前掲書、248頁。
(34)　武石・青島・軽部　前掲書、248頁。
(35)　武石・青島・軽部　前掲書、248頁。
(36)　武石・青島・軽部　前掲書、251-252頁。
(37)　武石・青島・軽部　前掲書、252頁。
(38)　ドロシー・レオナルド『知識の源泉』阿部孝太郎・田畑暁生訳、ダイヤモンド社、2001年、46頁。
(39)　ドロシー・レオナルド　前掲書、110頁。
(40)　ドロシー・レオナルド　前掲書、47-48頁。
(41)　ドロシー・レオナルド　前掲書、第2章。
(42)　以下の記述については、次の文献にもとづいている。
　　　W・チャン・キム＋レネ・モボルニュ新版『ブルー・オーシャン戦略――競争のない世界を創造する』入山章栄監訳、有賀裕子訳、ダイヤモンド社、2015年。
(43)　キム＋モボルニュ　前掲書、77頁。
(44)　キム＋モボルニュ　前掲書、80頁。
(45)　コトラー『マーケティングマネジメント』第7版、村田昭治監修、小坂恕・疋田聰・三村優美子訳、プレジデント社、1996年、258頁。

第6章

中堅・中小企業のイノベーション

　前章までは一部の例外的ケースはあったが、主に大企業のイノベーションについて考えてきた。基礎研究所や事業部開発部門で新製品や新技術の研究に取り組み、ライバルと絶え間のないイノベーション競争を行っている20世紀の大企業は、イノベーションに成功すれば巨額の利益と企業成長の果実を手に入れることができたが、一方で予想もしなかった他企業のイノベーションに攻撃されて、有力大企業が経営破綻に追い込まれることもあった。資金、人材、知識・技術の蓄積で圧倒的に有利な大企業においても、イノベーション競争を完全にコントロールすることはできない。

　本章においては日本の中堅・中小企業のイノベーションについて考えるが、まず中堅・中小企業を取り巻く状況の変化を概観して、さらに現代の企業行動とイノベーションの要点を説明する。25社の中堅・中小企業のイノベーション活動と問題点を検討する準備作業である。日本の中堅・中小企業を取り巻く経済環境は激変しており、従来の企業行動を踏襲するだけでは生き残ることは難しい。

1 中堅・中小企業を取り巻く状況の変化

　図6−1は、プラザ合意前の1984年から近年に至るまでの実質GDPと各

需要項目の対前年増加率を示しているが、バブル崩壊後のGDP成長率の鈍化は衝撃的である。2002年から07年までの"いざなぎ越え"の好況時においても、2004年の2.4％成長が最大であり、好況の中味が変質している。そしてその背景が、かって日本経済の成長を牽引した民間企業設備投資の低迷にあることは明白である。消費の成長率も鈍化しているが、これは実質GDPの成長率の低下に対応している。賃金・俸給が国民所得の中で58％程度で安定しているため、消費は所得の一定比率を占めるというケインズ的な消費関数が妥当しており、GDPと消費の成長率はほとんど相似形である。しかし今後は、団塊の世代が一定の年令に達した時に貯蓄を取り崩して行っ

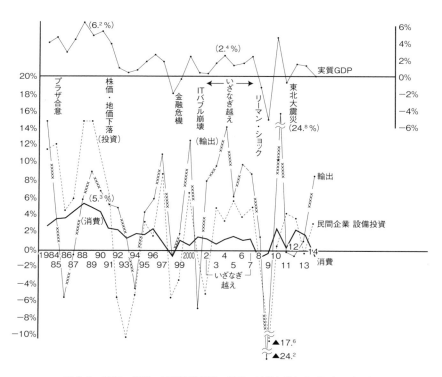

図6-1　GDP、消費、民間設備投資、輸出の対前年増加率（歴年、実質）
出所：平成26年度　国民経済計算年報、及び他年度版、内閣府。

てきた大規模な耐久消費財支出が期待できない、というような問題はある。
　投資の低迷には、いくつかの要因が考えられる。まず企業経営者が、人口減少が確実な日本で規模の大きな生産能力拡大投資を考えていないことである。日本国内は研究・開発投資と省力化投資に限定するという声は多い。第二に、海外生産と海外投資の激増で、国内投資が抑制されている。プラザ合意以降、円高回避と消費地近接生産のために海外投資は激増し、利益の多くも現地で蓄積され国内投資に回帰しない。図6−2は自動車生産の内外比較を見ているが、海外生産の急増が明確になっている。また21世紀に入って

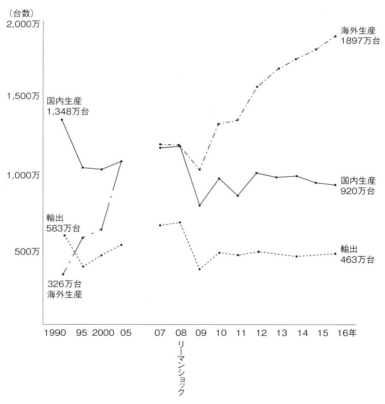

図6-2　四輪車の生産・輸出・海外現地生産
出所:「日本の自動車工業2017」日本自動車工業会。

第6章　中堅・中小企業のイノベーション　151

中国・韓国・台湾の諸企業との国際市場における競争が激化しており、彼等との競争上で有利な国・地域に工場建設しなければ競争に勝ち残れない。最早、彼等の投資行動を無視して日本国内における投資を優先することは不可能である。

　不振の民間企業投資を刺激する可能性としては、省力化やIT等の新技術体化型設備の導入と輸出の拡大による生産能力拡大投資が考えられる。イノベーションで競争力のある新製品を生産・輸出して、それが民間設備投資を引っ張るパターンは、図6−1の"いざなぎ越え"における持続的成長に示されている。輸出の拡大にはさまざまな制約が伴うので高度経済成長を実現することは無理であるが、"いざなぎ越え"モデルは日本経済の目標となる。イノベーションで輸出競争力を高度化していくことが鍵になるだろう。いずれにしても、中堅・中小企業は低成長経済の中で生き残りを賭けた競争に突入するしかないのである。

　中堅・中小企業が直面する第二の状況変化は、高度経済成長下で形成されてきた組立型大企業との関係が、大企業の直面している非連続技術革新のために、相当数の中堅・中小企業において崩壊の危機に瀕しているということである。自動車産業が代表例であるが、日本の自動車大手は、磨き抜かれたガソリンエンジン搭載自動車生産技術を否定されかねない状況下にある。前出図5−1では、基礎研究から始まって市場投入された新製品・新技術が、さまざまなイノベーションや模倣と戦いながら持続的イノベーションを繰り返して市場の勝利者となったが、非連続的技術のイノベーションに直面してしまった状況を示していた。成功してきたイノベーションにとって非連続的イノベーションが真の脅威になることを、エールンベルグとヤコブソンは次のように説明している[1]。彼等によれば、非連続的技術は製品の設計や生産方法を大きく変えるものであるが、このようなイノベーションが登場した時、経営者や上級エンジニアによる過去の成功体験上での判断と行動は、企業経営を致命的な失敗に導きかねない。

1970年代半ば、日本の工作機械メーカーは数値制御機能を付けた旋盤を大々的に生産し始めた。それまでの約10年間、スウェーデンの代表的な企業は高性能の機械を大口顧客に直接販売してきたが、企業独自の販売ネットワークの下で顧客の声を十分に聞きながら、年間販売量は数百台程度であった。エールンベルグとヤコブソンが「日本企業は競争の性格を一変させるような戦略を採用している」と知らせた時、販売責任者は次のように答えた。「今のところ顧客は日本製の旋盤を好んでいるが、われわれが最良の製品を作っているのだからわれわれのところへ戻ってくるだろう」。彼は確立している成功モデルに合致しない情報を受け入れることを拒絶した。

　いったん基本技術やビジネス・モデルが確定すると、コスト・ダウンや部品改良は追求されるが、新技術や新しい状況に対するエンジニアやマネージャーの知覚力は鈍化し、惰性的な対応に終始することがある。電気自動車や自動運転技術がどこまで市場を制覇するかは、現時点では分からない。ハイブリッド車、プラグイン・ハイブリッド車、燃料電池車がどの程度まで受け入れられるのかも不明である。しかし大手自動車メーカーは非連続的技術革命の競争を勝ち抜くために、同業者間やIT企業との合従連衡を繰り返して手探りの経営を行なっており、ガソリンエンジン車用部品メーカーとの関係は疎遠になりつつある。部品メーカーの中には、「50年間の主要技術と決別するしかない」と言明して、次世代技術開発への挑戦を始めた企業もある。先が読めない中で選択の失敗が許されない組立型大企業、数十年をかけて完成させてきた最高品質部品の製造技術と決別する中堅・中小企業、両者の厳しくも偉大な成果を生んできた相互依存のイノベーション・システムは、今後の展開が見通せない。日本最大の製造業である自動車産業における多くの部品製造企業が、最大の危機に直面している。

2 現代企業の行動とイノベーション

1 企業行動の分類

現代企業の行動を、以下の三つのグループに分けて検討する。(イ) 装置産業型企業、(ロ) 価格支配力をもつ組立型大企業、(ハ) 大企業による査定価格を受け入れる中小部品企業である。

(イ) 装置産業型企業

巨額の製造設備を導入して同質部品を大量に生産する電子部品や一部の家電製品では、生産量の拡大とともに固定費の償却費負担が縮小されるために製品単位当りの平均費用は逓減する。マーシャルの指摘した右下りの供給曲線が存在して、平均費用に一定のマーク・アップ率を乗じた各企業の供給曲線 S_0S_0 を想定することができる (図6-3)。供給曲線はおのおのの生産量に対して製品1単位について要求する供給価格を示しているが、これに市場全体の需要供線 D_0D_0 が交わる点 Q_0 で均衡価格 P_0 と需給均衡量が決定される。

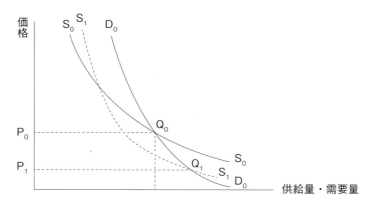

図6-3 装置産業型企業の行動

生産の拡大に制約がなく、拡大とともに供給価格は低下していくために、先行企業の独占が成立しやすい。しかし新製品が開発され新型の装置による生産が優位となれば、さらに巨額の新投資を行ったライバルが供給曲線 S_1S_1 で参入してきて、新たな市場均衡価格 P_1、需給均衡点 Q_1 が成立して、先行企業は全面的に敗北して退出を余儀なくされる。装置産業系における競争は巨額の新製造装置導入をめぐる投資競争であり、かなりの数の電機各社が個別利益を追求して激しい競争を行ってきた日本勢に勝ち目はなかった。

(ロ)組立型大企業

自動車や工作機械のように大小の数多くの部品を加工して組立てる産業においては、各社の生産規模には制約が伴う。部材調達や専門的労働力の確保、複雑な設計・加工・組立ての結果として発生する製品差別化と顧客の評価、これらの要因は各社の市場投入製品に対して期待生産・販売量（＝基準操業度）を設定させて、基準操業度を中心に事業戦略が構想されることになる。

機械製造企業Ａ社が新性能の機械を開発して、市場への投入を考えているとしよう。部品・素材の購入又は自社内生産を行って、加工と組立てによって製品化するが、部品や材料のコスト、作業のコスト、使用する機械の償却コストに至るまで、企業は全ての"標準的"に発生するコストをデータベース化している。いわゆるコストテーブルを使って、新生産する機械１台当りの見積り原価を算定することは困難ではない。これは部品や材料別、作業が行なわれる工程別、労務費の種類別等、さまざまに行なわれるが、以下では１種類の直接材料（たとえば鉄素材）と直接労働を想定し、間接材料や間接労働は製造間接費にまとめて考える。ここでの「直接」とは、特定の製品（今回は新機械）の生産に要することが明確である費用であり、「間接」とは他の製品の生産にも関係している費用であることを示している。また新機械の生産・販売量（これを操業度と呼ぶ）とともに増減する費用を変動費、変化しない一定の費用を固定費と呼ぶ。変動と固定の両者の特徴を有する費用もある

が、どちらかに分類する。直接費は製品の生産量とともに増減するから変動費であり、間接費には変動費もあれば固定費もある。

企業Aは、標準直接原価計算を行っているものとしよう。標準原価計算はコスト管理、直接原価計算は利益管理に有用であるが、標準直接原価計算はいわゆる制度会計ではないので、ここでの新機械の生産・市場投入といった経営上の意思決定に利用しやすい。新機械1台当りの標準製品原価表は表6-1のようになっているとしよう。新機械1台の生産のためには、標準変動製造原価は38,000円と見積られている。

表6-1 標準製品原価表

	標準消費量	標準価格	合　　計
直接材料費	50kg	200円	10,000円
直接労務費	20時間	800円	16,000円
変動製造間接費	20時間	600円	12,000円
合　　計			38,000円

(1) 標準変動販売費は1台当り40円とする。
(2) 固定製造間接費（減価償却費や保険料、役員給与等）は、月間596,000円としている。
(3) 固定販売費、一般管理費は、月間2,000,000円である。

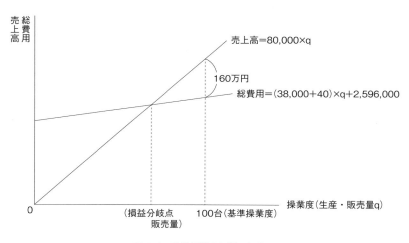

図6-4 基準操業度と製品価格

組立型大企業においては、前述の基準操業度の下での適正な生産ラインを考えながら、生産量と総費用（＝固定費＋変動費）との関係を見積っている。企業Aは原価に関する標準値を算定して、次に基準操業度を月産100台、基準操業度に対する売上高営業利益率を20％に設定しているとしよう。図6－4が、企業Aの意図している新機械の生産・販売計画である。

　価格は基準操業度における平均費用を一定のマーク・アップ率mでふくらませたものになっている。

$$価格 = \frac{変動費＋固定費}{基準操業度} \cdot (1＋m)$$

　基準操業度100台の下で売上高営業利益率目標値を20％とした時のマーク・アップ率は25％であり、1台当りの価格は8万円となる。企業Aは新機械1台を8万円で市場へ投入し、月産100台の基準操業度において月間営業利益160万円を想定することになる。もちろん実際の市場の需要は基準操業度を上回る場合があり、その場合は増産して"意外の利潤"（windfall profit）を得ることができる。一方、販売量が基準操業度を下回り、さらに損益分岐点を越えて減少していくとこの新機械事業は赤字になる。価格を引下げて需要の拡大を狙うことは、寡占的大企業間では難しい。類似の機械を生産する強力なライバル企業の報復を招いて引下げ競争のドロ沼に入ってしまうからである。企業Aが基準操業度以下になっても一定の価格を維持しながら目標利益率を実現しようとすれば、変動費と固定費を切り下げるしかない。変動費については、（イ）期間労働者の投入による直接労務費の削減、（ロ）購入部品・材料価格の切り下げ、が追求され、固定費については、（ハ）ホワイトカラーの早期退職促進等のリストラ策、（ニ）直近の販売や利益に結びつかない基礎研究部門等の廃止や縮小、（ホ）生産設備の集約化による償却費の削減、といった対策が実行される。90年代、消費需要も投資需要も低迷

する中で多くの企業は基準操業度以下での操業を余儀なくされて、このようなコスト・カット戦略を採用したと思われる。中堅・中小企業との関係においては、組立型大企業製品の価格を維持する一方で、部品・材料価格の引下げを要求しただろう。「大手自動車メーカーとの取引では、ほとんど利益が出なくなった」という下請企業の声は多い。

　(ハ) 中小部品企業

　部品生産においても、基本的企業行動は組立型大企業のケースと同じである。大企業の購入量には限界があるから、部品企業は基準操業度を考えながら生産ラインを決定し、総費用の推計を行う。問題は顧客大企業の価格査定が厳しく、部品の納入開始時期にはほとんど利益が発生しないように設定されていることである。図6-5は、基準操業度の下で利益が発生しないようなケースを示している。

　部品企業が基準操業度において利益を得ようとすれば、改善イノベーションによって総費用線を切り下げるしかない。浅沼萬里氏は、「学習効果と、サプライヤーが製造工程にほどこす改善、(つまり、いわゆる合理化) のため」

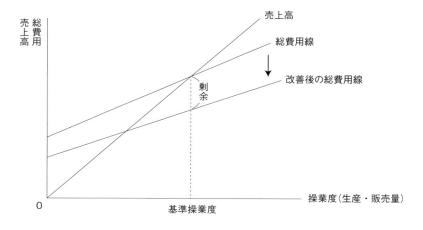

図6-5　中小部品企業の行動

にサプライヤーに「剰余」が生まれるイノベーション創造システムを評価して、「このメカニズムは、中核企業が『剰余』の全体を専有しようとしない限りにおいて両当事者に益を与えるよう作動するものである[5]」と述べている。この絶えざる改善こそが、自動車産業に典型的に見られた系列システムの力の源泉であり、日本の製造業を世界最高レベルに押し上げた原動力となっていた。しかし今日、両者の関係は転機を迎えている。この問題は中堅・中小企業に対して行った調査にもとづいて再び議論したい。

2　イノベーションの分類

前章ではイノベーションを、必要な革新力と市場の確実性・不確実性を基準として、技術統合型（ケース1）、改善型（ケース2）、冒険型（ケース3）、発明型（ケース4）として検討した。これは成立したイノベーションの性質を理解するのに便利な分類であるが、企業にとってのイノベーションの動機や意志を示すものではない。企業としては短期的な利潤の追求と長期的な企業成長という観点からさまざまなイノベーションを計画・実行しており、企業行動との関連からイノベーションを以下の三つのタイプに分類して考えていく。

（イ）対応イノベーション

第4章におけるネルソンとウィンターの議論でも検討したが、企業はさまざまな必要性に対応して、イノベーションに着手する。顧客の要求や市場のシグナルをキャッチしたり予測したりして行うディマンド・プル型イノベーションやポジショニングは、代表的な対応イノベーションである。状況を適切に理解して、最大の利益を生むように企業行動を対応させていくケースである。一方、サプライヤーの技術革新に対応して自社技術を見直すテクノロジー・プッシュ型、日常的企業活動の中で発生するさまざまな問題の解決のために行なわれる改善型イノベーションもまた対応タイプのイノベーションである。いずれにしても短期の利潤動機にもとづくものが中心で、既存の企業内資源の活用で多くの場合、対応可能である。ルーティンの多様性、柔軟

性が成功の鍵となる。

(ロ) コア技術発展イノベーション

おのおのの企業は、自社の主力製品の開発・生産に関する独自のコア技術を保有しており、(イ) 製法改善でコア製品の飛躍的なコスト・ダウンや品質改善を実現し、さらにコア技術を発展させて新分野に進出する、(ロ) 複数のコア技術を統合して新たなコア技術を創造する、(ハ) 異種の技術を融合させてコア技術を新たに開発する、等のコア技術発展イノベーションを実現しようとしている。現在のコア技術をベースに新技術・新製品を生み出すコア技術発展イノベーションは製造業各社の生命線であり、企業成長の原動力である。非連続技術革命の進行によって、他企業・他業種の技術を融合して新しいコア技術を開発する試みも活発に展開されている。

(ハ) 未来市場創造イノベーション

10年、20年先の市場を考えて、現在の諸技術を発展させて対応しようとするイノベーションである。後述するように、企業にとっては「ギャンブル的要素もあって難しい」イノベーション活動であるが、技術力のある企業ならば大企業はもちろん、中堅企業や一部のベンチャー企業も強い関心を持つ分野である。

たとえば東レは1960年代から炭素繊維の研究を始めたが、軽くて高強度の素材の価格は高く製品化が困難であった。釣竿やゴルフクラブのシャフトというニッチな市場を発掘しながら、研究開始より数十年を経て航空機用素材として収益の柱の一つに育ったのである。経営者自身が述べているように、「ものづくりの根幹には長期的視点での事業展開があった。すぐには数字には出ない」(日本経済新聞、2016年5月12日)。

未来市場創造とはなかなか予想もつかない将来の顧客と製品に思いを巡らし、大ビジネスにつながるかもしれないコア技術の種(シーズ)を育てるイノベーション戦略である。どのような未来市場を構想するかが鍵であり、野

心的な個人やグループの存在が不可欠である。日亜化学では中村修二氏が青色発光ダイオードの開発を決意したし、富士フィルムではレントゲン写真撮影からデジタル処理した画像撮影システムの必要性を理解した園田實氏の着想が出発点になった。未来市場創造イノベーションは、真のイノベーターの存在が不可欠である。日亜化学のような例外はあるしハイテク・ベンチャー企業の躍進も期待されるが、多くの場合、大企業の基礎研究所や開発部門における異色の研究者やグループが、その役割を担っていくことになる。

以上、日本の中堅・中小企業を取り巻く環境の変化と企業行動の基本モデル、さらに企業が構想し実行するイノベーションについて検討した。次に25社の中堅・中小企業に関する対面調査の結果によって、中堅・中小企業におけるイノベーションの可能性と問題点について考えていく。

3 中堅・中小企業の調査

1 対象企業の売上規模と競争力の現状

表6−2は、2015年から2017年にかけて日本とタイで行った25社の聞き取り調査の結果である。[7]ここでは中小企業基本法の基準から離れて、[8]年間売上高（連結、以下同じ）120億円から1000億円の企業5社を中堅企業、同4.5億円から100億円未満の企業を中小企業と呼ぶことにする。売上高が数千億円を超えるような超大企業は除外して、数百億円規模の企業を中堅企業として調査対象企業とした。中小企業との比較を念頭に置いている。また競争力の現状としては、以下の質問に対して回答を得た。

　（イ）コア技術が確立しており、10年程度は問題ない。
　（ロ）コア製品でも価格、品質の競争は激化している。

回答結果には「5年程度なら問題ない」というケースがあったので、これを含めて表6−2は構成されている。まず売上高が100億円を上回る中堅企

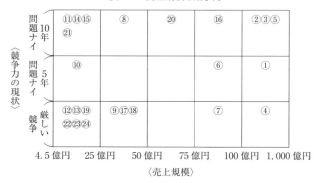

表6-2 売上規模と競争力

注：表6－2では材料を受け取り、一部の賃加工を行う企業1社を除外した。

業においては、企業④を除いた4社が5〜10年は優位性を維持できると述べている。企業④もライバル企業との競争には自信を持っているが、顧客ニーズが激変する可能性とその場合の対応能力を考慮して、「5〜10年は大丈夫とは答えられない」というものである。ここで取り上げた中堅企業5社は、業界内ではかなりの競争力を有している。「5〜10年は大丈夫」という中堅企業4社は、次のように述べている。

　企業①……近年、台湾の機械メーカーの技術力が向上しており、汎用品では5年程度で追いつかれる。差別化で対抗する（機械・同部品）。
　企業②……コア製品の競争力は強いが、10年後には韓国、台湾、中国の中からライバル企業が出てくる（機械・同部品）。
　企業③……部品生産は素材加工の特殊なノウハウが必要であり、新規参入は難しい。主力品に関しては現在の寡占的状況が維持される。しかし自動車の電動化によって市場が激変する可能性がある（自動車部品）。
　企業⑤……最新鋭設備を導入して微細な金属加工力がある。10年は全く問題ない（金属加工）。

次に中小企業の現状について検討する。中堅企業のケースからも推察される問題点は、（イ）自動車産業を中心に発生している非連続的技術革命の及ぼす影響への対処、（ロ）技術革新力の低下、（ハ）中国、韓国、台湾系企業との競争、の三点である。これに加えて、前述した（ニ）縮小する国内市場における日系企業間競争の激化、も深刻な問題である。表6−3は各社における競争力の現状評価と、これらの諸点との関連を見たものである。まず売上高が50〜100億円の企業から見ていこう。

　企業⑥は、主力の自動車部品に関して業界屈指の技術力を有するが、ガソリンエンジン車の将来が展望できないために、「5年程度は問題ナイ」と述べるにとどまっている。企業⑦も主要顧客が自動車と電気産業であり、表6−3中の全ての課題に直面しているために、「競争は極めて厳しい」という評価である。一方、自動車産業とは無関係の⑯や自動車産業以外にも有力顧客を持つ⑳では、状況が相違している。⑯の主要製品は技術的には成熟しているが、生産には相当の熟練作業を必要とするので途上国企業は参入できない。また日系企業間でも業界の整理が進み、「数社間での競争になっているがユーザーの住み分けもできており、10年間は問題ない」のである。企業⑳ではさらに状況は異なっており、「自動車産業への依存は部分的でしかも強い技術力を有することで他社を寄せつけない」と述べている。素材と部品の両方を生産しており、「受注生産で磨いてきた技術は高レベルで、現在では高度化よりも標準化生産技術を拡大する方が有利である。10年程度は問題なし」という立場である。以上のように、（イ）自動車産業への依存度、（ロ）技術力、（ハ）日系、中・韓・台の企業との競争、の三点によって、現時点における中小企業の経営状況は左右されている。

　売上高が50億円未満の中小企業では、「厳しい競争状況下にある」10社中の3社（企業⑨、⑫、⑬）の主要顧客が自動車産業である。企業③、⑥のケースと同様に、自動車生産における非連続的技術への転換は多くの中小部品企業の将来見通しを困難にしており、各社の経営環境は厳しい。他の7社では、日本国内での競争激化と技術の成熟化が深刻な問題である。前者は需

表6-3 中小企業の直面する四つの課題

企業		競争力評価	海外工場	非連続技術への対処	技術革新力の低下	中、韓、台企業との競争	日系企業間での競争	自動車への依存度
売上高50〜100億円	⑥	5年問題ナイ	タイ、中国他	○				大
	⑦	厳しい	タイ、中国他	○	○	○	○	大
	⑯	10年問題ナイ	—	企業数減少しユーザーも住み分けている				
	⑳	10年問題ナイ	—	イノベーション力がある				一部
売上高4.5〜50億円	⑧	10年問題ナイ	タイ、中国	主力製品については問題ナシ				一部
	⑨	厳しい	タイ	○			○	大
	⑩	5年問題ナイ	タイ		○	○		
	⑪	10年問題ナイ	タイ	全て問題ナイ				一部
	⑫	厳しい	タイ	○		○	○	大
	⑬	厳しい	アメリカ	○			○	大
	⑭	10年問題ナイ	—	全て問題ナイ				一部
	⑮	10年問題ナイ	—	全て問題ナイ				
	⑰	厳しい	—				○	
	⑱	厳しい	—				○	
	⑲	厳しい	—		○		○	
	㉑	10年問題ナイ	—		○		○	一部
	㉒	厳しい	タイ				○	一部
	㉓	厳しい	タイ				○	
	㉔	厳しい	タイ		○		○	
	㉕	厳しい	—				○	
合計				5社	5社	3社	12社	

注：○印は妥当していることを示す。—は未進出を示す。

要不足による日本経済の低成長化によって、近年ますます顕在化してきており、表6-3でも最大の懸念事項であることが示されている。

一方、「10年間は競争優位」と述べる5社の主張は、以下のようになっている。

　　企業⑧……主力商品の技術力は業界トップ。複数の産業分野に製品供給しており、すでに販売の50％が輸出と海外生産になっている。3Dプリンターで当該分野の金型が容易に作られるような事態とならない限

り、10年間は問題ない（金属部品）。

企業⑪……特殊な加工技術で他社に優越している。自動車産業以外に有力顧客が存在しており、海外生産も順調である（金属加工）。

企業⑭……新技術を開発して特許を取得し、製品化に活用している。大手メーカーの下請けから自社ブランドまで幅広く展開しており、自動車の電動化にも対処できる（自動車・電気部品）。

企業⑮……当社の技術力は高く、日本国内にライバル企業は存在しない（特殊素材）。

企業㉑……ニッチな業界であり、少数のライバル企業に対して製品差別化を徹底的に行っている。顧客も異業種にまたがっており、10年間は問題ない（特殊機械）。

　これらの5社の特徴を要約すれば、（イ）ガソリンエンジン自動車向け部品に特化していない、（ロ）技術革新力に自信を持っている、ということになる。イノベーションで先行していくから、日系ライバルのみならず中・韓・台の企業との価格・投資競争に巻き込まれることもない。現在、中小企業の競争力は二極化しつつあり、大手顧客頼みで行なわれてきた長年の経営スタイルは見直しを迫られている。

　最後に中小企業の海外生産の状況を検討しておこう。圧倒的競争優位を確立して、日本から全世界へ輸出できるのであれば理想的である。しかし各国のローカル企業が成長し、また日系のライバル企業が進出したりすれば、市場確保のために現地生産が必要になってくる。前述の中堅企業5社は全社が海外製造拠点を持っているが、ここで調査した中小企業20社では、9社が国内生産限定企業である。しかし企業⑭、⑮は近い将来のアジア進出を考えており、企業⑳は現在の販売会社とともに組立工場までは作る構想がある。いずれもアジア市場を確保して、主要部品や素材の輸出を円滑に進めるためである。一方、企業⑯、⑰の機械や機械部品メーカーでは、（イ）外国では手作りの高品質製品の生産は無理だから輸出する、（ロ）輸出してメンテナ

ンスは地元のパートナーに行なわせる、という方針である。また多くの中小企業において、海外企業活動に対する知識・情報量の蓄積不足から委託販売を希望する声が強い。しかし日本では高品質製品として評価が高いものでも簡単に海外市場へ参入できないことは、各国に強力なライバルが誕生しつつある今日、容易に推察できる。工場を現地進出させてさまざまな体験を行い、日々、新情報に接する機会を持たないと、輸出も困難になっていく可能性が高い。日本の中小製造業にとって今後は海外生産体験の有無が、企業力の強化のために決定的に重要になってくるかもしれない。

2　イノベーションへの挑戦

　前述したように、日本の多数の部品メーカーは、組立企業や大手部品企業（ティア1）との系列取引の下で、コスト・ダウンと品質改善に努力してきた。大企業の要求に対応して持続的イノベーションを追求し、図6-5の総費用線を切り下げてきたのである。ここではこのような対応イノベーションに加えて、コア技術発展イノベーション、未来市場創造イノベーションに分類して、各社が積極的に展開している主要なイノベーションを検討していく（表6-4）。またおのおののイノベーションにおいて中心となる活動分野を、研究・開発、生産、市場対応に分けて考える。新製品・新生産方法の開発が行なわれている場合には「研究・開発」に対応させ、現在の製品の改良と生産方法の改善が中心であれば「生産」の領域に企業番号を記入している。また市場ニーズに応じた製品の多様化や流通・販売方法の改善に積極的に取り組んでいる場合は「市場対応」のケースとした。たとえば企業⑩は対応イノベーションを行っているが、その内容は現在の製品の改良と市場ニーズに応じた多様化であるから、領域B、Cに⑩として表示した。まず対応イノベーションの内容を詳しく確認した上で、各社の動向について考える。

〈対応イノベーション〉

　対応イノベーションは、概略、次のように示される。

表6-4 三つのイノベーションと企業の主要活動

中心となる活動 ＼ 企業	（1）対応イノベーション	（2）コア技術発展イノベーション	（3）未来市場創造イノベーション
	①③④⑨⑩⑪⑬⑯⑰⑱⑲⑳㉑㉒㉓㉔㉕	①②③④⑤⑥⑦⑧⑨⑪⑫⑭⑮⑯⑳㉑㉕	①②⑥
（イ）研究・開発 （新製品・新製法の開発）	③⑱㉓　　　　A	①②③④⑥⑦⑧⑨⑪⑫⑭⑮⑯⑳㉑㉕　D	①②⑥　　　　G
（ロ）生産 （製品・製法の改善）	①③⑨⑩⑪⑬⑯⑰⑲㉑㉒㉔㉕　B	①④⑤⑪⑮⑯㉑㉕　E	
（ハ）市場対応	③④⑩⑪⑬⑯⑰⑱⑳㉒㉓㉔　C	④⑦⑪　　　　F	

注：企業番号の記入は、行っていること、重視していることを示す。

（イ）顧客の要求・市場の動向に対応（ディマンド・プル）
（a）新製品・新製法開発
（b）製品・製法改良
（c）製品多様化
（d）流通・販売方法変革

（ロ）サプライヤー・顧客・自社やライバルの技術革新の波及に対応
　　　　　　　　　　　　　　　　　　（テクノロジー・プッシュ）
（e）新製品・新製法開発
（f）製品・製法改良

（ハ）日常的な改善活動――（g）製品・製法改良

　まずディマンド・プルで、（a）～（d）のイノベーションが実行される可能性がある。しかし顧客要求の大半は製品価格の引下げや性能の一部改良であり、本格的な新製品・新製法の研究・開発を必要とするものではない。多くは部分的な修正設計や生産方法の改善で対応可能である。すなわち、製品・製法の改良が中心になるため、領域Bに多数の企業が記入されている。

また市場ニーズに応じた製品の多様化も、仕様変更や使い易さに対する要求に応じるものであり、多くの場合、営業部門が生産部門に要請して行なわれる改善イノベーションである。主体は営業部門であるから、この種の対応イノベーションは領域Cに記入している。一方、テクノロジー・プッシュにおいても、多くのケースで生産部門が対応する改善イノベーションになる。サプライヤーの実現した技術革新を最も適切に理解して対応できるのは生産部門のエンジニアであるし、不良品対策、機械の改良等の改善イノベーションも彼等の仕事である。ディマンド・プル、テクノロジー・プッシュに応じる対応イノベーションの多くは、生産部門、営業部門の活動によって実現される。

一方、表6-4の領域Aに見られるように、対応イノベーションが研究・開発部門の業務となるケースも、例外的に存在する。表6-4の3社は次のように述べている。

企業③……顧客の高度な要求は基礎研究所へ持っていく。製品改良レベルなら事業部開発部門が担当するが、要求のレベルを分析して対応している。ただし最近では自動車産業からの要求は少なくなっており、業界対応型のイノベーションの余地は大きくない。

企業⑱……研究・開発企業であり、顧客の要求には研究・開発業務で対応する。

企業㉓……顧客の要求に対して原材料の組み合わせ配合がポイントになるので、日常的に研究を続けている。

3社のケースは顧客要求の難度に応じて研究部門に仕事を割り振ったり、日常的な要求が研究部門と関係しているということである。特に企業⑱、㉓は例外的なケースである。

さて、対応イノベーションは、顧客の大手企業の要求への対応力が死活問題になっている中小企業にとって最重要課題である。表6-5ではディマン

ド・プルとテクノロジー・プッシュに分けて、各社の対応イノベーションを詳細に検討している。17社中の13社がディマンド・プルで製品・製法改良や製品多様化を行っており、生産部門や営業部門がイノベーションを主導している。顧客の値下げ要求や品質改善要求、特定仕様の要求等に応じて、生産部門や開発部門の一部、営業部門が討議して製品・部品の修正設計、デザイン変更、材料や製法の変更が行なわれている。伝統的な改善イノベーションであり、組立型中核企業と部品企業間で行なわれてきた系列イノベーション・システムに組み込まれてきたものである。

テクノロジー・プッシュのイノベーションについては、(イ) サプライヤーの技術進歩に対応して自社の主要技術を革新する（企業⑬、⑰）、(ロ) 日常的生産活動の中で各種の問題を解決してコスト・ダウンと品質向上を実現する（企業①、⑨、⑩、⑲、㉑、㉒、㉔）と述べられている。企業㉑は、「トラブル発生時には機械を24時間稼働させ続けて原因究明して、品質向上につなげている」のである。なお、対応イノベーションに言及していない企業8社については、その背景は以下のようになっている。

(イ) 現在の技術やルーティン化している作業は高レベルで完成しており、市場や顧客の要求の変化にも対応して製品改良や新製品の生産を行うことができる……②、⑤、⑥、⑦、⑧、⑭

(ロ) 成熟したガソリンエンジン車向けの部品生産技術であり、大手企業からの新たな注文もない……⑫

(ハ) 最先端技術製品であり自社内の日々の活動がイノベーション活動でもある……⑮

(イ) のケースのように、現在の自社の技術は完成しており、ほとんど修正の余地はない、という企業も少なくない。日本の部品企業の技術力は、従来の製品生産という点では世界のトップ・レベルに到達していると考えられる。

以上、対応イノベーションをディマンド・プルとテクノロジー・プッシュ

の二つの視点から検討してきた。現時点における最大の課題は、技術や産業の変革期における新需要への対応能力であり、次元の高いディマンド・プルのイノベーションである。新しい製品需要に対して蓄積されているノウハウを活用しながら、既存の技術を応用していく高度な改善タイプのイノベー

表6-5　対応イノベーションの詳細

		ディマンド・プル	テクノロジー・プッシュ	
			サプライヤー・顧客の技術革新	日常的生産活動における改善
売上高50億円以上の企業	①			改善は製造業の使命
	③	研究・開発 （顧客の高度要求）		
	④	製品多様化		
	⑯	製品・製法改良、製品多様化		
	⑳	製品改良、製品多様化		
売上高50億円未満の企業	⑨	製品改良		日常的生産活動におけるトラブル発生時に製法改良。
	⑩	製品多様化		コスト・ダウンのために製法の改善を行う。
	⑪	製品多様化		
	⑬	製品多様化	主要技術は30年経過した。サプライヤーの技術進歩に対応して新製法に切り替える。	
	⑰	製品改良、製品多様化	サプライヤーの技術進歩に対応して製法を改良。	
	⑱	研究・開発		
	⑲			生産において発生する問題に対して、製品・製法を改良する。
	㉑	製品改良		トラブル発生時は機械を24時間動かしつづけて、改善する。
	㉒	製品多様化		トラブル発生時に製法改善。
	㉓	研究・開発、製品多様化		
	㉔	製品多様化		トラブル発生時に製法改善。
	㉕	製品改良		

ションが要求されている。顧客の新しい要求に対して基本技術の応用で新製品の供給に結びつける対応イノベーションは、新・旧の需要が錯綜する経済の変動期において、中堅・中小企業が生き残るために必要不可欠なイノベーションである。そして対応イノベーションを実現しながら、一部の中堅・中小企業はコア技術をさらに発展させるチャレンジを行うようになる。変動期は新たなビジネスのチャンスでもあるから、高次元のイノベーションへと企業を駆り立てるのである。中・長期の企業成長を左右するコア技術発展イノベーションが志向され、「研究・開発」の重要性が強く認識されることになる。

〈コア技術発展イノベーション〉

中堅・中小企業について、コア技術発展イノベーションの現状と問題点について検討する。まずコア技術発展イノベーションを、前述の説明に従って次のように考えておこう。

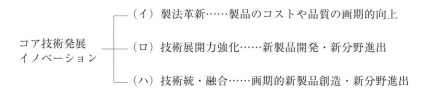

コア技術発展イノベーション
- （イ）製法革新……製品のコストや品質の画期的向上
- （ロ）技術展開力強化……新製品開発・新分野進出
- （ハ）技術統・融合……画期的新製品創造・新分野進出

まず製法革新は、現在の生産技術体系を抜本的に変革し、主力製品の生産コストや品質を改善して競争力を向上させるイノベーションである。部分的な機械・工程の改善にとどまらず、強力な生産革新であることが特徴であり、改善された技術力を背景に競争優位を実現しようとするものである。

第二の技術展開力強化は、確立されたコア技術を他分野への進出を可能にするため改良・発展させていくイノベーションである。

第三の技術統・融合は、コア技術に新たな関連技術を追加したり複数のコア技術を結合したりして優れた新製品を開発するケースであり、多種多様な技術を蓄積している大企業が得意とするイノベーションで、前述したように

トヨタのプリウスが代表例である。現在進行中の非連続技術革命で展開されているイノベーションのように他産業の技術まで融合して新技術・新製品を創造しようとするケースもあり、新コア技術に結びつく可能性がある。大企業と一部のハイテク・ベンチャー企業が主役であり、一般の中小企業が参加するのは難しい。

さて表6-4によれば、コア技術発展イノベーションを実行する企業も25社中の17社と多数を占めている。そして17社中の16社が「研究・開発」を重視しており、対応型のイノベーションとは全く相違している。対応イノベーションにおいては、形式知と暗黙知が統合されたルーティンでさまざまの状況に対処して"カイゼン"を行っていたが、コア技術発展のためには新知識・新情報を研究・取得して、イノベーションを出発させなければならない。まず各社の研究体制について見ておこう（表6-6）。

(イ) 基礎研究部門を設置している……中堅企業3社と中小企業2社
(ロ) 事業部開発部門で基礎・応用を含めて研究している……中堅企業1社と中小企業6社
(ハ) 現場の生産エンジニアが研究・開発を行っている……中堅企業1社と中小企業4社

中堅企業には基礎研究所を設置して大学と共同研究している企業もあるが、中小企業では応用・製品化に焦点を当てて開発部門で必要な研究を行うことが多い。また現場の生産エンジニアが、研究・開発を行っている企業も少なくない。小規模企業の多くは、経営者と生産エンジニアが協力して開発業務を行っている。

次に同じく表6-6によって、各社が目指すコア技術発展イノベーションの方向について検討する。現在のコア技術の発展を中心に考えているのが中堅企業3社を含む8社、新コア技術の開発に注力すると主張しているのが3社、両方を追求するのが6社となっている。まず、現在のコア技術の発展を

表6-6 コア技術発展・未来市場創造イノベーションについて

企業	研究組織			コア技術発展							未来市場創造	
	基礎研究所	開発部門	生産部門	現在のコアの発展	新しいコア技術開発	成果アリ	難しい	単独開発	オープンも考えている	行っている	行いたい
①		○		○	●	●			○	○	
②	○				●	●		○		○	
③	○			○				○			
④	○							○			
⑤			○					○			○
⑥	○			○	○		○	○		○	
⑦		○		○				○			
⑧	○			○	○		○	○			
⑨		○		○				○			
⑪			○	○				○			
⑫		○		○	●	●		○			
⑭		○		○	●	●					
⑮			○	○	●	●					
⑯		○						○			○
⑳			○	○	●	●					
㉑		○		○					○	○	
㉕		○		○							
計17社	5社	7社	5社	14社	9社	6社	3社	10社	7社	3社	5社

注：○印は妥当することを示し、●印は新しいコア技術の開発に乗り出した企業で成果が見られるケースを示す。

中心に考えているケースから見ていこう。

中堅企業の2社（企業③、④）は売上高が500億円を上回る企業で、基礎研究部門を擁している。大企業や中堅企業の場合は多様な技術蓄積があり、おのおののコア技術の組合せで多種類の製品供給が可能である。たとえば自動車各社は、エンジン、パワー・トレイン、ステアリング、サスペンション等の主要技術を大量に内部蓄積して、それらを適切に組み合わせて新車開発を行ってきた。コア技術の統合で、さらにコア技術を強化してきたのである。

企業③の場合は特殊な素材加工技術を発展させ、顧客のニーズに合せた製品多様化をコア技術の統合で実現できる。現在の技術の組合せで、新分野進出を含めて当面は対応可能と考えられているのである。
　一方、中小企業の大半は、限定されたコア技術しか持たない。この場合のコア技術発展イノベーションは、大半が製法革新のイノベーションになる。現在、有力中小企業が取り組んでいる部品や金型の製法革新イノベーションについて、生産プロセスを以下のように単純化して検討しておこう。

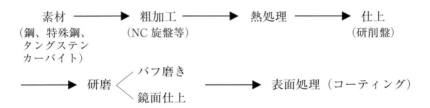

　まず中小企業の多くは、組立企業や大手部品企業ティア１から設計図を貸与される貸与図メーカーである。図面に従って、上に示した作業の一部を実行しているのである。素材加工段階はNC旋盤やマシニングセンター等の工作機械によって、素材を切断したり形削りを行っている。続いて熱処理で硬度を高めて、その後に研削盤で仕上作業を行い、さらにバフ磨きや鏡面仕上の後にコーティング処理を行って出荷される。コーティングはチタンやクロムを真空装置内で蒸着させる工程であり、部品や金型に対する密着力が強い。2017年現在、部品や金型生産における競争力の根源は、将来の競争力を含めて以下の三要因であり、これを充足していくことが、単なる改善を越えたコア技術の発展につながっていくと思われる。現在の設備技術に基づく総費用線の切り下げ、すなわち図６－５（158頁）における改善イノベーションのみでは、競争の勝利者となるのはむずかしい。

(1) 新鋭機械の導入、ボトル・ネックとなっている工程の機械化
(2) 作業の改善と機械の改良

(3) コア技術の新分野への展開

(1)～(3)は、前述した製法革新と技術の展開力強化を必要とするイノベーションである。現在、日本の中小製造業の中心である部品・金型メーカーは、このイノベーションに踏み切るかどうかの決断を迫られている。その背景は、高精度の工作機械の開発とアジア系企業との競争激化である。

近年、高精度の工作機械が続々と開発されており、粗加工や仕上で熟練作業者が行ってきた特殊な作業を排除している。最終の研磨においても、熟練工のバフ磨きに依存してきた工程が、新アイデアにもとづく鏡面仕上げ機械の登場で変革された。表面処理は1台1億円とも言われるコーティング装置の導入が競争参加の条件になっている。加工、研削・研磨、表面処理のいずれの領域においても、現代の最新鋭機械の導入なしでは勝負にならない。新鋭機械の導入によって、(イ)コスト・ダウン、(ロ)品質の安定化、(ハ)生産時間の短縮、が可能となり競争優位が実現されるのである。たとえばバフ磨きの場合は、通常の作業を行うためには少なくとも3ケ月の訓練が必要であり、しかも個々人によってバラツキが生じた。しかし鏡面仕上げの機械の場合、10分で誰でも作業可能となりバラツキも発生しない。さまざまな工程に新鋭機械を導入することで、企業の全体技術力は劇的に変化する。表6－6の企業⑤、⑪はこのような企業であり、現在のコア技術を維持し発展させていけば、「10年間は問題ナイ」ということになる。近年、台湾や中国の企業、東南アジアの富豪が最新鋭機械の導入を行っており、今後、熟練に依存した日系部品企業に価格競争を挑んでくるだろう。日系企業が1台の新鋭機械の導入に躊躇している時、中国のメーカーは1億数千万円の工作機械を10台まとめ買いして、量産体制を構築している。中小部品・金型企業にとって正念場である。

製法革新イノベーションにおける第二の課題は、新鋭機械導入後の持続的な改善イノベーションである。どのような機械を導入しても、その性能を完全に使いこなして生産過程全体でコスト・ダウン、品質向上、生産時間短縮

を実現していくためには、さまざまな問題を解決していかなければならない。機械の導入で熟練作業による制約は主体作業において軽減されるが、ゼロにはならない。硬度の異なる材料ごとに刃物の削るスピードを変えたり刃の位置を決めたりするノウハウは、試行錯誤の中から企業内に蓄積されていく。日常的な品質管理に加えて、新たな機械体系全体の"新カイゼン"によって、企業のコア技術はさらに強化されていく。作業者やエンジニアの創意工夫を引き出す経営者の姿勢が問われることになる。さらに加えて、大手機械メーカーから購入した新鋭機械に自社独自の技術を統合して機械改良を行う必要がある。機械の性能は使用者の改良努力で、かなりの程度向上させられるからである。各工程の作業、機械の能力、全体の生産システムを常に見直し続けることで、アジアのライバル企業との競争に勝つことが可能になる。アジア各国の部品企業は、新鋭機械を入れても持続的改善力が欠如している場合が多い。ただし販売市場が華人系企業に完全制覇される前に参入しておく必要があり、少なくとも営業・メンテナンスの拠点は、海外の重要市場に構築しておかなければならないだろう。

　第三に、現在のコア技術をどのような新分野に適用できるのかという問題を、考え続けなければならない。前出の例に従えば、特殊鋼やタングステンカーバイト等の硬い素材を高精度で加工・研磨することができるようになった高度技術を、従来のコア製品の生産以外に適用しようという問題になる。あるいは自動車の電子化・電動化によって多くのセンサー類が導入されるようになったが、伝統的な金属メッキ技術を基盤としながらセンサー類の表面処理に進出する、といったケースである。この問題は中小企業のコア技術発展イノベーションにとって最難問であるが、それは、（イ）組立型大企業やティア１の新製品開発情報の入手が容易ではないこと、（ロ）たとえ情報を入手したとしても、中小企業側において新製品開発に結びつける研究・開発力に乏しいこと、による。大企業から貸与された図面どおりに精密部品・金型を製作する能力は育成したが、高度技術力によって新製品を開発する人材が育っていない。日常的な改善業務の中で経営者が主導して、技術者にコア

技術を新分野に適用、発展させることを考えさせていくしかないだろう。その過程で、自社のコア技術を補完すべき技術も見えてくるし、必要に応じて大企業の退職エンジニアを採用したりする知恵も出てくる。この模索過程こそが、コア技術を他分野へ発展させていくイノベーションには不可欠である。

次に、新しいコア技術の開発を追求するという企業について見ていこう。注目すべきは、中小企業においても「新たなコア技術開発」に乗り出している企業が、企業⑥、⑧、⑨、⑫、⑭、⑮、⑳の7社も存在することである。技術の統・融合に踏み込み、成功させることが最終目標になる。三つのグループに分類して各社の見解を示しておこう。

(イ) 自動車部品企業グループ

自動車の電動化・電子化シフトや組立メーカーの日本国内での投資減少によって、新分野進出を迫られている中小部品企業が数多く存在する。各社は次のように主張している。

企業⑥…現在のコア技術は強力であるが電気自動車へのシフトに伴い50年間の技術に決別するしかない。新分野進出には追加的技術が必要で自社の基礎研究所と大学とで共同研究しているが、進捗状況は目標の20％程度である。

企業⑨…自動車産業が最大の顧客である。当面は現在のコア技術を向上させながら新分野進出を目指す。タイで大卒エンジニアを積極的に採用している。

企業⑫…自動車産業向けの部品生産技術を生かして他分野の機器開発に成功した。成長が期待できる分野であり、製品の種類を多様化していく。開発部のエンジニアを生産業務から切り離して研究させてきた。

ガソリンエンジン車用部品の製造メーカーである企業は、最大の試練に直

面している。全体として電気自動車がどの程度まで普及するのか、現時点で断定はできないが、短距離の移動が電気自動車やプラグイン・ハイブリッド車中心になることは間違いないだろう。各社は近い将来に自社製部品に対する需要が急減するという前提で、新分野進出を計画しなければならないのである。基礎研究所を設置している企業⑥は大学との共同研究を行い、売上高が25億円の企業⑨、10億円の企業⑫は自社内の研究・開発力を高めようとしている。日本では優秀な大学工学部卒業生の採用が難しいことから、これらの2社は、韓国人、インド人、タイ人の技術者をタイ現地法人で採用しており、企業⑫は「将来は日本へ連れて帰り本格的なエンジニアとして育成する」と述べている。3社に共通する目標は、兎にも角にも研究・開発用人材の確保である。

（ロ）開発型企業グループ…技術統合によるコア技術の発展

コア製品の事業を成功させて社内にさまざまな技術を蓄積させてきた中小企業が、技術統合による新分野進出を計画しているケースである。

企業⑧…自動車以外にも大口の顧客がいるし、主力製品は電動化で不要になる部品ではない。現在の技術力は業界トップで品質に自信はあるが、他分野への応用力に乏しい。数年前に基礎研究部門を設置して大学とも共同研究を始めて、新分野進出を目指している。当社としては、従来からの機械系エンジニアに加えて電気系のエンジニアを育成していく必要がある。

企業⑳…かって顧客大企業の誘いで新技術にチャレンジして、素材生産技術に加えて部品の生産技術を修得した。現在、両技術を統合して新製品を開発中であり、ほぼ完成した。大学とは共同研究しているが順調ではない。大企業の退職エンジニアが最も貢献してくれた。

これらの企業はコア技術製品の生産・販売に成功する中で、基礎研究部門を設置したり他社の人材を招いたりして、技術の幅を広げる努力を行ってき

た。大学との共同研究も実施している。企業⑳は年間売上高が70億円であるが、⑧は27億円の典型的な部品企業である。大企業との取引の中で磨かれた技術力を発展させ、新製品・新分野への進出を計画し実行してきた。技術の統合でコア技術を発展させようとしている開発型中小企業である。

(ハ) 研究型企業グループ

いわゆるハイテク・ベンチャー企業が発展して、売上高で15億〜20億になったケースである。その企業のDNAが研究・開発業務であり、特許の取得が追求されている。各社は次のように述べている。

企業⑭…当社のコア技術である電気と化学の両技術を発展・統合させながら、新製品・新製法の開発と特許の取得を行ってきた。大手企業の下請けから自社ブランド品まで多様に製品供給している。特許を多数取得して、可能性の高い技術の組合せで製品化していくので、失敗は少なく売上高も増加を続けている。大学新卒は実力が分からないので採用せず、自由に物作りがしたい大企業の人材を中途採用して開発部で基礎研究から行っている。大手は守りに入っており、ベンチャーが攻めこめる余地は広がっている。

企業⑮…先端技術開発企業であり、基礎研究を行いながら応用研究、製品化まで全て行なっている。大学や大企業とも提携し、研究と製品化の全領域で成果を出していきたい。コア技術は存在するが、日々の活動が新たなコア技術に発展する可能性がある。大学新卒も採用しており、人材も育っている。

これらの2社は、研究→特許取得→製品化、を繰り返す典型的な研究型企業である。違いは企業⑭が現在の技術を前提にして、その周辺技術を開発して統合型のコア技術発展を行っているのに対して、企業⑮は日常的な活動の中で新たなコア技術の開発＝発明、にまで研究の裾野を広げている点であ

る。そのため研究のスタイルも異なっている。企業⑭は、即戦力となる大企業の中途退職者を採用して数十名の研究・開発部隊を組織し、一方、企業⑮は、大学や大企業との共同研究でコア技術を拡大し深化させようとしている。しかし両企業とも研究・開発が事業の出発点になるリニアモデル型のイノベーション企業であり、日本の中小企業には珍しいシリコン・バレータイプである。

　以上、新しいコア技術の開発を目指している中小企業について概観した。大企業や中堅企業では社内に蓄積された諸技術を統合してコア技術の発展を考えることが可能であるが、中小企業では一部の研究型企業を除けば、「研究の開始と人材の確保」が出発点になる。一定の人材が確保されていると考えられる中堅企業2社と開発・研究型中小企業3社では、表6-6に見られるように新コア技術開発に関して「成果アリ」と述べられており、今後の成功が期待されている。研究人材の確保と育成は技術統合型イノベーションの成否を決定するから、次節で詳しく議論したい。

　最後に、コア技術発展イノベーションに関する他社との協力について考えておこう。表6-6によれば、「コア技術は自社単独で開発する」のが10社、「他企業との提携も考える」企業7社となっている。自主開発論はオーナー経営者の信念にもとづく場合が多いが、「特殊なレシピが基本材料の生命線であり秘密保持協定を結んだとしても無理」という声もある。また「新コア技術は大学との共同研究で開発する」として、大学を他企業との関係に優先させる企業も存在する。

　一方、他企業との技術提携に積極的な企業では、（イ）自社技術に他企業の技術を加えるメリットはかなり大きい（中堅企業①、③）、（ロ）新分野進出はリスクも大きいので、他社との連携で行いたい（中堅企業④、中小企業⑧、⑪）、と主張されている。機械の進化によって日系中堅・中小企業がつくる精巧な機械や部品も、アジアの諸企業によってコピーされやすい。素材メーカー、顧客企業、異業種の企業とも提携して新技術を持続的に開発していか

なければ、中国・韓国・台湾の機械・部品企業との競争に勝てないかもしれない。トヨタがプリウスを開発した時には80種類のハイブリッドシステムから最後に4種類を選び出し、それを徹底的にシミュレーションして遊星歯車方式を採用した。超巨大企業だから可能であった技術選択であり、これが新製品プリウスに結実していく。中堅・中小企業にはそれだけの技術のストックもないし、人や資金も制約されている。新コア技術を創造しようとすれば、企業間の提携や協力は極めて有効な方法である。2017年の現在では、トヨタがマツダと資本提携して電気自動車を開発し、ベアリング・メーカーのミネベアは電子部品技術をもつミツミ電機と合併することになっている。中堅・中小企業も10年先を考えて、コア技術を拡大・強化していくしかない。他企業との提携は、現在のコア技術を発展させて新分野へ進出するために必要な周辺技術の導入につながるかもしれない。日系中小企業間の連携を推進して、各社のコア技術のレベル・アップに結びつけるべきである。

〈未来市場創造イノベーション〉

現在、自動車、電気・電子、情報・サービスといった諸産業を中心に、数十年先に全面展開されると考えられている未来技術の研究が進められている。異分野のさまざまな技術を融合して、10年先、20年先の市場を考えて基礎研究から取り組む未来市場創造イノベーションに挑戦する中堅・中小企業も、少数ながら存在する。企業①、②の機械系中堅企業2社と自動車部品企業⑥である。各社は大学との共同研究で、未来の技術開発を試みている。企業②は、「最先端分野の研究は、大学と一緒に数十年間も行っている。ギャンブル的要素もあって難しい」と述べている。これは半導体の進化に伴って自社製品の性能を向上させていく、といった話ではない。画期的な新性能をもった新コア製品を生み出すために基礎研究に時間をかけて、根本の原理から見直すという開発研究である。東レが数十年間を投じて炭素繊維を主力製品に育てたように、基礎研究部門が中心になって行うイノベーションである。中堅・中小企業の場合は基礎研究部門の規模・能力に限界があるか

ら、まず、大学との共同研究が必要になってくるだろう。

　元来、企業と大学の研究に対する基本的な姿勢は相違している。企業はライバルの動向や代替的技術の登場を意識せざるを得ないから、研究期間に制限を設けて製品化を進めようとする。製品化していく中で問題点を修正していけばよい、と考えるのである。一方、大学の研究者は、完全無欠の研究成果を発表して名声を得たい。このため共同研究の初期には問題はないが、研究成果がまとまってくるとしばしば意見が対立する。この点に留意すれば、大学との共同研究は、(イ) 製品化のスケジュールを明確にしてスケジュールどおりに進めるケース、(ロ) 時間に制限を設けずに基礎研究を重視するケース、に分けて行うべきである。前者は、企業側のコア技術に近い領域に大学側の新知識を導入して5〜10年先の新技術・新製品を開発したい、というような場合である。後者は時間をかけて、企業側の人材育成と幅広い技術基盤の強化に貢献するプロジェクトと考えながら、さまざまな時点で製品化のチャンスを探していくしかない。炭素繊維が釣竿やゴルフクラブに採用されて生き残ったように、長期の持続的研究努力が結実する可能性に賭けることになる。

　中堅・中小企業について、三つのタイプのイノベーションを考えてきた。まず、多くの企業にとって目標となるのは、新鋭設備を導入して改善を繰り返し強力な生産ラインを実現する製法革新のコア技術発展イノベーションである。中・韓・台の諸企業に対する優位を確立するためには、まずこのレベルの競争力を「改善に終りなし」の精神で実現しなければならない。その後に、製品多様化や新分野への進出を探索し、企業力を発展させていくべきである。一方、内燃機関自動車部品に特化してきた企業にとっては、現在のコア技術の他分野への適用を考えながら、新技術・新分野への進出を試みる必要がある。「50年間の技術との決別」は企業が直面する最大の試錬であるが、乗り越えていくしかない。中小企業にとってのアキレス腱である技術系人材の育成に努力して、新しいコア技術・コア製品を開発していかなければならない。次に25社の回答より、人材の確保と育成の問題を考える。

3 イノベーションと人材育成

　優れた技術系人材を多数確保して、さらに資金力、情報収集力で優越する大企業においても、コア技術発展や未来市場創造のイノベーションは極めて難しい。独創的な着想、研究・開発による製品・製法モデルの確立、投資の決断と最適生産ラインの決定、等々のさまざまな問題を解決していかなければならない。投資決定がオーナー経営者の専決事項であり敏速に実行される点を除けば、人・金・情報で劣位にある中小企業のイノベーションはさらに困難となる。表6－7は、中堅・中小企業にとってのイノベーションの"挫折"の背景を聞いたものである。（イ）基礎的なアイデア不足、（ロ）周辺研究を含めた製品化段階での失敗、（ハ）市場や顧客の要求に適切に対応できないこと、の三点について回答を得た。「特に問題はナイ」と答えた企業には中堅企業2社（③と⑤）と研究型中小企業⑭、⑮が含まれている。

　さて、「基礎的アイデア不足」を指摘する企業は、その背景を以下のように述べている。

（イ）過去において、市場ニーズを把握して基礎研究を行うというスタイルを確立できなかった。大手顧客の注文生産中心であったために、創造的なエンジニアを養成できなかった（企業⑦、⑰、㉔）。
（ロ）現代のイノベーションは異種技術の統合が必要になっている。機械系の技術者は育ったが電気系技術者を育成してこなかったため、アイデア不足と製品化失敗に直面している（企業⑧）。
（ハ）基礎から研究できる技術者が絶対的に不足している。現場の生産エンジニア、工業高校卒ワーカーでは経験を積んでも設計図面を正し

表6-7　イノベーションの挫折

基礎的アイデア不足	製品化に失敗	市場への対応力不足	特に問題ナイ
⑦⑧⑨⑯⑰㉔㉕	①②⑥⑧⑱㉑	④⑦⑩⑳㉒㉓	③⑤⑪⑬⑭⑮⑲

く読めない(企業⑨、㉔)。

　中小企業に入社してくる生産現場の人材は、大半が工業高校卒の作業者である。基礎的学力不足のため、経験を積んでも「顧客から送られてくる図面を正しく読めない」し、新製品を着想する能力も育成されない。また、一部の中小企業では高専卒、大学工学部卒を採用しているが、数は極めて限られている。顧客の要求に対して物づくりを円滑に進めることが第一であるから、高専卒や大卒も生産管理のエンジニアとしての仕事と部品・製品の修正設計業務等を兼務している場合が多く、企業外部の知識に接触して主体的に新製品の開発を行うような経験には恵まれていない。また企業経営者の発想の中にも、(イ)エンジニアを国内留学させて外部知識を導入し、新製品開発につなげる、(ロ)他分野の専門家も採用して知識の裾野を広げておく、といったような積極的視点は希薄であった。独自の設計・開発能力をもたない多くの中小企業は、貸与図メーカーから承認図メーカーに昇格することができなかった。(10)

　第二に「製品化に失敗」するケースについて考えておこう。貴重なアイデアを図面化して周辺部品設計も行い、試作を繰り返しながら製品設計を完成させる段階における失敗、いわゆる"死の谷"の問題である。各社の主張は次のように要約される。

(イ) 基礎研究力が弱かったり研究者の主観で行なわれすぎている場合、製品化試作の段階で予定されていた性能が出ないことがあり、結局、製品化に失敗する(企業⑱、㉑)。
(ロ) 基礎研究部門と開発部門との連携が悪い。アイデアが出てきても製品化ノウハウを持つ開発部門の意図と合致しない(企業①、②、⑥)。
(ハ) 他分野の技術がこれからの新製品開発には必要であるが、これがネックで製品化できない(企業⑥、⑧)。

基礎研究にかなりの資源を投入したとしても、完成品試作まで到達するのは限られている。最大の問題は基礎研究部門と開発部門との連携であり、研究プロジェクト数の多い大企業や中堅企業は技術企画部門に調整させ、数の少ない中小企業は両部門の人事交流で解決していくべきである。
　最後に市場への投入前後の問題が、企業のイノベーションを制約するケースも6社によって主張されている。

(イ) 市場ニーズを正確に読み切れない。自信がないから試作で終ってしまい、量産化投資に踏み切れない。結局、ティア1の関連会社が量産化したりする（企業⑦）。
(ロ) 顧客の要求変化が早すぎて、開発や生産が適切に対応できないことがある（企業④、⑩、㉒）。
(ハ) あるいは逆に、顧客の要求に対応しすぎて過剰設計となって採算性が悪化したり、また開発のパターンが間違ってしまったりすることがある（企業⑳、㉓）。

　いずれも情報収集能力に欠陥がある中小企業に頻発する問題である。顧客がさまざまな研究・開発を行って新製品を開発している大企業である場合、購買部門にとどまらず研究・開発部門との交流を積極的に行い、彼等が考えている新製品に必要な次世代部品・素材の性能について、明確に理解しておく必要がある。このような情報収集能力も中小企業にとって不可欠であり、技術に対する知識をもった大企業担当者を育てておくべきなのである。なお表6-7で「特に問題ナイ」と答えた企業中の⑬、⑲は対応イノベーションに活動を限定している企業であり、③、⑤、⑭、⑮は次の表6-8で「人材の確保に問題ナシ」と回答している企業である。コア技術発展のイノベーションの成功は、人材の確保と密接に関連しているのである。
　中堅・中小企業が顧客の要求を適切に把握し、アイデアの創造と研究・開発の充実で製品化にこぎつけるためには、何よりも「人材の確保」に努力し

なければならない。表6-8は、各社の人材確保の状況について示している。まず以下の設問の二者択一で回答を得た。

(イ) 日常的な研究・開発や生産業務の中で人材は育成しており、自社が目指すイノベーションに必要な人材は確保してきた。新卒の採用も順調である……「問題ナシ」のケース
(ロ) クリエイティブな技術者の育成は容易ではない。大学工学部卒の採用も難しい。人材難である……「人材難」のケース

また、人材確保が順調な企業も大学工学部卒の採用が難しい企業も含めて、今後に注力したい人材対策として、(a) 高専卒の採用、(b) 外国人の採用、(c) 主に大企業の中途退職者・定年退職者の採用、の中から選択してもらった。

まず(イ)の「人材の確保に問題ナシ」と答えた企業の特徴は明白である。ここでは中堅企業と呼んでいる企業③は売上高1千億円の大企業であり、基礎研究所も設置している。大学工学部卒、大学院卒が毎年入社してくるので、研究・開発エンジニアの確保に問題はない。企業⑤も地域の有力中堅企業であり、新卒を順調に採用している。注目すべきは、残りの中小企業4社のケースである。企業⑱以外は繰り返しになるが、各社の特徴を要約しておこう。

表6-8 人材の確保

(イ) 問題ナシ	(ロ) 人材難	対策		
		(a) 高専卒の採用	(b) 外国人の採用	(c) 中途・定年退職者の採用
③⑤⑧⑭⑮⑱	①②④⑥⑦⑨⑩⑪⑫⑬⑯⑰⑲⑳㉑㉒㉓㉔㉕	⑨⑪⑯⑳㉑	①②⑤⑥⑨⑫⑭⑮㉒㉔	⑤⑧⑭⑲⑳㉒㉓

注：対策については明確な回答のなかった企業もある。
　　従来のように工業高校卒を鍛える方針と思われる。

企業⑧……精密部品（電気自動車でも必要部品）の生産で実績をつくり、新技術分野を取り込んで新製品開発を狙う開発型企業。基礎研究部門も設置した。
　企業⑭……数多くの特許を取得して製品開発を行っている研究型企業。大企業の中途退職者中心に採用。
　企業⑮……大企業と提携しながら新技術分野に挑戦しているベンチャー企業。
　企業⑱……化学品を中心にした研究・開発会社。

　売上高が15億から30億円程度の中小企業であっても、それが新技術・新製品に挑戦し続ける企業であって充実した研究・開発組織をもっている場合、学生・院生はハイテク・ベンチャー企業と呼んで入社を希望する。企業の規模や歴史とは無関係に、企業の挑戦意欲や研究組織の有無、研究実績が、学生・院生の関心事となっている。中途採用に重点を置く企業⑭も述べている。「技術者は自分で考えて物づくりをしたい」のであり、この条件を充足する実績のある研究・開発型企業には、人が集まってくるのである。中小企業が優秀な工学系人材を確保しようとするのであれば、イノベーション型の企業であることをアピールするしかない。
　一方、中堅企業3社を含めて、多くの企業が「人材難」を主張している。イノベーションが企業の浮沈を決定する時代においては、売上高が数百億円の中堅企業においてもエンジニアの確保は最重要課題であり、"優秀なエンジニアならいくらでも欲しい"というのが本音であろう。これに対して中小企業の場合、エンジニアの量・質とも絶対的に不足しており、各社は、次のように問題点を指摘している。

　企業⑦……今迄は大手顧客の注文どおりに物作りを行い利益を出してきた。創造力のある人材育成を怠っていた。人材不足である。

企業⑨……次世代の理工系人材が不足している。最大の課題と考えている。
企業⑪……大卒の採用は難しい。
企業⑬……工業高校卒を鍛えて生産技術者に育ててきたが限界である。次の成長のためには基礎技術を再確立するしかない。
企業⑯……大卒の採用は難しい。外国人を採用してもすぐに退職する。
企業㉑……最近になって大卒の入社もあるが全く不十分。
企業㉔……大卒は入社してこない。工業高校卒を鍛えてきたが、図面を読めない。
企業㉕……大卒の採用は難しい。工業高校卒を鍛えるしかない。

前述の「研究」又は「開発」型の中小企業でなければ、中小企業にとって大卒エンジニアの確保は難しい。通常、部品メーカーは、大企業の厳格な品質要求を満足させる努力の中で製造技術を磨き、特定部品や関連部品の生産者として優良企業に成長してきた。技術陣の大半は工業高校を卒業後に入社して、OJTでスキルとノウハウを身につけた年長の生産技能者である。改善イノベーションを実践することはできるが、企業㉔が述べるように設計図を正しく読み取るのも困難で、コア技術発展型のイノベーションには不向きなのである。表6-8では、各社の対応は次のようになっている。

（イ）高専卒を積極的に採用したい……5社
（ロ）外国人の採用・育成…10社
（ハ）大企業の中途退職者・定年退職者の採用……7社

しかしそれぞれに問題がある。まず高専卒については極めて優秀な人も多いが、その多くが大学へ進学して中小企業には入社しない。また就職する場合も、高専と大企業間に強固な関係のあるケースも多く、大企業の生産技術者になっていく。要するに中小企業は高専と馴染みが無いので、お互いに関

心も低かったのである。しかし経営基盤が安定していて研究・開発に注力している中小企業には、高専卒の入社は十分に期待できる。中小企業サイドが地域の高専との結び付きを強化して積極的に自社アピールを行えば、教員や学生の地元中小企業に対する見方も変ってくるだろう。行政も介入して高専と地域の中小企業との協力関係を強化していけば、中小企業の人材不足問題への対策に加えて、高専を中心とした地域の技術ネットワークが生まれるかもしれない。中小企業の技術力の底上げのために、高専は重要な役割を果たせる可能性がある。(11)

「外国人をエンジニアとして育成したい」という企業が10社と多いのは、中小企業7社をタイでヒアリング調査したことも関係している。そのうち5社は肯定的評価をしており、タイでの長年の活動経験のある企業②、⑥とともに、タイにおける開発エンジニアの育成を可能と考えている。海外既進出企業の経験が回答に反映されているのである。通常、中小企業が日本国内で外国人留学生を採用した場合、彼等の大半は大企業へ転職するか一定の技能修得後に母国で起業したりするために退社してしまう。海外に製造拠点を持たない企業⑯、⑰が述べるように「外国人はすぐやめる。日本の年功序列制・終身雇用制に合わない」ということになる。同様の発言はタイに進出している中小企業にもあり、企業⑧、⑩は次のように述べている。

　企業⑧……タイ人エンジニアは給与に少し差がつくと、高い給与の他社に
　　　　　転職する。
　企業⑩……金属工学の専攻者はタイでは超エリートで転職が容易。言葉の
　　　　　問題もあって本気で育成する気になれない。

タイの日系企業の人材評価は、一般的には「大学工学部卒の転職は極めて普通。しかし高専卒、工業高校卒の中には優秀な人がおり、定着する人も多い」というものであった。肯定的評価のケースを示しておこう。

企業①……タイ人エンジニアで先端の開発業務も可能。日本の本社で教育して設計も行なわせている。
企業②……従来、タイ工場は生産工場であったが、タイ人に開発の能力はあるので今後の課題。
企業⑥……日本で教育して、すでにアジア各地の子会社の技術リーダーになっている。
企業⑨……技術人材不足に対処するためにタイで開発型エンジニアの育成を開始した。インド人も採用した。
企業⑫……すでにタイ人の大卒3名、韓国人大卒3名をタイで育成中。

　言うまでもなく、タイを含めてアジア各国は転職社会である。数の少ない大学工学部卒は完全なエリートであるから、日本人には理解できない理由で転職することもある。そのため一部の超大企業を除けば、タイの日系製造業の主力技術者層は高専卒業者であった。学歴社会のタイでは高専卒が実力勝負で大学工学部卒の上位にくることは難しかったから、実力主義を人事政策の一部に採り入れた日系企業は悪い職場ではなかった。かくして生産工場における生産エンジニアとして、高専卒は日系企業の生産業務全般を支えてきたのである。しかし残念ながら高専卒は基礎学力不足で、設計・開発型エンジニアに育成するためには日本側本社における再教育が必要になる。その手間を掛けて、企業①、⑥は開発型エンジニアを育成してきたのである。次章でも議論するが、何よりも重要なポイントは「優秀な高専卒を採用して勉強させて、地位と給与を適切に引き上げていくこと」であり、採用においては「高専側との間で強い信頼関係を築いておくこと」が必要である。求人広告だけで優秀な開発型エンジニアの候補者を採用しようとしても難しい。あまり知られていないが、人脈社会のタイでは、日本人経営者と学生を送り出す高専側との交流や信頼関係構築が決定的に重要である。
　また他企業の中途退職者や定年退職者を迎え入れて、研究・開発業務に活用しようとする企業も多い。企業⑭、⑳は、このタイプのエンジニアの採用

が技術力の総合的アップに最も効果的であったと述べている。しかしこの方法は、コア技術を新分野に適用したりウィーク・ポイントを補強しながら少数精鋭のベンチャー企業にとどまるのであれば可能であるが、技術基盤を強化・拡大して企業成長を実現しようとする場合には適さない。最適の人材を他企業から常に採用できるわけではないから、持続的企業成長のためには、大卒・高専卒・外国人を定期採用して社内教育で育成していくしかないのである。

　以上、中小企業における研究・開発型の人材確保という問題を考えてきた。技術の統・融合を含めて、コア技術を発展させ技術優位を確立するためには、人材の確保と育成が避けて通れない。そのためには、（イ）研究・開発型企業を目指すという企業目標を明確に掲げて研究志向の理工学部学生へアピールすること、（ロ）高専卒業生、外国人の採用・育成を真剣に考えること、（ハ）定年退職したエンジニアの再雇用を積極的にアピールすること、等が必要になってくると思われる。

　加えて中堅・中小企業の人材育成に関しては、政府の支援も必要である。企業がさまざまの個別努力を行うのは当然であるが、成果が出るまでに時間がかかるし、また全ての企業努力が報われるわけではない。しかし繰り返し述べてきたように、組立型大企業の系列システムの中で特定の部品・材料の生産技術を磨いてきた日本の中小企業は、アジア系部品企業が大型投資を行い、また非連続技術革命によって大企業との関係が不安定化する状況下において、企業設立時以来の転機を迎えているのである。これまでの企業調査の結果から、以下のような対策が要請されている。

（イ）中小企業の技術者に新知識・新情報を提供して、現在のコア技術を発展させる知識・技術の支援を行う。中小企業が新分野進出を探索する場を提供する必要がある。

（ロ）試作まで行い、製品化の目途をつけるところまで開発技術研究に協力する。必要な設備や材料を低コストで利用できるように支援する。

(ハ) 他業種との技術連携を推進できるように基本的な技術情報を中小企業間で共有させて、技術融合の可能性を検討する。
(ニ) 大企業の新部品に対する要求を収集又は予測して、従来の系列取引を離れて新分野の技術にチャレンジする企業を育成する。
(ホ) 海外市場の情報を中小企業に提供する。
(ヘ) 各社が新しく採用した大学・高専・工業高校の新卒や外国人に対して、エンジニアとして必要になる理数系知識や各種の工学知識をできるだけ初歩から再教育する。

以上の諸課題において、一部は産業技術総合研究所（産総研）や都道府県の工業試験所の役割を拡張することで対応できるだろう。予算措置を講じて人と設備を充実させれば、高度な技術的要請に対しては産総研が、通常の技術相談窓口としては工業試験所が、有役な助言を与えることが可能である。しかしこれらの組織は、中小企業が必要とする技術者を基礎から教育したり、イノベーションを成功させるために経営全般を指導したりすることは専門外である。企業経営の大転換の中で人材育成を支援して、中・長期的に多くの中小企業の事業を再生させることが使命であるようなリーダーシップ発揮型の組織が望ましい。通商白書でも取り上げられたドイツのフラウンホーファー研究機構のような地域立脚型研究機関を設置して、中堅・中小企業と連携させて地域経済全体の発展につなげていく方法が考えられる。いわゆる地域産業クラスターの中核組織としての研究機関によって中堅・中小企業の研究・開発型人材を育成し、さらに企業間の情報交換、生産・販売における連携、技術協力や新製品の共同開発まで実行していく地域活性化プランは、日本経済再生の切り札となるかもしれない。

通商白書によれば、フラウンホーファー研究機構は、「基礎研究で生まれたイノベーションを新製品につなげるという『橋渡し』をその存在意義」としており、職員の2割以上が大学院生である。「彼らはフラウンホーファー研究所での研究開発の経験を経た後に、産業界に就職する。……中略……収

入のうち約 1/3 が企業からの受託収入であり、企業からの委託を受けて、製品企画、製品開発、設計、実証機開発等を実施する。」また研究所はドイツ国内各地 66 ヶ所に立地して、「研究開発機能の低い中小企業のためにイノベーション創出を支援し、最終的に市場で売れる製品化を目指すことを使命としており、産業界からの収入のうち、約 3 割を中小企業（250 人以下）が占めている。」フラウンホーファー研究機構が中小企業の人材育成も主要業務に加えておれば、現在の日本の中堅・中小企業が必要としている研究・開発連携組織の条件を充足している。このような組織を適切な道・府県に設立して地元の大学・高専から教員や院生を派遣してもらい、地元企業と国・地方の関係機関が協力していけば、産業クラスターの形成に結びついていく可能性がある。地域経済の再建のためには中堅・中小企業の発展が不可欠であり、ドイツの例は中小企業の再強化のモデルとして興味深いものになっている。

4　研究・開発と資金調達

　中小企業の高度なイノベーションを困難にしている最大の要因が、人材の確保と育成の問題であることを見てきた。多くの中小企業は優秀な技術者の採用に失敗しており、またたとえ採用できたとしても基礎研究所のような研究・開発型エンジニアの育成システムを持たないために、アイデアと多様な知識、応用能力を要求されるコア技術発展型イノベーションになると成果を生み出せないのである。非連続技術への切り替えの成否が超大企業の生存をも左右しかねず、また、中・韓・台のライバルが最新設備を導入して競争を挑んでくる時には、中小企業も人材の確保と育成に注力しなければ大きな困難に直面するだろう。

　一方、研究、開発を行いイノベーションを実現していくためには、相応の資金が必要となる。研究者の給与、設備や実験材料の購入費、試作費、図書費、学会等への出張費、等々のさまざまな支出が発生するためである。表 6 －9 においては、まず研究・開発費の捻出方法について聞いている。圧倒的多数の中堅・中小企業は「有望プロジェクトが提案された時点で予算に組み

込む」という方法を採用しており、大企業では一般的な「売上高や利益の一定割合を研究開発費とする」という方式は、大企業である企業③の１社のみである。また、年間の研究・開発費をほぼ固定して計上しているのは、研究型中小企業⑮、⑯と、自動車部品専業から他業種への事業拡大を考えている⑥、⑫に２社を加えた６社となっている。

「有望プロジェクト提案時に予算措置を講じる」方法には、問題もある。経営者、財務責任者、プロジェクト提案者の合議になるが、中小企業においては経営者の判断が決定的である。しかし19世紀から現代に至るまで、経営者の判断ミスで大発明の成果が他企業に奪われ、発明者の労苦が全く報われなかった例は数多い。大企業から町の中小企業まで含めて、経営者の失敗が会社を危機的状況に追い込んだ例をあげればきりがない。オーナー経営者が有望な提案を見抜く眼力があるのかどうか、これが第一の問題である。

さらに深刻な問題は、この方法では有望提案がない場合には予算措置が講じられないため研究・開発は名ばかりのものになっており、エンジニアは日常的生産業務の仕事に専念していると考えられる。しかし言うまでもなくコアになるような新技術・新製品の創造は、エンジニアがアイデアを熟成させてさらに複雑な応用的思考を加えていくことで、最後に結実するものである。コア技術発展型のイノベーションにチャレンジする中堅・中小企業は、優秀な少数精鋭のエンジニアを確保した上で、彼等に一定額の研究費を持続的に提供すべきである。前述したように、自動車部品の製造技術を生かして成長が期待できる他分野に進出して成功しつつある企業⑫は、「開発部のエンジニアを生産業務から切り離して研究させた」のである。大企業、中小企業を問わず日本の諸産業における開発力の低下は、1990年代以降、中・長期の視点を欠いて研究分野への投資を縮小したことも一因である。

さて、イノベーションに資金を持続的に投入しようとすれば、企業は安定して利益を計上している必要がある。もちろん好・不況の波の中で利益は変動するものであるが、少なくとも主力製品における原価管理と利益創出メカニズムを分析して、利益管理を徹底しておかなければならない。前出の図６

－4の売上高と総費用の関係を見るために、標準直接原価計算を行って各操業度における営業利益を確認しておくべきなのである。必要な利益が確保できなければ営業努力で操業度を引き上げるのか、あるいは固定費、変動費の削減に努力しなければならない。表6－9によれば、多くの中堅・中小企業が製品別原価計算を行っていると述べている。しかし直接費を製品別に把握して、さらに製造間接費を可能な限り厳密に配布しようとすれば、それにはかなりの手間と知識・経験が必要である。以下のような疑問が生じる。

(イ) 企業⑤、⑳は中堅企業と売上高70億円の中小企業である。高度な技術力を保有して安定した利益を生んでいる優等生企業であるが、厳密な原価計算制度を導入したのは数年前である。企業⑳では工学専攻の経営者自身が経営大学院で勉強して、はじめて正確に計算できるようになった。
(ロ) 企業④、⑦、⑪の場合は、多品種生産のために工場別に利益計算を行っている。製品別原価計算といっても製品の範囲を広く取れば、工場単位と変わらない。

中小企業の多数は、標準原価計算や直接原価計算の知識に乏しい可能性がある。できるだけ厳密に製品ごとの原価計算を行なわなければ、安定した利益管理や中・長期の利益計画の策定は難しい。その結果、売上高や経常利益の一定割合を研究・開発費として投入するという政策も困難になり、研究・開発の計画的実行も阻害される。中小企業にとっては、財務部門の強化も避けて通れない課題である。

最後に利益計画の最重要ファクターである価格設定力について検討する。自社で価格設定力がある場合、図6－4で説明したように、基準操業度の下で計画的な利益率を実現する価格が決められる。しかし中堅・中小企業の場合、大企業の査定価格を受け入れる図6－5のケースもあれば、さまざまである（図6－6）。

表 6-9 イノベーションの資金

企業	研究開発費の予算措置			利益のコントロール					その他
	固定費として計上	売上高や利益の一定割合	有望プロジェクト提案時に計上	製品別原価計算	価格決定力				
					自社	歴史的価格	市場価格	顧客	
①			○	○	○ (新製品) (高級品)		○ (汎用品)		汎用品は商社価格。コスト削減で利益確保
②			○	○		○ (中国は日系間)	○ (アメリカ)		
③		○		○	○ (高級品)		○ (OA関係)	○ (自動車)	高級品は標準原価計算をして利益を加算
④			○	工場単位				○	多品種生産のため製品単位の原価計算は無理
⑤			○	○	○		○ (自動車用)		原価計算は数年前に導入
⑥	○			○	○ (主力製品)		○ (新製品)		
⑦			○	工場単位			○ (自動車用)		競争相手は多くないが大口顧客との交渉で価格決定
⑧			○	○	○				高度技術力製品は自社で価格決定できる
⑨			○	○			○		競争相手多く市場価格になる
⑩			○	○			○		中国企業との価格競争
⑪				工場単位	○ (高級品)			○ (量産品)	
⑫	○			○	○ (高級品)		○ (量産品)		量産品は競争相手多い
⑬			○	○				○	競争相手のいる場合は顧客との相談になる
⑭			○	○					高度技術製品であり自社決定価格
⑮		○		.					高度技術製品であり自社決定価格
⑯			○	○		○			同業者は数社で、相場価格が決まっている。
⑰	○							○	
⑱	○						○		
⑲			○	○					損益分岐点をフル操業の60％になるようにコスト管理
⑳			○	○	○				数年前から原価計算導入。品目別利益を計測
㉑			○	○	○	○			予定利益の出せない注文は受けない
㉒			○	○			○		競争相手数社で相場価格になっている
㉓			○	○				○	競争相手がいるので顧客と相談して価格決定
㉔			○	○			○		競争相手多く、市場価格になっている
㉕	○						○		市場価格になりそうなものは受けない
計	6社	1社	18社	22社	13社	3社	10社	9社	

注：○は妥当すること、行っていること（製品別原価計算の場合）を示す。

(イ) 新開発製品、高精度部品等の競争優位商品の場合、価格設定力があるし厳密に標準原価計算も行っているので、基準操業度に対する目標利益率を設定して価格を決めることができる（企業①、③、⑤、⑥、⑧等13社）。たとえばある企業は、売上高総利益率が50％になるように価格を決定している。

(ロ) 少数の競争相手の中で安定した価格が決まっている場合（＝歴史的価格）、外国企業を含む競合企業が多数で市場価格となっている場合、大手顧客との相談になるが実質的に顧客要請価格を受け入れている場合、においては、目標の利益を生み出すためには販売促進かコスト・ダウンに努力するしかない。多くの中小企業がこのような商品群をもっており利益コントロールが容易ではないから、固定費削減のために研究・開発費の拡大には慎重になっている。

要するに、強い競争力商品が少ないために安定した利益確保が期待できない中小企業においては、「有望なプロジェクトが提案された時点で弾力的に開発費をつける」ことによって研究・開発費の固定化を回避しようとする傾向

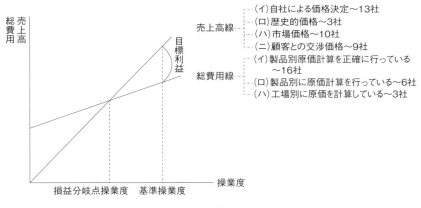

図6-6　利益計画の可能性

がある。そして研究・開発型エンジニアの育成が進まず、イノベーションの弱体化につながっていくのである。少なくとも直接原価計算による貢献利益方式で自社の製品群を評価して、利益率の高い製品のウエイトを引き上げる努力は行うべきである。

　多数の企業において、「イノベーションは自己資金で行う」と述べられている。銀行側の事情もあるが、メーカー側においても研究・開発の内情まで詳しく説明するのは避けたい、という気持がある。しかし自己資金でイノベーションを行うのであれば管理会計制度を定着させて、利益管理を厳しく実行するべきである。中堅・中小企業は研究・開発力を強化するためにも、財務部門を充実させていく必要がある。

　本章の最後に、表6−2の調査結果を再確認しておきたい。売上高が50億円以下の中小企業においては、材料受託の企業1社を含めた16社中の10社が「競争は厳しい」と回答している。10年先が展望できないのである。コア・コンピタンスを確立してイノベーションを推進していくためには、（イ）資金、（ロ）人材、（ハ）経営能力、が必要であるが、技術者の不足と経営者の自信喪失は、日本の中小企業の10年後を予測不可能にしている。日本経済の基盤を維持して地域社会の安定を確保するためには、中小企業の崩壊は何としても阻止しなければならない。熱意のある中小企業が能力のある技術者を確保し、また経営者の知見を向上させてコア技術発展イノベーションが推進されるように、新たな制度的支援の枠組づくりに取り組むべきである。

　政府系金融機関は、中・韓・台の部品企業の状況を顧客中小企業に伝達し、彼等のイノベーション投資を支える必要がある。また中小企業間の連携を支援し、さらにベンチャー企業との協力を推進することで、中小企業の競争力の強化に貢献すべきである。日本の中小企業の大転換期において、政府系金融機関もリスクを取って、戦略的な資金支援を考えていかなければならないと思われる。

注

(1) Ellinor Ehrnberg and Staffan Jacobsson "Technological Discontinuities and Incumbents Performance: An Analytical Framework" "Systems of Innovation Technologies, Institutions and Organizations" Edited by Charles Edquist, 1997, p. 320. PINTER.
(2) Ehrnberg and Jacobsson, 前掲書, p. 323.
(3) 組立型大企業製品の価格には下方硬直性があるが、逆に引上げられるのは以下のケースである。（イ）費用が持続的に上昇する時、（ロ）好景気が長期化して設備のフル稼働が続き、マーク・アップ率引上げが可能になったと各社が判断した時、である。
(4) 浅沼萬理「日本の企業組織 革新的適応のメカニズム」東洋経済新報社、1997年、252頁。
(5) 浅沼前掲書、253頁。
(6) 後述する機械系中堅企業②はギャンブル的と述べながら、大学との共同研究を数十年も継続して行っている。181頁参照。
(7) 業種は、機械・同部品、自動車部品、電気・電子部品、金属加工・金型、表面処理、塗料、医療品、その他である。対象企業の1社は受託生産企業であり売上高の比較が困難であるため表6−2には記入していない。同社は現在の競争環境を"厳しい"としている。
(8) 中小企業基本法の中小企業の定義は、製造業においては資本金3億円以下、常時雇用する従業員300人以下、のいずれかの基準に合致するものとされている。
(9) 木野龍逸「ハイブリッド」文春新書、第2章、2009年。
(10) 貸与図メーカーは、最終組立企業や大手部品企業（ティア1）から設計図面を与えられて正確に部品生産を行うことが期待されている企業、承認図メーカーは、基本構想を知らされて自社で設計図面を製作して組立企業やティア1から承認を得るメーカーである。この議論は、浅沼萬里「日本の企業組織　革新的適応のメカニズム」東洋経済1997年、で詳しく展開された。
(11) しかし共同研究を行う相手方の希望を聞いたところ、大学は17社、国・地方の研究機関は5社、高専は5社（複数の希望を含む）となっており、多くの中小企業が大学との交流を期待している。
(12) 通商白書（2015年版）経済産業省234頁。以下、引用も同じ。

第7章

海外進出とイノベーション

　前章においては、日本の中堅・中小企業の直面する課題として、(イ)国内市場の限界、(ロ)大企業との関係の変化、(ハ)中・韓・台の諸企業との競争激化、(ニ)技術の成熟と新規開発力・人材能力の強化の必要性、といった問題を指摘した。本章ではタイに進出した日系製造業の活動の軌跡を振り返り、これらの諸課題への対応策を考える契機としたい。前出の中小企業の中には、「我が社にとっての最大のイノベーションはタイに工場進出したこと」と述べる企業もあった。国際市場の重要性、中国系企業の実力向上、人材の確保と育成の困難、といった諸問題を、海外進出と現地における物づくり経験の中で真剣に考えるようになった、ということである。「日本と東南アジアの工場を二大拠点として、どのようにグローバル展開していくのか」という大きなテーマを考える中小企業が登場している。本章では、中小企業のアジア進出にとって必要な最低限度の情報について説明していくが、まず1970年前後に始まり85年のプラザ合意後に激増した日系製造業大手のタイ進出と活動を概観して、大手企業の海外生産活動における基本的傾向を検討する。彼等が70年代にアジア各国に設立したのは多くが中規模の工場であり、今後、東南アジア進出を考える中堅・中小企業にとって参考になる点も多い。まず工場建設に伴い導入された使用技術と生産ラインの特徴から見ていこう。

1 日系製造業のタイ進出

1 技術選択とその後の活動

1960年代後半から、タイ政府の輸入代替工業化政策に対応して、自動車、電機、繊維の諸産業を中心とする日系企業のタイ進出が開始された。東南アジアの各国は、輸入工業品には高率関税を適用し、進出企業には税や配当送金に関する各種の恩典を賦与して、先進国の製造業の工場進出を促したのである。

タイ進出を決定した企業は狭隘なタイの市場を前提にして、どのような生産ラインを構築するのか決定しなければならなかった。話を単純化して、労働力の大量投入に基づく労働集約的生産ライン、資本設備の活用が中心になる資本集約的生産ラインの二つを考えて議論しよう。後者の場合、減価償却費等の固定費は大きくなるが、生産量の増加に伴う労務費増や不良品の発生による原材料費の増加を抑制できる。通常、企業は次の図7－1のように問題を設定する。

現代の諸産業において、各企業は標準的な生産体系を確立している。しかし十数年以前の標準的生産ラインと現在のラインを比較すると、機械の性能、自動化の程度、作業の高度化・多様化等々によって、かなり異なったラインになっているケースが多い。途上国に工場進出する場合、もちろん十数年前のラインを選択することも可能であるから、いくつかの選択肢が存在する。図7－1は、十数年前の生産ラインは労働集約的、現在の生産ラインは資本集約的として、二つの総費用線を描いたものである。生産・販売規模を予想して X_0 を上回る場合には資本集約的技術を採用した生産ラインが有利であり、下回る場合には労働集約的技術による生産ラインが有利である。資本や労働の相対価格によって自由に資本と労働の組み合せを決定するのではなく、存在する標準的生産ライン間での選択が行なわれている。そして

第7章 海外進出とイノベーション 201

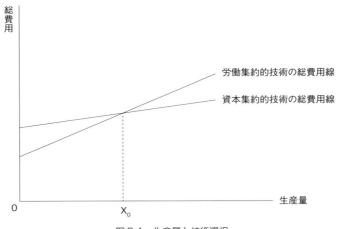

図7-1 生産量と技術選択

　1970年代のタイの小規模市場を考えれば、減価償却費等の固定費負担の少ない労働集約的生産ラインの採用が圧倒的に有利であった。東南アジア各国は互いに高率輸入関税を設定していたから、ベトナム戦争の混乱下での密貿易を除けば周辺諸国への販売は難しく、日系製造業各社は、各国に国内販売限定の工場を建設していった。電気機械企業では多品種・少量生産を特徴とするいわゆるミニ松(下)型工場が、東南アジア各国に設立されたのである。

　基本的生産ラインは予想される生産・販売量で決定されるが、さまざまな修正が可能又は必要なケースがある。表7-1は、紡績企業A社の1985年時点における生産工程を、日本とタイの両工場で比較したものである。[1] 以下の特徴が認められる。

(イ) タイ工場においては、選綿・開表といった準備工程、玉揚げ・巻き上げ・ローラー整備見廻り等の連結工程、検反・折畳等の最終工程の機械化は遅れている。品質に影響しない工程は、85年段階では豊富かつ低賃金の労働力を積極的に活用していた。

(ロ) 主要工程である精紡・織布の両工程は、進出時には日本の工場と同

じ精紡機、織機を導入している。しかし原棉の品質や糊つけの不具合、紡績段階全体を通じての糸の品質等に影響されて、織布段階で糸切れが多発する。このため糸切れ修復に多量の労働力を投入している。作業者の品質管理意識は高くない。

　紡績工場の生産ラインは、品質に強く影響する主要工程は標準化された機械設備を導入しながら、一部の工程では機械化・自動化を選択せずに労働力を積極的に活用するものである。このような生産ラインは電機企業でも採用されており、テレビの重要部品であるプリント基板の生産には高価なインサート・マシーンが導入されるが、周辺工程や付属部品の生産には、視力がよく手先が器用なタイ人女子労働力が大量に投入されていた。途上国タイの

表7-1　諸工程における使用労働者（主体作業）

		国内工場	途上国工場	主要工程における機械設置数等
紡績段階	選綿、開俵	0名	12名	
	混打綿工程	4	4	混打綿機、国内　4台／海外　5台
	梳綿工程	3	4	
	コーマー、練条、粗紡工程	12	10	
	精紡工程	4	15	精紡機、国内　39,300錘／海外　36,700錘
	玉揚げ、巻き上げ、ローラー整備見廻り	13	40	
織布段階	スプーラー	2	9	国内ではオートマティック・スプーラー
	ワーパー	3	4	
	糊つけ	2	7	国内では自動制御
	経通し	3	6	
	横くだ準備	0	10	国内では織機に横くだ機を接合
	織布	10	73	織機、国内　530台／海外　900台
	検反　折畳	13	27	
	荷造り	0	11	国内では外注
	テスト	0	8	
	計	69名	240名	

低賃金労働力に支えられたライン編成である[(2)]。

　一方、このような弾力的修正が困難な業種として、自動車産業を取り上げよう。1980年代前半まで、1トンピックアップ・トラックを主力製品とするタイの日系自動車メーカーは、年間販売量10万台の壁に直面していた。ほとんどの日系メーカーが進出しており、1社当り数万台の市場争奪戦を行っていたのである。各社は極めて狭隘な市場に制約されながら、溶接・塗装・組立ての三工程を持ち、主要部品は日本から輸入するノック・ダウン工場であった。当時のノック・ダウンの生産工程は次のようになる[(3)]（図7-2）。

　溶接・塗装・組立ての三工程をどのように編成するのかという問題は、生産規模に規定された塗装工程の設備に依存している。溶接段階で付着した油や不純物を前処理で除去したボディは、電着タンク内で一定時間、電着塗装される。この時間は各社間で微妙に相違しているが、1980年代前半、タイの日系自動車メーカーは、車1台分のスペースのタンク内にボディを5〜7分程度ディプさせていた（dip方式）。タンクが車1台分のスペースであるから、溶接や組立てのおのおのの工程は、5〜7分に1台の車が流れるように編成されなければならない。日本国内の工場がタイ工場の5〜7倍の生産規模を持つのであれば、電着タンクを5〜7倍の長さにしてボディを走らせるということになる。当然、溶接や組立ての各工程もロボットを導入したコンベヤー方式を採用したりして、1分間に1台の車が流れるように計画される。しかし、各社のタイ工場は年間生産台数1万台〜2万台強に合致するように編成されるから、低スピードで手作業労働のウエイトが高い労働集約的工場

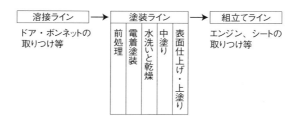

図7-2　自動車の生産工程

になっていたのである。ほぼ全工程に20年程度前に日本で使用されていた機械が入っており、「昭和30年代のエンジニアに来てほしい」と自動車メーカーのトップは語っていた。繊維や電機の企業の生産ラインの一部には日本並の設備が導入されていたが、自動車産業は生産規模の制約によって最も古い時代の生産ラインになっていたのである。図7-1の議論が、ストレートに妥当するケースである。

次に設立後の各社の活動を検討しよう。まずこの時期のタイ経済の状況を、1980年代の数値から見ておく必要がある（図7-3）。1982年におけるタイの名目GDPは8200億バーツ、国民1人当りで約1万7千バーツである。その後の4年間、アグロ・インダストリー（農水産物関連工業）の発展による輸出の増加で実質GDPが7％成長した年もあるが、基調としてタイ経済の停滞が懸念されていた。転機は1987年、プラザ合意後の急激な円高によって、日系製造業がタイに輸出型製造工場建設を激増させて以降である。

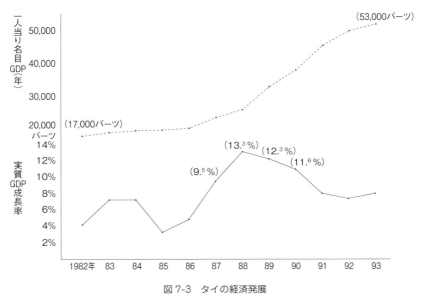

図7-3 タイの経済発展
資料：タイ国経済概況 バンコク日本人商工会議所 1995年。

その投資規模は巨額で、たとえば1989年1年間のドル建投資額は、1965年から87年までの23年間分を上回ったと見られている。翌90年もほぼ前年と同額の投資が行なわれ、タイは空前の好景気に突入する。図7-3に示されているように、タイの実質GDPは88〜90年の3年間の二桁成長を実現し、その後も95年まで8％を上回って成長していった。1人当りGDPも93年には5万バーツ（約2,000ドル）を上回り、首都バンコクは高層ビルと自動車が激増して、一挙に中産階級化が進展した。そしてこのような80年代後半におけるタイ経済の激変に応じて、60年代から70年代に進出していた日系企業の行動にも大きな変化が見られた。図7-4（1）〜（4）はいくつかの業種と企業における売上高、および資産・負債・自己資本の推移を示している。[4] まず、自動車・同部品企業から検討するが、企業名は略して表記する。

　①のToyotaは、1980年代前半のタイ経済の停滞時期、売上高は横這い状態で固定資産の規模もほとんど変化がない。NippondensoやThai Arrowも同様で、同時期の日系自動車関連企業の活動は全く低調であった。年間販売台数10万台の壁に直面していたのである。しかし87年頃から各社の売上高は増加に転じ、以後、グラフに示した91年又は92年まで急増していく。基準年の82年に対して（NHK Springのみ85年）、91年または92年の売上高は、Toyota6.8倍、Nippondenso8.2倍、NHK Spring8倍、Thai Arrow31.6倍となっている。ワイヤー・ハーネスを主力製品とするThai Arrowの突出ぶりが目立っている。そして販売増を支えるために必要な製造ラインの拡張、すなわち固定資産の増大が顕著となり、同期間において、Toyota12倍、Nippondenso12.5倍、NHK Spring6.2倍、Thai Arrow106倍、である。各社は88年頃から、積極的な設備投資拡大に転じた。

　四輪自動車産業ほどの勢いではないが、同様の傾向は他の諸産業でも認められる。電機のNational Thaiでは、同じ82年から92年の10年間で売上高4.3倍、固定資産6倍の増加となったが、本格的上昇となったのは88年からである。Sanyo Universalの場合は売上高で4.7倍、ほぼNational Thaiと同規模の増加であったが、固定資産の増加は3.9倍にとどまってい

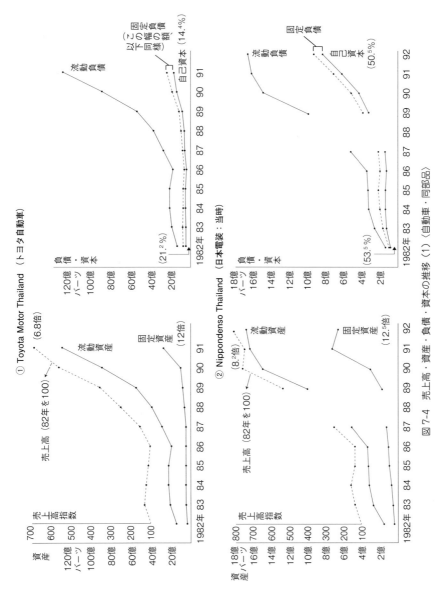

図7-4 売上高・資産・負債・資本の推移(1)〈自動車・同部品〉

資料：Million Baht Business Information Thailand 各年次版，図7-5, 6, 7, 8も同じ。
注：自己資本の( )内の数値は自己資本比率を示す。以下同様。

第7章 海外進出とイノベーション 207

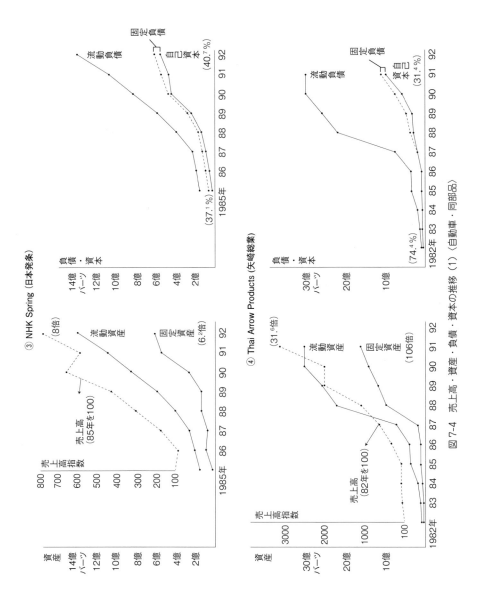

図7-4 売上高・資産・負債・資本の推移(1)〈自動車・同部品〉

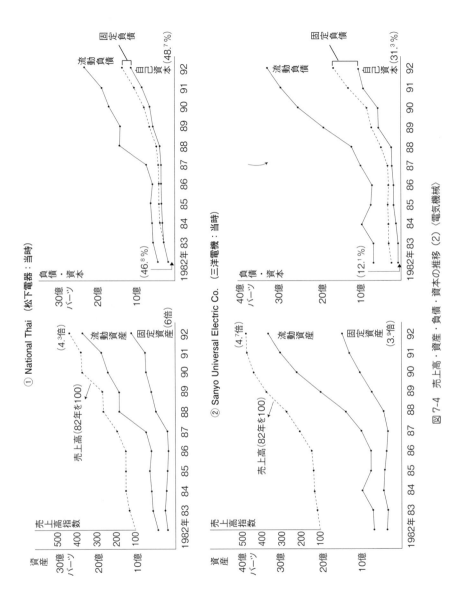

図7-4 売上高・資産・負債・資本の推移（2）〈電気機械〉

第7章 海外進出とイノベーション 209

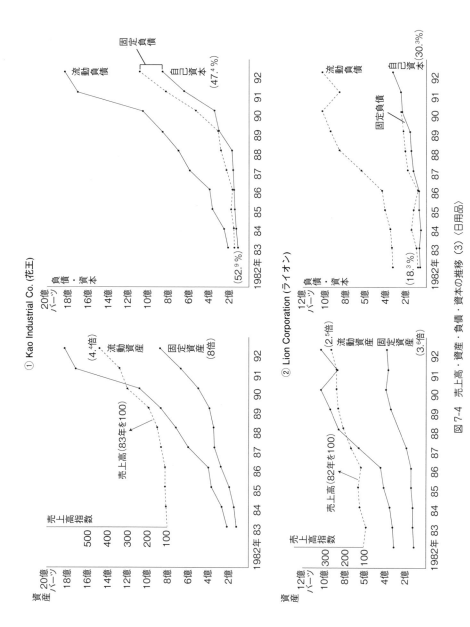

図7-4 売上高・資産・負債・資本の推移 (3) 〈日用品〉

210 ●第Ⅱ部 企業のイノベーション戦略

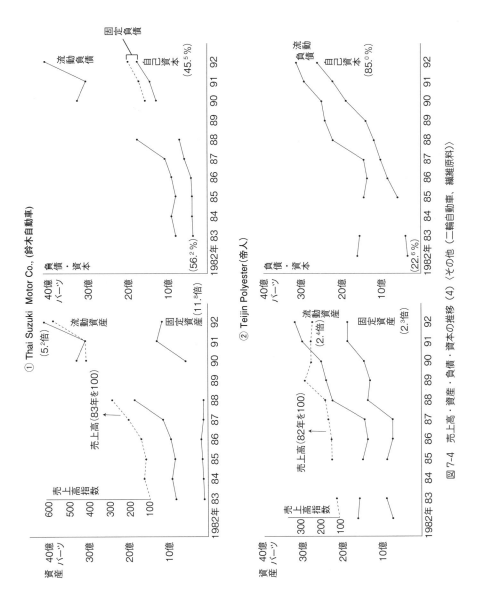

図 7-4 売上高・資産・負債・資本の推移（4）〈その他（二輪自動車、繊維原料）〉

第 7 章 海外進出とイノベーション

る。日用品では Kao が 83 年から 92 年の間に売上高 4.4 倍、固定資産は 8 倍の増加、一方、Lion は 82 年からの 10 年間で売上高 2.5 倍、固定資産 3.6 倍である。日系企業間でも設備投資意欲に差があると考えられるが、これはパートナーのタイ側財閥の発言力に関係があるのかもしれない。因みに 90 〜 92 年時点における日本側持株比率は、National Thai48.6％、Sanyo Universal23％、Kao86.2％、Lion49％となっている。また二輪自動車の Thai Suzuki は、83 年から 92 年の 9 年間で売上高 5.2 倍、固定資産 11.8 倍の増加である。繊維原料ポリエステルの大生産者であった Teijin Polyester は 10 年間で売上高 2.4 倍、固定資産 2.3 倍で成長率は低い。タイのリーディング・インダストリーが、繊維産業から自動車産業へ移行していった歴史的変化を読み取ることができる。

　さて日系製造業各社は、設備投資による固定資産の増強を、どのような方法で実現したのだろうか。図 7−5（1）、（2）は、タイ経済の高成長が始まる 87 年以降の各社における固定長期適合率を示している。固定長期適合率は、固定資産を自己資本と固定負債との合計値で除した値に 100 を乗じたものであり、100％以下であることが望ましい。償却による回収に長期間を要する固定資産の取得は、自己資本や長期の負債で行うことが原則である。しかし図 7−5（1）によれば、二輪を含む自動車及び同部品企業において、Toyota、Thai Arrow、NHK Spring、Nippondenso の 4 社は 91 年時点で 100％を上回っており、また図 7−5（2）においても、Lion と Sanyo Universal の 2 社は総じて高い。市場の拡大に伴う必要投資資金を短期金融に依存していたものと推察される。これは貸方における固定負債が、借方の固定資産の増加よりもはるかに少ないことでも直観的に理解される。途上国においては、安全性を担保するために長期の貸出しを避けたい日系銀行側と利子負担の少ない短期借りを望むメーカー側の意図が合致する 1 年間融資の繰り返し、いわゆる "コロガシ" が一般的に行なわれていた。メーカー側は投資資金としての借入金を 1 年間で形式的には返済し、再びまた借入れるのである。しかしこのシステムは、（イ）メーカーの製品の販売が順調でキャッ

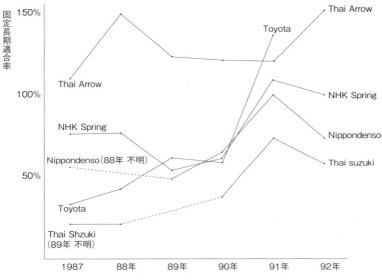

図 7-5 (1) 自動車・同部品と二輪の固定長期適合率

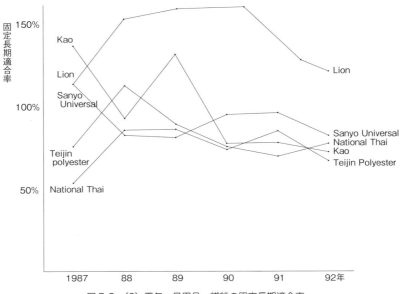

図 7-5 (2) 電気・日用品・繊維の固定長期適合率

第7章 海外進出とイノベーション● 213

シュの流入が安定していること、（ロ）銀行側が新規の貸出しに確実に応じること、でスムーズに動いていく。1997年のアジア通貨危機の発生時、この両条件が破綻したため、タイの日系製造業は一部の超大企業を除いて会社存亡の危機に陥ってしまった。しかしこのような事態が全く予見できなかった90年代前半、需要の急増と短期資金活用の設備投資によって、タイを含むアジアの日系製造業は空前の繁栄を謳歌していたのである。そしてこの時期、タイの日系製造業は大別して二つの基本戦略間での選択を迫られていたと思われる。（イ）作業標準化の徹底、高難度作業の熟練、セル生産等新生産方法の導入、等々の改善イノベーション戦略、（ロ）高性能機械や新技術導入による長期の競争力強化戦略、すなわち前章の説明における"製法革新によるコア技術発展イノベーション"、この二つの戦略間における選択が重要な課題となっていた。（イ）は主として労働の能力強化や再編成による効率化であり、（ロ）は新設備、新技術導入によるコスト・品質の競争力強化策である。まず前者から検討していこう。

2　作業の効率化・改善イノベーション

　作業の効率化・高度化による作業現場の改善は、第5章の図5-2におけるケース（2）に含まれ、前章における対応イノベーションの基礎である。顧客の価格・品質に関するさまざまな要求や作業中に発生するトラブルに対して、企業はまず現場作業の改善や変革で対応しようとする。合理的にさまざまの可能性を考えることによって、作業内容の修正や技術的課題の解決に結びつけていくのである。トヨタ生産方式の生みの親である大野耐一氏は、一つの事象に対して五回の「なぜ」を問いかける必要性を述べている[5]。たとえば機械がストップした時、その原因を徹底的に追求して真に必要な対策を講じるために、ものごとの因果関係を明確化する「なぜ」の重要性を指摘しているのである。この態度こそ、改善イノベーションの真髄であろう。改善は生産段階だけではなく原材料・部品の購入プロセス、製品販売プロセス等でも行なわれるが、以下では生産プロセスを中心に考えていく。途上国タイ

に進出した日系製造業にとって、まず生産過程を適切に編成して生産活動を円滑に実行することは、最重要課題であった。

　生産過程はさまざまな工程に分割されるが、各工程の作業は標準化され、標準作業として実行されなければならない。タイ工場の生産ラインが日本国内工場と大幅に相違する場合、日本の作業マニュアルをそのまま適用することはできないから、タイ独自の工程別標準作業を決定することになる。この標準作業は、通常、サーブリッグ分析等の動作分析に基づいて決定され、同時に標準作業時間も計測される。各工程の作業者は、標準作業を標準時間で行うことを要求されて、これが全ての生産活動の出発点になる。第4章で説明したネルソンとウィンターの"ルーティン"は、いったん決定された標準作業がさまざまな学習経験の中で修正され、暗黙知を含めて作業現場に定着したものと考えられる。

　表7-2は、1989年にタイで行なった組立型機械・同部品企業に関する調査を整理したものである。前出図7-4の10企業に全て対応しているわけではないが、90年前後の現場作業の状況を考えることは可能であると思われる。まず手作業については、臨時工を相当数投入している企業bを例外として、多くの企業で作業熟練が完成している。作業標準化が容易である単純作業が中心であるため、手先が器用で視力に優れたタイ人若年労働者の対応能力は高い。次に、手動機械と半自動機械の作業についても問題は見当らない。自動機械に関して問題アリと回答している企業が1社存在するが、これは複雑な段取り段階でのミスを指摘するものである。市場規模に制約されて自動機械を導入していない企業も多いが、90年当時、手作業、手動機械や半自動機械作業を中心とする生産現場の作業熟練に対して、各社は満足しているように見える。しかし次の問題点が存在していた。

（イ）適切な標準作業の研究、標準時間の計測や余裕の切り下げを計画的に行ってこなかった企業も数社存在する。

（ロ）作業標準化と熟練形成に成功していた多数の企業においても、作業

表 7-2　ワーカーの作業熟練

	手作業		機械作業			装置作業	標準作業・時間の研究	熟練における問題	不良品率
	個人	集団流れ	手動	半自動	自動				
a	—	○	○	○	○	○	アリ（日本側本社でも高い評価）	品質向上のための新発想がない。	3％（日本並）
b	—	△	△	○	—	○	ナシ	手作業部門は臨時工多く熟練しない。	10％
c	—	△	○	—	—	△	アリ（効率的作業を研究中）	特殊な技能を要する部分が弱い。	30％は一部修正
d	○	○	○	○	○	—	ナシ	通常作業熟練のみ。	1％（日本より多い）
e	○	○	○	△	×	—	アリ（日本人が教えている）	品質向上の発想ナシ	3％（日本の3～4倍）
f	○	○	△	○	△	—	組立工程のみアリ	なぜ不良品になるかの発想ナシ。機械作業に難。	2％（日本並）
g	○	○	○	○	○	○	ナシ	通常作業熟練は完成。改善・効率化は無理。	1％
h	○	○	○	○	○	○	時間研究のみアリ	手作業は完成。機械加工は自分の作業のみ完成。	2％
i	○	○	○	○	○	○	アリ	問題ナシ	1％以下で問題ナシ
j	○	○	○	—	○	○	アリ	問題ナシ	1％（日本並）
k	○	○	○	○	○	—	ナシ	問題ナシ	2％
l	○	○	—	○	—	—	時間研究のみ	通常作業は完成	1％以下で問題ナシ
m	○	—	—	○	—	—	アリ	学歴低く一般知識がないため通常作業熟練まで。	5％（日本並）

注：○は良、△は普通、×は問題アリ、を示す。
　　—は工程が存在しないことを示す。

の効率化や不良品発生原因を考える作業者は育成できなかった。不良品率は日本並と述べる企業が多いが、日本の3～4倍という声もある。

輸入代替型企業として進出してきた日系製造業各社は、80年代前半の売上げ停滞期、駐在員達が揶揄した"遅々として進む"タイ経済の下で現場作

業熟練を追求していった。しかしながら、生産の効率化と製品の品質向上という改善イノベーションを持続的に実行していくレベルに到達していたとは考えられない。大野耐一氏が言う「五回のなぜ」を問いかける作業現場は、全く完成していなかったのである。そこに80年代末の急激な需要の増加が発生した。従業員1人当りの固定資産と従業員数を示した図7-6（1）、（2）、図7-7（1）、（2）によって、まず作業効率化と生産能力の拡大で新事態に対処したと見られる企業グループについて検討しよう。

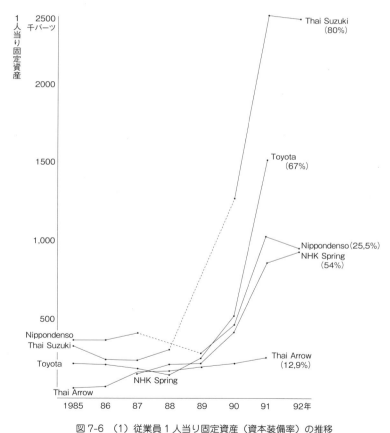

図7-6 （1）従業員1人当り固定資産（資本装備率）の推移

注：（ ）内の数値は87年から91年における資本装備率の上昇率（年率）である。図7-6（2）も同じ。

図7-6の(1)によれば、自動車及び同部品企業の80年代中頃の1人当り固定資産は、総じて低い。図7-7(1)に示されているように従業員の数はほぼ一定であるから、労働と資本という二大生産要素の投入量は一定のまま、労働集約的生産技術の熟練に努力が払われていたと思われる。この状況は88年頃から変化を始め、89年には各社の1人当り固定資産は上昇に転じる。しかしながら、(イ)1人当り固定資産の上昇テンポがかなり低い、(ロ)大幅な従業員数の増加が見られる、という二点において、Thai Arrowは例外的である。88年以降は6,000人近い従業員を雇用しており、おそらく生産工場の大拡張を行った可能性が高い。因みにThai Arrowの固定資産が増勢に転じたのは88年からであるので(図7-4(1))、87年から91年に至

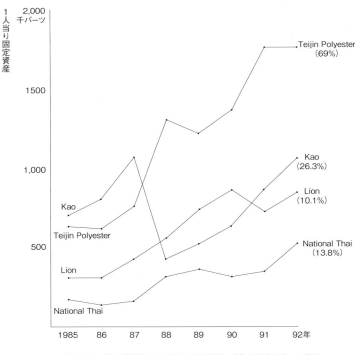

図7-6 (2) 従業員1人当り固定資産(資本装備率)の推移

218　●第Ⅱ部　企業のイノベーション戦略

る4年間の1人当り固定資産の上昇率（年率、以下同じ）を計測すると12.9%である。これは同期間のToyotaの数値67%やNHK Springの54%と比較して、著しく低い。同社の主力製品であるワイヤー・ハーネスの生産は基本的に労働集約的に行なわれるために従業員1人当りの固定資産額は小さく、その上昇率も小さくなる。需要の増加に対しては、労働力の大量投入と作業熟練・作業の高度化で対応するしかなかったと推測される。

図7-6（2）によれば、電機のNational Thaiと日用品のLionの1人当り

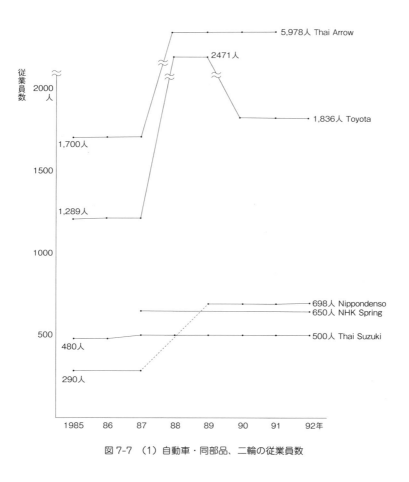

図7-7 （1）自動車・同部品、二輪の従業員数

第7章 海外進出とイノベーション● 219

固定資産の上昇率も低い。特に National Thai の場合は雇用を大幅に増加させており、需要拡大期に労働投入を急増させて同時に固定資産も増加させてきた。しかし1人当り固定資産の上昇率の低さからすれば使用技術に大差はなく、需要の拡大に対応して工場建物の増設や使用機械の追加投入で生産能力を拡大してきたものと思われる。Thai Arrow ほど極端ではないが、新技術を体化した設備投資に消極的であった点では同じである。図7-1の総費用線で考えれば、償却費等の固定費の増加で上方シフトはするが、労働集約

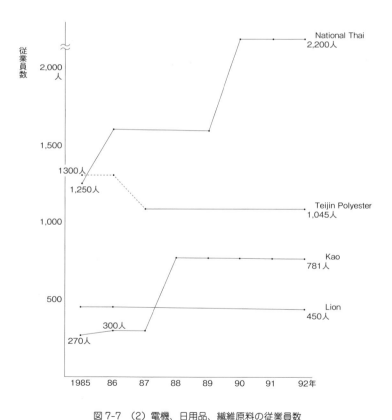

図7-7 （2）電機、日用品、繊維原料の従業員数
注：Teijin Polyester の85年、86年の従業員数は84年と同数としている。

的技術の総費用線の形状は維持される。そしてその後は新入社員を訓練して改善を繰り返し、総費用線を引き下げる努力が行なわれただろう。National Thai はタイにおける日系電機の代表的企業であったから、横並び意識の強い他社も同様の行動をとっていた可能性が高い。80年代から続く現場作業改善イノベーションの強化が、引き続き日系電機メーカーの基本戦略であったと思われる。

　表7-3は、2003～05年にかけて行った調査における電気・電子系企業の作業標準化の状況を示している[8]。1960年代に進出した輸入代替型企業から90年代後半進出の輸出型企業まで多様であるが、各社は作業研究を行い標準化モデルの構築にほぼ成功している。作業研究の「必要ナシ」と答えた企業Ⅰのケースは、生産活動が完全に自動機械中心に行なわれるために個々の作業者の作業形態を考える必要性が全くないケースであり、進出して間がない企業Ｊは、日本のマザー工場の生産システムのコピーを目指していた。改善提案も多くの企業で行なわれており、現場作業管理の要である標準化はタイ人生産管理エンジニアにほぼ技術移転していた。「不十分」とする回答は"改善に終りなし"を基本哲学とする日系製造業の意思表示である。標準時間の計測やそれに伴う作業の修正もストップ・ウォッチによる計測やビデオ撮影で実行され、例外的な2社を除いてタイ人エンジニアが定期的に行っているのである。企業間でかなりの相違が認められるのは余裕率の設定であり、これは以下の二つの立場を反映している。

（イ）タイには汎用性の高い古い機械を多数導入しており、作業者の負担は重い。また考える作業者を育成するために余裕時間を多めに設定する場合もある。
（ロ）若く優秀なタイ人作業者は、中高年のパート作業者の多い日本の工場より効率的に作業できるので、余裕率を低く設定できる。

　いずれにしても21世紀の初頭、タイの日系電気・電子企業の作業は標準

表7-3 電気・電子系企業の作業標準化

	標準作業							標準時間			
	作業研究の実施	標準化モデルの構築	ワーカーや職長の理解	改善提案	標準作業の完成度	タイ人エンジニアへの技術移転	ストップウォッチでの計測	余裕率		中国との比較	計測・変更の技術移転
								日本との比較			
A	○	○	○	○	不十分	○	○（ビデオ分析も）	同レベル		同レベル	○
B	○	○	○	○	不十分	○	○（ビデオ分析も）	10%で日本より低い		中国より高い	○
C	○	○	○	○	不十分	日本人中心でタイ人勉強中	○	日本より少し低い		比較していない	○
D	○	○	○	△	不十分	○	○（ビデオ分析も）	比較していない		比較していない	○
E	△	△	△	×（少い）	不十分	○	○	同レベル		比較していない	○
F	△	△	○	×（少い）	不十分	○	○（一部ビデオも）	40〜50%で日本より高い		中国より高い	○
G	○	○	○	○	完成（さらに改善）	○	○（問題点ビデオも）	15%で日本と同じ		比較していない	○
H	○	○	○	○	完成	○	○（ビデオ分析も）	日本より少し低い		中国より低い	○
I	必要ナシ	決定済み	○	○	完成	○	機械中心であり分析不要				
J	タイでは行なわない	日本のモデルを使用	○	×	完成	×	タイでは分析しない				

注：○は実施したこと、妥当すること、提案があること等肯定的評価、△は一部問題があり不十分、×は実施していないかったり大きな問題があることを示す。
標準時間＝正味時間（1＋余裕／正味時間）であり、余裕の主体作業を中心とする比率を余裕率とする。

化され、効率性は格段に改善されていたと思われる。加えて多能工や専門熟練工等の高度作業者の育成においても、能力主義の昇給・昇格制度の導入や技能テストの実施によって確実に成功していた（表7-4）。工程別作業の標準化と持続的な改善、及び高度作業者の育成にも成功しているのだから、現場作業に関する限り日系電機企業に死角はなかったと言ってよい。表7-2で示された"不完全な熟練"の80年代から10年余を経過して、タイの日系電機企業の作業効率化や熟練形成は、着実に実現していたのである。しかしこの調査の前後から、家電を中心とする日系電機メーカーは韓国勢2社の猛攻を受けて、タイ及びその他の東南アジア市場を奪われていく。韓国勢は、時間をかけて下位市場から上位市場へ攻め上る破壊的イノベーションを行ったわけではない。また日系が手薄なニッチの製品市場を狙ったということでもない。カラーテレビを中心とする主力製品市場に挑戦して、数十年の生産活動の経験をもつ日系電機企業をまたたく間に圧倒したのである。「（日系は）品質では勝っているが、韓国企業のテレビは5％程度安い」という状況下で、

表7-4 高度作業者の育成

	計画的に行っているか	主たる育成方法		意欲向上の方法
		考課表の能力考課	その他	
A	○		日本人の特別指導	特にナシ
B	○	○	技能昇格テスト	能力主義の昇給・昇格、社内福利・厚生
C	○	○		能力主義の昇給・昇格
D	多能工化は最少限でよい			能力主義の昇給・昇格
E	○	○	2つ以上の仕事をさせる	能力主義の昇給・昇格
F	特に計画ナシ	○		特にナシ
G	完全ではない	○		特にナシ、育っている
H	○		技能昇格テスト	特にナシ、順調に育っている
I	○	○	技能修得指標	能力主義の昇給・昇格
J	○		技能昇格テスト	特にナシ、順調に育っている

注：○は行っていることや活用していることを示す。
出所：吉見威志「タイの日系製造業の競争力」神戸学院経済学論集第38巻 2007年。

背景をめぐってさまざまな議論が行なわれていた。しかし単純に考えれば、拡大する家電市場において韓国勢は、図7-1の資本集約的技術を採用しただけのことであるのかもしれない。新鋭設備を導入して大量生産すれば、旧技術で労働集約的生産方法を完成させていた日系企業よりもコスト面で有利となるから、価格を下げても十分に利益を得ることができる。主要工程は自動化するが、その他の工程は優秀な労働力を活用して作業の効率化や労働能力の強化で成功してきた日系電機企業は、同じ土俵では勝負しないという韓国勢の意図を見誤ったのかもしれないのである。

3　新技術・新設備導入の投資戦略（コア技術発展イノベーション）

　高度な新技術を組み込んだ新鋭機械を導入して生産過程を一新し、コストと品質の競争力を飛躍的に強化する企業活動は、前章で述べた「製法革新によるコア技術発展イノベーション」である。機械の部分的改良レベルの改善イノベーションとは異なり、新技術を統合・体化した新設備のライン編成は大型投資になるが、現代における厳しいイノベーション競争下では避けて通れない。1980～90年代における繊維メーカーの高速織機JETの導入、自動車メーカーによる大量のロボット導入等は典型的な事例である。量産によるコスト・ダウンに加えて品質も安定化するから、一定規模以上に市場が成長する段階で各社は導入に踏み切ることになる。1980年代末からの需要の拡大に直面したタイの日系企業においては、自動車・同部品企業を中心に相当の新技術・新設備導入が行なわれたと思われる。日本の工場並の最新鋭ラインに達するものではないが、各社は従来の労働集約的生産ラインを一新したのである。

　前出の図7-7（1）によれば、1987年におけるToyotaの従業員数は約1300人である。これが88年、89年には2471人にまで増加して、90年以降は再び1800人程度にまで減少している。88年からの自動車需要の増加に対して、当初は従来の生産ラインの増設と雇用の拡大で対処しようとしたが、90年には方向転換したものと推測される。図7-6（1）におけるToyotaの

従業員1人当り固定資産は90年、91年に急増しており、従業員を減少させて資本設備に代替したことは明白である。タイにおける自動車販売の持続的拡大を確信したため、新技術を体化した生産ラインの導入に踏み切ったのだろう。NHK Spring も 87 年から 91 年にかけて年率 54％で 1 人当り固定資産を上昇させている。従業員は 650 人で一定であるから、自動化を含めた新鋭機械の導入で生産増に対応したことになる。因みに 87 年から 91 年にかけての売上高は 3.4 倍の増加となっている。Nippondenso も同様に 1 人当り固定資産を上昇させているが、87 年から 89 年にかけて従業員も 2.4 倍の増加である。規模全体の拡張と新技術導入を並行的に行っていると思われる。最も注目すべきは Thai Suzuki の動向であり、87 年から 91 年にかけては従業員数 500 人で一定であるにもかかわらず、1 人当り固定資産は 10.4 倍の増加である。資本集約的生産への全面的な転換であり、大量生産を見越した新技術導入が行なわれたと考えられる。ワイヤー・ハーネスを生産する Thai Arrow を除いた自動車関連企業は、1990 年前後から生産ラインの抜本的改革を断行したのである。

　自動車関連以外の業種では、Lion が従業員一定（450 人）の下で 1 人当り固定資産を年率 10％程度で上昇させており、Kao は 88 年に従業員数を一挙に 480 名増加した後に再び 1 人当り固定資産を急伸させている。自動車業界ほど急激ではないが、新技術を体化した新投資を一部開始したということだろう。なお Teijin Polyester は典型的な装置系企業であり、プラントの増設には巨額の投資が必要となる。従業員数も増加しているがそれ以上に固定資産投資額が大きくなり、1 人当り固定資産も上昇したと考えられる。

　新技術を体化した大型設備投資の実行は、自動車・同部品産業等に対して、①短期的には借入投資資金の返済リスク、②長期的には輸出産業への転進の基盤構築、という二つの影響をもたらすことになった。まず、前者から検討していこう。

①バーツ切り下げと債務の増加

　90年代の景気拡大期、タイの日系製造業の多くは、巨額の投資資金をシンガポールにおける米ドル借入金で調達していた。低金利のシンガポールで年利3〜5％程度でドルを借入れ、1ドル＝25バーツのドル・ペッグ制を維持するタイでバーツに転換して投資する。タイでのバーツ借入金利は10〜15％程度であったから、ドルの借入れは極めて合理的であった。しかし1997年、まずタイを発火点としてアジア通貨危機が勃発し、タイ政府はドル・ペッグ制を放棄する。タイに大量の資金を貸し付けた米系ファンドの撤退が引き金になったが、バーツ売りの嵐の中でバーツは暴落していく。経済大混乱で日系各社の売上げも激減し、バーツ換算した負債は倍増した。債務超過となった日系企業も少数ではなく、為替リスクを考えなかった大型投資の実行は自動車関連を中心にしたタイの日系企業の多くを存亡の危機に追い込んだのである。

②輸出産業への転進

　一方、大型設備投資は自動車産業のコストと品質の競争力を向上させ、強化された生産能力は縮小したタイ国内市場から世界市場へ目を転じさせる原動力になった。21世紀に入ってタイの日系自動車企業は輸出比率を高めており、タイは完成車・部品の両メーカーにとって、東南アジア最大の生産・輸出拠点に成長していく。タイ市場の拡大を確信して実行された新技術体化型の投資がなければ、このようなスムーズな転進は難しかったと思われる。また大型投資による量産体制の確立は、他国のメーカーのタイ市場への参入を困難にした。同じ時期に、新技術・新設備導入に慎重であったと見られる電機企業は現場改善と作業者の能力向上に成功していたが、21世紀に入って韓国系企業との競争に完敗した。タイにおける日系自動車産業と電機産業の歴史から、アジア進出に着手している中堅・中小企業が参考にすべきことは少なくない。

2 タイにおける中堅・中小企業の諸問題 (9)

　前節では、大企業のタイ進出の歴史を自動車産業と電機産業を中心に検討した。日系企業間の改善競争を各国の狭隘な国内市場で行う時代は終わり、（イ）アジア系企業との競争激化、（ロ）国内販売型から輸出型企業への転進、という状況を踏まえて、新技術体化型設備の導入が要請されていることを確認した。ここでは1999年にタイで実施した日系製造業の規模別調査の結果を活用して、(10) 中堅・中小企業における（イ）競争力の状況、（ロ）人材育成、

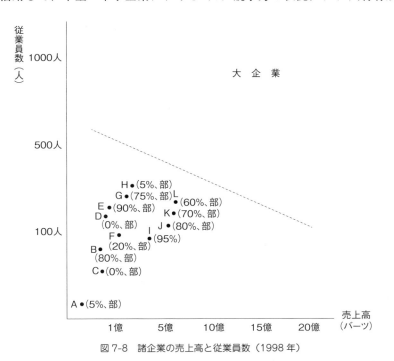

図 7-8　諸企業の売上高と従業員数（1998年）

注：カッコ内は売上高に占める輸出の比率。また部は部品製造企業を示す。通常、輸出比率が売上高の50％以上の企業を輸出型企業と呼んでいる。
出所：吉見威志「タイにおける日系企業活動の比較分析」神戸学院経済学論集第32巻第1-2号　2000年。

(ハ)部品・材料の現地調達、(ニ)設計・開発力の強化、といった諸問題を個別に考えていく。調査時点から15年以上が経過しているために賃金コストや競争力については見直しが必要であるが、多くの分野で現時点においても妥当する結論になっていると考えている。対象企業は図7－8に示しているが、98年において売上高で6億4千万バーツ（企業L）、従業員数で260人（企業H）という水準に線を引いた12社である。タイ国内販売中心の企業もあれば輸出比率の高い企業もあるので、図7－8の（　）内には売上高に占める輸出の比率を記入している。また「部」は自動車、電機、機械の部品企業である。企業Hのようにタイでの活動歴が30年以上というケースもあるが、多くは組立型企業に進出を促されて80年代末以降に進出した部品企業と円高回避の輸出型中小企業である。まず99年時点における競争力の状況から見ていこう。

1　中堅・中小企業の競争力

表7－5は、タイにおける日系中堅・中小企業に対して、「競争の現状」及び「コストと品質」について尋ねた結果である。競争相手としては、日系及び日本国内の企業に限定されているケースが6社、日系に外国企業が加わっているのが5社、タイ系のみが1社となっている。2017年現在では中国系企業の躍進があるから、外国企業との競合というケースが増加していると思われる。また競争内容としては価格競争が8社、価格と品質の両方で競争しているのが4社となっており、中堅・中小企業では価格競争が中心であった。品質が関係するとした企業4社の中で3社（B、G、I）は、タイ系、中国系、韓国系、欧米系のいずれかと競争しており、このケースでは日系の持つ品質競争力が武器になっていると思われる。日系企業間競争で品質についての言及がなかったのは、一定水準以上の品質が前提となっているからだろう。しかし今後、イノベーション競争が日系間、日系と中・韓・台の企業間で激しく展開されていく中で、品質競争がさらに激化するのは確実である。

さて製造コストについては、労務費の低さが目立っている。企業D、Hを

表 7-5 競争とコスト、品質

企業	競争について 相手	内容	労務費 (日本=100)	原材料費 (日本=100)	総計 (日本=100)	コスト削減の方法	レベル	品質向上の方法
A	タイ系	価格	10	100 (80%)	80	使いやすい機械で効率アップ	△	職長、エンジニアの能力向上
B (出)	日系、タイ系 日本国内	価格・品質	30	90 (10%)	80	労働効率の向上	△	ワーカーの熟練化 エンジニアの技術力向上
C	日系	価格	20	80 (100%)	90	労働効率の向上	△	エンジニアの管理能力の向上
D	日本国内	価格	50	80 (10%)	80	設備の高度化 (不良品を抑制)	△	職長の管理能力の向上 自動機械化の推進
E (出)	日本国内	価格	30	80 (95%)	40	労働効率の向上 新設備の導入	△	職長の管理能力の推進 自動化の推進
F	日系	価格・品質	10	70 (70%)	80	部品の現地調達	△	職長の管理能力の向上
G (出)	日系、韓国、中国	価格・品質	20	110 (15%)	85	現地調達と内製	△	ワーカー、職長、エンジニアの能力向上
H	日系、タイ系	価格	50	110 (80%)	105	労働効率の向上	△	ワーカーの熟練化
I (出)	日本国内、欧米	価格・品質	10	80 (30%)	70	在庫管理の徹底	△	職長の能力向上、タイ人エンジニアに設計能力つける
J (出)	日系、日本国内	価格	20	100 (70%)	95	現地調達、生産移転	○	全員の能力向上
K (出)	日系、全ての外国	価格	30	90 (25%)	95	現地調達と労働の効率向上	△	転勤させずに全員の熟練の向上
L (出)	日系、日本国内	価格	10	100 (15%)	80	現地調達	△	全員の能力向上

注：コストについては同じ製品1単位を日本で生産する時の投入コストを100として比較している。
原材料費の( )内は現地調達率（金額ベース）。
コスト総計は現地調達も含んだ製造原価についての見積り。○は問題なし、△は問題あるが改善可能である。以下同様。
品質の○は問題ナシ、△は輸出が売上高の過半を占めることを示す。以下同じ。

企業に関する（出）は吉見威志「タイにおける日系企業活動の比較分析」神戸学院経済学論集第32巻第1・2号 2000年 表7-6〜9も同じ。

出所：吉見威志「タイにおける日系企業活動の比較分析」神戸学院経済学論集第32巻第1・2号 2000年 表7-6〜9も同じ。

例外として、平均的な製品1単位当りで日本の10～30％というところであり、極めて低い。2017年現在でもタイの最低日給は300バーツ、昼食費を会社側が負担するとしても1100円程度であるから、日本の最低賃金の16％強のレベルである。しかし近年においては、タイの日系企業間で労務費に対する評価は二分されるようになっている。

(イ) 経済発展に伴いタイでは人手不足が顕在化しつつあり、一部の業種では周辺国の低賃金労働力を活用している。日系企業は品質向上のためにも多数の熟練労働力を必要としており、高賃金の高度作業者が増加しているために、代表的な製品の1単位当りの労務費は日本の40～50％程度、製造原価は80～90％程度になっている。

(ロ) 労働多投入型の生産ラインであったが、まず単純労働力の投入工程から自動化して、製品単位当り労務費は日本の20％程度にしている。品質も安定するし、今後のタイの賃金上昇を考えれば合理的である。

これは前述の日系電機企業と自動車企業との基本戦略の相違と同質の問題である。まずタイ市場に限定された販売量を前提にすれば、(ロ)の自動化戦略は採用できない。しかし市場が拡大しており、また自動化ラインの方が安定した品質で生産可能であるならば、投資資金の問題を考えなければ自動化が有利である。今後の最大のライバルである中国系企業は、おそらく最新鋭設備を導入して挑戦してくるだろう。まず設備と技術で対等のレベルに立って、その後にコスト・ダウンと品質の改善、新製品の開発といったイノベーション競争に全力投球すべきである。

次に原材料費について見れば、日本と同水準か若干高いケースが5社、10～30％程度低い企業が7社となっている。以下の諸点が問題になっていた。

(イ) 日・タイ自由貿易協定の成立以前のタイでは、国内販売中心の企業の輸入部品・材料に対して平均20％程度の関税が賦課されていた。

また日本からの輸入品は総じて高価格であった。
（ロ）生産体制が非効率で原材料節約に失敗すれば原材料コストは上昇する。
（ハ）輸入比率が大きいほど為替レートの変動の影響を受けやすい。

　ここでは為替レートの問題は除外しておこう。まず部材輸入関税を回避できた輸出型企業（＝売上高の過半を輸出が占める企業）の場合において、原材料費で日本より有利となっているのは企業B、E、I、Kの4社、日本と同レベル又は不利になったのが企業G、J、Lの3社である。有利となった企業の中で3社の現地調達率は高く、Eは95％、Iが30％でKは25％である。ただし企業Bでは例外的に10％にとどまっている。一方、日本並又は不利になった3社では、現地調達率が15％（企業G）、70％（同J）、15％（同L）であり、J以外の2社は有利となった企業3社より低い。同じように関税負担を回避できたとしても現地部品調達率によって差がつくことになる。そして企業Jの場合、70％の現地調達の大半が現地日系メーカーからの購入であるために、現地調達のメリットがあまり発揮されていない。原材料費節約のためには、（イ）現地調達率の引き上げ、（ロ）タイ系企業からの購入比率の引き上げ、（ハ）ムリ、ムダを省いた効率的生産システムの構築による材料消費の節約、が必要になる。

　国内販売中心の企業についても状況は同じである。企業CとFの現地調達率は100％、70％と高く、結果的に日本と比較して20～30％の原材料費カットとなっている。企業A、Hは生産効率に問題があり、特にAは立ち上げ間もない企業であるために材料節約は難しい。例外は企業Dで、現地調達率が10％と低いにもかかわらず原材料費の節約が進んでいる。企業Dの製品はタイで最初の生産部品であるから、輸出企業と同様の輸入免税特典が認められているためである。

　以上の結果、タイの日系中堅・中小企業の製造原価は、タイでの生産活動歴が長く熟練労働者の労務費が高い企業Hを例外として、全社で日本にお

けるレベルよりも低い[11]。作業を標準化して各種の生産管理技術を定着させれば、日本の 70 ～ 80％の製造原価に抑えられると考えられていたのである。しかし 2017 年現在、前述のような自動化を推進した企業はほぼ同レベルの 70 ～ 80％程度と述べているのに対して、熟練労働力を多数投入している企業では、製造原価全体で日本の 90％程度と主張されるケースが多い。中国・韓国・台湾の企業との競争が激化する中で、10％程度のコスト・ダウン効果では全く安心できない。日本の製造原価と比較して 20 ～ 30％の原価切り下げが実現できるような生産システムを考えて、投資を行う必要がある。また表 7-5 では、今後、各社が採用する一層のコスト削減の方法についても回答を得ている。次のように要約できる。

　（イ）省力化等新技術・新設備の導入……A、D、E
　（ロ）労働効率の向上……B、C、E、H、K
　（ハ）部品・材料の現地調達……F、G、J、K、L
　（ニ）その他の独自の政策……I、J

まず、さらに省力化投資や自動化を進めるという企業の見解を見ておこう。

企業 A……タイ人の職長やエンジニア[12]は機械に対する基礎知識が少なく、派遣された若い日本人にも古い機械は分からない。思い切って自動化した方が全体の効率は上昇する。
企業 D……ワーカーも転職多く、能力向上は容易ではない。不良品を減らして効率アップさせるためには、自動化部分を増やすしかない。
企業 E……専門的作業をタイでは人手でやれるが（日本では人がいない）、やはり不良品も発生する。自動化で材料節約や検査の人員縮小も期待できる。

新投資の目的は、不良品を減少させて生産ライン全体の効率性をさらに高めることである。「タイのワーカーは単純作業には熟練するが、考える労働になる応用作業には適さない。彼等に不良品の発生原因を究明させて是正していくよりも、自動化の方が確実で容易である」という思いがある。また繰り返しになるが図7−1で示したように、大規模生産の場合には変動費の上昇が抑えられる資本集約的生産ラインの方が有利になる。今日、タイ工場は日系各社にとって重要な輸出拠点ともなっており、自動車を中心とする大企業にとって新技術・新設備の導入は必然的である。中小企業においても競争力強化の第一歩は、市場規模に対応した最適生産ラインの設置であると考える企業が増加しつつある。

　しかし99年当時、多くの中小企業が競争力向上のために目指したのは、(ロ)の「現在の生産ラインでの労働効率の引き上げ」、すなわち前述の電機大手と同じ現場作業の改善であった。ワーカーの作業の見直し——職長の現場改善能力の強化——生産エンジニアへの生産管理技術移転と応用技術力強化、といった生産現場の改善は、全ての製造企業にとっての永遠のテーマである。資金力に乏しい中小企業の場合、新技術体化の合理化投資よりも改善イノベーションが優先されやすいし、また大手顧客に速やかに高品質部品を供給する必要があったから、人的能力を強化して不良品排除とコスト・ダウンを実現することが緊急の課題でもあった。しかし当時としては正当であった政策選択が、中・韓・台のライバル企業が新鋭設備を導入して挑戦してくる今日においては、必ずしも適切ではないことに留意しておかなければならない。

　第三に各社が重視していたのが「部品・原材料の現地調達」で、5社がこれによるコスト・ダウンを考えている。特に現地調達率の高くない輸出企業G、Lでは焦眉の急となっていた。この問題は各社の価格競争力に直結する重要課題である。また例外的なケースとして、以下のような指摘があった。

　企業I……生産段階での効率化は限界。在庫管理の徹底によるコスト・ダ

ウンを考える。
　企業J……日本の生産の一部を移転して稼働率を引き上げる。

　企業Iでは日本の生産コストを30％切り下げており、生産ラインの効率化はほぼ完成していた。このため、今後は「物流や調達段階でのコスト、事務所経費等を切りつめるしかない」ということになる。また企業Jでは稼働率が30％程度と極端に低く、日本からの生産移転が急務とされている。このように、日系中堅・中小企業のコスト競争力の決定要因も企業ごとに相違しており、対策もさまざまである。
　品質については1社を除いて、「問題はあるが改善可能」と回答している。しかしここでも改善の方法で見解は相違しており、企業D、Eは自動機械の導入を主張している。しかし大多数の中堅・中小企業は「ワーカーの熟練と職長・エンジニアの能力向上」を第一に考えており、「すでに品質に強く関係する工程は半自動化や自動化しており、これ以上の自動化は必要ない。タイの優秀な低賃金労働力を十分に活用すべきである」という見方に幅広い合意が形成されていたと思われる。
　言うまでもなく、日本の製造業が欧米企業に打ち勝った背景は、最新の設備・技術を欧米から導入した上で改善を徹底したからである。改善だけで勝ったわけではない。タイで大成功を収めた日系大企業の経営者は述べていた。「日本人経営者達は間違っている。低賃金で優秀なタイ人労働者と最高の設備を組み合せて、全世界へ輸出すればよい」と。しかし1999年当時、タイの日系中堅・中小企業の大半は、アジア通貨危機後の混乱を乗り切るための合理化とカイゼンしか念頭にはなかった。タイで数十年の歴史をもつ日系電機企業が韓国勢2社に完敗し、中小部品企業を含めてアジア大競争の時代が到来するとは予想もしていなかったのである。

2　人材育成

　タイにおいては1980年代末から日系企業による輸出型工場建設が相次ぎ、

表 7-6 職長とエンジニアにおける問題

企業	職長における問題点					エンジニアにおける問題点				
	基礎知識の不足	責任感の欠如	ワーカーとの対立回避	その他		基礎知識の不足	専門的知識の不足	責任感の欠如	日本人とのコミュニケーション	その他	日本人の使用言語
A	○	○							○	日本人の能力も低下	英語（タイ語）
B (出)	○	○							○		日本語（タイ語）
C				職長は全員高卒以上だが意欲低い				○		タイ人は本当の議論は下手	タイ語
D	○					○	○			大卒エンジニアも基礎力ない	日本語
E (出)				感覚のズレ（マニュアル化するしかない）|	○			○		英語（タイ語）
F		○		人的管理について再教育するしかない			○	○	○	社内教育にも問題あった	タイ語
G (出)	○			物づくりの考え方が理解されていない				○	○		英語（タイ語）
H			ワーカーを完全に掌握している					○	○	高卒卒も知識は少なく慣れただけ	タイ語
I (出)		○	○	年配の職長は若い人に強く言えない							タイ語
J (出)	○									技術移転を再検討中	英語
K (出)	問題ナシ					生産実務は日本人以上					英語
L (出)			○	着眼点ずれて思い込む			○	○			英語（タイ語）

注：（ ）の言語は補助的に使用されていることを示す。また○は問題があることを示している。

第7章 海外進出とイノベーション

また空前の高度経済成長下で組立型大企業に促された中小部品企業の進出が激増した。中小部品企業は、日本国内と同品質の部品を速やかに供給することを要請されたから、(イ)ワーカーの作業熟練と改善意欲の向上、(ロ)職長による指導力の発揮、(ハ)エンジニアの各種生産管理技術の理解と修得、が当面の課題となった。しかしワーカー、職長、エンジニアの意欲・能力の向上といっても簡単ではない。以下では、まずワーカーと職長の問題を現場作業の効率化の視点から検討し、その後にエンジニアの通常技術修得における課題を考える。なお、多くの日系企業で職長はワーカーの昇格組であったから、ワーカーと職長に関する問題は同根である。

〈ワーカー・職長の問題〉

すでにタイでの事業経験豊富な大企業中心の事例でも見たが(表7－2)、「タイ人ワーカーは通常の与えられた作業は完全に熟練するが、考える能力・発想力がない」というのが日系企業間において定説になっていた。(イ)教えられていないことへの対応力が鈍い、(ロ)注意力不足、(ハ)先を読まない、といった指摘が、数々、行なわれている。職長においても同様の批判があり、表7－6は中堅・中小企業12社に、職長とエンジニアの問題点を聞いた結果である。

まず企業HとKを除いた10社が、職長の問題点を指摘している。これは現場作業を速やかに、かつ安定的に実行しなければならない諸企業にとって由々しき事態である。企業Hはタイで長い事業経験があり、また企業Kはタイの有力財閥との合弁事業であるから、時間をかけて職長を育てたり優秀な人材を採用したりすることが可能であった。しかし大多数の企業は、以下の問題点を指摘している。

(イ) 知識……タイ人職長の多くは低学歴であり、機械や材料についての基礎知識がない。また高卒や高専卒を職長にしているケースでも問題がある。

（ロ）感性……物づくりに要求される几帳面さや微妙な判断力がない。
（ハ）責任感……職長として現場を適切に管理していくという責任感、ヤル気がない。ワーカーとの対立回避も責任感の欠如に基づいている。

　実は知識と感性の問題は、企業側が採用しているワーカーの育成と職長への昇格のシステムが一因となっている。可及的速やかに安定した生産体制を確立して組立型大企業へ部品・材料供給を行いたい中小企業経営者は、次のように考えた。

（イ）単能工主義……途上国の低学歴ワーカーは単能工として熟練させるのがよい。
（ロ）出・欠勤率主義……途上国ワーカーの能力考課は困難であり、出・欠勤率で職長に昇格させるのがよい。
（ハ）現場不介入主義……言葉の問題もあるし、日本人が直接的に現場に介入すると混乱をもたらす。

　タイの日系企業のワーカーは、大半が中卒（一部は高卒）であり、機械や材料の知識をもたずに入社してくる。しかし日本でも優秀な工業高校卒業生を大量にワーカーとして採用できるのは一部の大企業だけであり、多くのワーカーは入社後に作業マニュアルに従ってOJT（作業を通じての訓練）で知識を身につけ、班長・組長の指導を受けながら、"考えるワーカー"に成長していくのである。後述するがタイの作業現場は良好な教育環境が成立しにくいので、日本人側が意図して"考える環境"をつくっていくしかない。単能工として十分に作業ができるようになれば、まず前後の工程の仕事も経験させ、特に優秀なワーカーは別ラインにも派遣して多様な知識を修得させるべきである。このような多能工化によって感性も磨かれて考える習慣もついてくる。そして能力考課を厳しく行い、能力ある職長を企業自身が作り出していくシステムを構築しなければならない。安易な出・欠勤率考課では、

感性豊かで知識の吸収力もある人材の職長への昇格を実現できなかった可能性がある。

さらに深刻な問題は、職長の責任感の欠如である。職長の主たる仕事である現場管理に責任感が欠如しているとすれば、現場改善でコスト・ダウンと品質安定化を実現しようとする多くの中堅・中小企業にとって、事は重大である。表7−6では12社中の5社が責任感の欠如を指摘しており、同質の問題であるワーカーとの対立回避も3社が認めている。この背景としては、(イ)タイ的個人主義、(ロ)学歴主義、(ハ)昇給・昇格制度、が考えられる。

実はタイ人職長の責任感の欠如という問題は、タイ人特有の個人主義に起因することが多い。タイ人は、友人・知人といえどもお互いの行動にあまり干渉せず、仕事においても個々人の判断が優先する。標準や基準に自分の行動を合わせたり、幅広く他人の意見を聞きながらバランスを取って意思決定を行うというのは、"自由な人間の自由な意志"が人間行動の根底にあるタイ社会では、自然に根付く態度ではない。日本人から見れば職長は気の抜けたアドバイスをするだけで、懸命にワーカーを指揮して現場改善すべき役割を果たしていないかもしれない。しかしそれは、相互不介入を原則とするタイ的人間関係を反映するものである。もし日本人が職長の怠慢を責めて現場介入を強行させれば、職長はワーカーとのトラブルに直面するだろう。対策は次のように考えられる。

(イ) 能力考課で優秀なワーカーを職長に昇格させ、社内外の研修で知識を与えて実力のある職長に育てること。
(ロ) 日系企業は能力考課を重視する実力主義の企業であることをワーカー全員に理解させ、実力のある職長がワーカーを指揮するという原則を工場内に周知徹底すること。

いずれも日本人スタッフが中心になって計画し、実行すべきプロジェクトである。現場改善を主導しなければならない職長を教育する制度それ自体

を、日本人の手で構築しなければならない。現場不介入では事態は改善されない。

　さてタイ的個人主義で構成されている生産現場の人間関係を検討したが、職長自身の仕事に対する意欲や情熱の不足も、"責任感の欠如"につながっているのは間違いない。そしてその原因となっているのが、学歴主義と多くの企業で採用されている昇給・昇格制度であると思われる。タイを含むアジア諸国は、日本人の想像を上回る厳しい学歴社会である。日系中堅・中小企業の職長の大半は中学・高校卒であり、実力があっても昇格には限界がある。いくつかの企業では、低学歴の職長が係長・課長といったマネージャー職に昇格することを制度上は可能としているが、現実には大卒・高専卒の若手技術者の上位につけることは難しい。ワーカーから職長への昇格を厳格に能力考課することに加えて、（イ）職長教育の充実、（ロ）優秀な職長のマネージャー職への抜擢の制度化、等によって実力主義の社風を確立していくしかないだろう。一方で社内保険制度の導入や福利厚生の充実によって、従業員全員が会社を信頼して働ける職場にすることも課題である。日本人経営者の手腕が問われることになる。

〈エンジニアの問題〉

　表7-6では12社中の5社が、エンジニアにおける「基礎的知識や専門的知識の不足」を主張している。また職長のケースと同様に「責任感の欠如」を指摘するのが5社、「日本人とのコミュニケーション不足」を問題視するのが6社である。責任感の欠如の最大の要因であるタイ的個人主義についてはすでに説明したが、エンジニアに特有の問題もある。以下、順に検討していこう。

　まず知識であるが、中堅・中小企業では基礎知識の不足を指摘する声は少ない。輸出型中小企業、大手組立企業への部品供給企業の双方において、安定した品質の下で生産を実行していくことが当面の課題であったから、主力である高専卒エンジニアが作業標準化と改善、工程管理、品質管理、設備保全

等の専門的仕事をスムーズに実行していくことが期待されていたのである。しかしこれらの仕事に対するエンジニアの専門的知識には限界があり、4社が問題視している。次の二点を考えておく必要がある。

　（イ）タイの高専教育のレベル
　（ロ）日系企業の政策と日本人の指導力

　タイの日系企業において、エンジニアの主力は高専卒業生である。正式にエンジニアを名乗れる大学工学部卒は絶対数が不足しており、入社しても定着するのは少数であるから、技術陣の主力部隊は高専卒エンジニアになる。特に中堅・中小企業においては大卒エンジニアの確保は容易ではなく、高専卒への依存度はさらに高まるだろう。しかしタイの高専では設備が不足し、教授陣も新しい知識を吸収するのは困難であると言われている。そのため「高専卒の知識レベルは日本の工業高校卒よりも低い」という声もある。しかしその一方で、「基礎知識はないが能力はある」（企業D）、「専門的知識はないが優秀な人もいる」（企業J）という指摘は多く、高専卒業生には能力のある人材が、相当数含まれている。そして彼等の潜在的能力を開発し発揮させるという点においては、日系中小企業の多くは成功していないと思われる。それが日本側における問題である。
　まずほとんどの日系企業は、高専卒エンジニアに対してOJTで訓練し、経験の中から必要な知識を獲得させようと考える。製造業においては現場経験が最高の教師であることに疑問の余地はないが、しかし十分な基礎教育も専門教育もうけなかったかもしれない高専卒業生に座学抜きで現場へ投入するだけでは、"考えるエンジニア"は育たない。わずかに理解している専門的知識を深めることもなく、知識に裏付けられていない生産技法を修得するだけになるだろう。タイを熟知している企業Hが述べているように、"慣れただけ"ということになる。日本の大学・高専卒のように一定水準以上の知識を持ち、また考えることが習慣化している人材に現場体験させるのとは訳

が違うのである。タイの高専卒エンジニアの知識不足を解消して日本人レベルに近づけたいのであれは、知識・理論面での再教育と現場経験を一体化して勉強させて、論理的に物事を考えながら現実の仕事を理解させるようにしなければならない。日系企業は高専卒エンジニアの知識不足を嘆く前に、彼等に知識を与えてそれを現場で活用できるようなメカニズムを考える必要がある。しかし企業A、Fの言うように、「日本人の能力も低下してきたし、今迄の社内教育体制も不十分であった」から、高専卒エンジニアに知識を与えることは難しかったのである。若い日本人エンジニアは狭い専門的知識しか持っていないケースも多く、幅広い知識が必要なタイでは教育者としての能力・適性に欠ける。また日本側本社でも「教育」を真剣に考えてこなかったために教育のマニュアル化も遅れている。このように、（イ）日系企業内における一辺倒の現場経験主義、（ロ）日本人の教育能力の欠如、（ハ）本社における人材教育の軽視、が日本側における問題点である。タイの高専教育の内容を早期に充実させることは難しいから、高専卒エンジニアの知識レベルを上げるためには、日本側における諸課題を是正していくしかない。個別企業での対応に限界があるならば日系企業間で協力して、エンジニア層の再教育を考えていくべきである。

　次に責任感の欠如については職長のケースと同様に、"タイ的個人主義"が最大の問題である。他人の行動に干渉せず相互に自由な人間関係を尊ぶタイ人の個人主義は、技術者間あるいは技術者と職長間の議論を重視する日系企業の方針と相いれない。「タイ人は本当の議論は下手」（企業C）というよりも、最終結論を求めて真剣に議論する習慣がないと考えるべきなのであるが、日本人から見るとタイ人エンジニアのヤル気不足ということになってしまう。これに加えて、「自分が会社内で取得した知識や技術は自分のもの」という技術個人主義がエンジニア間の交流を阻害しており、タイ人エンジニアの"責任感の欠如"を増幅させることになっている。これらの問題は人間の意識に関するものであるから、日本人が時間をかけて説得し、彼等の意識を変えていくしかない。またその一方でエンジニアに対する能力考課を徹底

して行い、能力と実績で昇給・昇格をオープンに行う人事制度を明確に示していくべきだろう。特に高専卒のエンジニアに対しては、業績次第で大卒と同じ上級ポストへ昇格できることを理解させなければならない。時間をかけて根気よく"徹底的な議論と協力"の精神を植えつけていくとともに、実力主義の貫徹によりエンジニア層の向上心を刺激して、責任感のある優秀なエンジニアを育てていく必要がある。日本の中堅・中小企業にとっては、将来の企業発展を支えるエンジニアの育成こそが最優先されるべきである。

最後に最多の6社が指摘したタイ人エンジニアと日本人のコミュニケーションの問題を考えよう。言葉の壁があるために日本人の意図は正確に理解されず、タイ人エンジニアは早合点して不正確な知識を覚えこんでしまう。そして相互批判の習慣のないタイ人エンジニア間で誤解や思いこみは温存され、生産現場に問題が蓄積されていくことになる。出発点は知識や経験の伝達手段としての言葉の問題であるから、まず日本人とタイ人スタッフ間での使用言語から見ていこう。

（イ）日本語中心でタイ人通訳を使用
（ロ）英語中心でタイ人通訳を使用
（ハ）タイ語中心

まず日本語中心の企業は、2社（B、D）しかない。実は日本語中心でも優秀な通訳さえ雇用できれば、日本人―通訳―タイ人マネージャー・エンジニア、というルートで通常の生産活動に関する意志の伝達は可能であると言われている。生産活動という特定の目的のために必要な知識や情報は、通訳を介した対話でほとんど相互理解されるのである。しかしこのケースでは、（イ）意志の伝達は通訳の力量に左右されること、（ロ）通訳が技術の専門家でなければ応用的な技術問題や深い知識の伝達には制約がある、といった問題が残る。このため英語を共通語として、日本人とタイ人マネージャー・エンジニアの直接的対話を行っているのが、企業A、E、G、J、K、Lの6社

であり、最も一般的なケースとなっている。またA、E、G、Lの4社では日本人が補助的にタイ語も使用しており、社内のコミュニケーションは日本語を通訳する場合よりもはるかに円滑化されていると思われる。しかし表7－6によれば、英語を主要言語とする6社中の4社で、コミュニケーションが深刻な問題であることが指摘されている。また表中には出ていないが、企業E、G、J、Lの4社では、日本語中心の企業と同様にタイ人通訳を雇用しているのである。英語による直接的会話においても、意志疎通は完全ではない。双方の語学力の問題が絡んでくるのだろう。特に海外での事業経験が少ない中堅・中小企業では英会話に堪能な日本人が不足しているから、英語力強化のプログラムを考えなければならないと思われる。ところで表7－6によれば、社内言語としてタイ語を使用している企業が4社も存在している。このうち企業Cではタイでの仕事経験が20年の日本人経営者がタイ語を理解し、企業Hは60年代の進出であるからタイ語を話す日本人も多数育っている。また企業Iでは経営トップが日本への長い留学経験のあるタイ人であり、企業Fでは近年になって日本人スタッフ8名がタイ語を勉強して会話力を身につけた。企業Fを除く3社は例外的ケースと言えるかもしれない。しかしこの3社ではコミュニケーションの問題は発生しておらず、社内の情報伝達には何の支障もない。日本人がタイ語を修得して真の共通語が存在することのメリットが、企業C、Hのケースに示されている。企業Fではまだその段階に到達していないので、「深い会話は難しい」のである。結論的に言えば、日本語、英語、タイ語のいずれでもよいから、"真の共通語"をつくることが重要課題である。今後、生産や輸出の拠点としてタイの重要性が増して業務内容が高度化していけば、英語による不完全な対話形式や通訳頼みといった方法は限界に達すると思われる。中堅・中小企業各社が協力して語学研修を実施することも一案であるかもしれない。

3 部品・原材料の現地調達

表7－7は、調査対象企業12社の部品・材料（以下、部材と略す）の現地調

表 7-7 部品・原材料の現地調達とタイ系取引先

企業	現地調達率		今後の目標			タイ系取引先企業について			品質	納期
	全体に占める比率	タイ系比率	輸入	日系	タイ系	取引先数	規模	輸入または日系からの購入と比較		
A	80%	70%	10%	20%	70%	10社	中・小	20%安い	○	△
B（出）	10%	50%	80%	10%	10%	15社	中	10%安い	○	△
C	100%	50%	0	50%	50%	5社	中・小	30%安い	▲	
D	10%	50%	80%	10%	10%	11社	中・小	30%安い		
E（出）	95%	70%	5%	5%	90%	30社	大・中・小	15%安い	△	
F	70%	80%	10%	10%	80%	10社	中・小	20%安い	△	▲
G（出）	15%	5%	50%	45%	5%	2社	中	小物類であり日系生産者ナシ		○
H	80%	40%	10%	50%	40%	28社	中・小	50%安い		
I（出）	30%	90%	60%	5%	35%	10社	中・小	30%安い	▲	
J（出）	70%	20%	20%	70%	10%	20社	中	10%安い		
K（出）	25%	30%	70%	20%	10%	15社	中	20%安い	△	
L（出）	15%	5%	40%	55%	5%	3社	小	50%安い	△	▲

注：現地調達におけるタイ系比率は、タイ系企業からの購入額／現地での購入額。
　　品質については、日系と同じ○、少し低い△、日系より低い▲。
　　納期については、正確○、やや守らない△、守らない▲。

達とタイ系取引先企業の状況を示している。まず現地調達率とタイ系企業の占める比率に関して、以下の特徴が認められる。

(イ) タイ国内販売中心の企業では企業Dを例外として、部材の現地調達率が高い。70〜80%が現地部材で輸入の比率は30%以下という企業が多い。自動車や電機産業では部材メーカーの進出も多く、また長年のタイでの製造活動によって、タイのローカル部材企業も育ってきたためである。タイ政府による現地調達率の引上げ政策が背景にあった。

(ロ) プラザ合意後に進出した輸出型企業においては企業Jを例外として、現地調達率は10〜30%程度である。日本側部材メーカーの進出の遅

れとともに、タイ系企業が育っていないことが要因である。
（ハ）今後の目標としては、現地調達の引上げと特にタイ系部材の購入の増加が主張されている。

　タイ現地において、ジャスト・イン・タイムで低価格部材を購入することは、コスト競争力を強化したい製造業各社にとって当然の欲求である。そしてその鍵は、バーゲニング・パワーの強くない中堅・中小企業にとっては、可能なかぎりタイ系部材メーカーとの取引を拡大することである。表7-7によれば、多数の日系企業が10社～30社のタイ系企業から部材を購入しており、その多くは中小企業であった。そしてその背景が、輸入やタイの日系からの購入と比較して「10％以上、最大で50％安い」低価格にあることは言うまでもない。タイ系企業からの部材購入を増やせば増やすほど、原材料コストを切り下げることが可能になっている。しかし問題が残っている。品質において11社中の4社で「日系より低い」（日系生産者のいない企業Gを除外）、納期については12社中の3社が「守らない」、と答えている。また「日系同様の品質」と回答しているのが2社、「少し低い」のが5社、「日系同様に納期を守る」のが1社、「やや守らない」という回答が8社である。「価格は20～30％安いが品質にはかなり難があり、納期厳守とは言い難い」というのが、タイ系中小部品企業の状況であった。日系中堅・中小企業はタイ系部材メーカーとの取引拡大を望む一方、タイ系企業の技術力と経営姿勢に多くの問題点を見ていたのである。表7-8はタイ系部材メーカーの問題点に対する指摘である。以下のように要約されるだろう。

（イ）日系中堅・中小企業の取引先には、資金不足に悩むタイ系中小企業がある。
（ロ）新投資が少なく使用技術が古い。
（ハ）エンジニア、ワーカーの教育不足でレベルが低い。
（ニ）企業経営者の姿勢に問題がある。

表7-8 タイ系企業における問題点

企業	技術が旧式すぎる	資金が不足	人材に問題 経営者	エンジニア	ワーカー	特に問題になるところ	その他
A			○				
B（出）			○	○			
C			○			スタンダードをつくるという意識ナイ	
D			○			積極的に売りこむ意識ナイ	
E（出）		○				問題点を考えられるエンジニアがいない	
F	○	○	○	○	○		
G（出）	タイ系とは深い関係ナシ						
H	○					社長は技術を理解せずに人を雇うだけ	
I（出）		○	○			いわゆる華僑経営の限界	
J（出）	○						
K（出）							総合的技術力なし
L（出）			○			経営者の前近代的経営が大問題	

注：○は問題のあることを示す。

（イ）を除いた（ロ）、（ハ）の問題は、結局のところ（ニ）に集約される。経営者が新技術を導入した新投資で品質を向上させないから、また人的能力の向上にも消極的であるために不良品の問題が発生しやすい。納期についても自動車部品企業のLは、「自動車メーカーのラインを1日止めたらどれだけの損失が発生するのか全く理解していない」と述べており、また機械部品メーカーのKによれば、「自分の都合を優先して製造業の根本である品質、納期という概念を知らない」とのことである。いわゆる"華僑経営の限界"こそが、1999年時点におけるタイの部材メーカーの最大の問題点であった。そして確かに、低賃金労働力に過度に依存して短期的な個別利益だけを追求する華僑的経営は、長期間にわたり安定的に高品質部材を供給すべき部品生

産者としては問題が多いだろう。しかし前に見たように、日系中堅・中小企業はタイ系部材メーカーとの取引を拡大しなければならないのである。タイ系企業の抱える問題点を克服するために努力することが、日系にとっての課題であると考えるべきである。そしてこの点を示したものが表7－9であり、日系中堅・中小企業の努力と限界が読みとれる。

　表7－9によれば、各社は価格、品質、納期について、タイ系部材メーカーと積極的に交渉している。「現時点では相手方に対応能力なし」として品質については議論していない企業Cのケースもあるが、多くの企業はさまざまな交渉を試みている。しかし問題は交渉の成果であり、以下のように分類される。

　（イ）成果アリ……企業C、E、Hで価格引下げ中心
　（ロ）成果少しアリ……企業A、B、D、I、J、K
　（ハ）ほとんど成果ナシ……企業F、L、特に納期が問題

　タイ系部材メーカーとの交渉を考える場合、第一のポイントは交渉の内容である。（イ）のケースのように、価格引下げ要求に対しては比較的簡単に応じてくる。華僑的経営の中小企業においては、雇用者と被雇用者は一種の擬似家族的関係にあることが多い。この場合、長時間労働による実質的賃金切り下げによっても、日系の価格引下げ要求に対応できるだろう。しかし品質改善要求に対する成果は、「少しある」程度にとどまってしまう。タイ人経営者も粗悪品を作りたいわけではなく品質を向上させたいのであるが、（イ）資金不足、（ロ）新技術・新設備導入に対する消極的姿勢、（ハ）エンジニアの能力を含めた総合的技術力不足、等のために品質の飛躍的な改善は難しい。また資金はあっても新設備導入の投資は回避され、「不良品を出さないように作業に注意する」程度にとどまることが多いため、日系の要求水準まで達しないのである。しかし日系各社にとって最大の問題は、1999年時点においては「納期」に関するものであったと思われる。

たとえば、もし品質が決定的に粗悪であれば、日系企業としてはそのタイ・ローカル企業を使う必要はない。しかし一定水準の品質を達成しているために部材取引を行ってきたタイ企業が納期を守らなければ、日系企業の事業活動は大きく阻害される。表7－9でも企業F、Lは納期を守らないタイ企業を批判しているし、企業Jによれば「タイ系は景気が悪ければ納期を守るが好況時には全く守らない」とのことである。華人系タイ人経営者は何よりも同郷の商売仲間や長い付き合いの友人を大切にするから、まず彼等の注文に応じようとする。日系企業Jが文句を言えば、「取引はもう結構」ということになる。またこれに加えてタイ独特のマイペンライ（何でもない、何とかなるさ）精神があるから、日系にとっては当然の「納期厳守」の約束は履行されないのである。

　それではタイ系企業に品質を向上させ、納期を守らせるために有効な方法とは何か。表7－9において「交渉の成果アリ」、「少しアリ」と答えた企業のケースが参考になる。表7－9に示しているように、日系企業とタイ系部材メーカーとの関係にはさまざまのレベルがある。通常のケースでは日系企業の購買担当者がタイ系企業の経営者と交渉して、部材のテストをしながら取引を決定する。企業D、F、G、Jのケースである。しかし多くの日系企業は品質や生産方法について一定のアドバイスを行っているし、企業C、Iでは定期的に人を派遣して積極的に技術指導を続けている。また経営全体のアドバイスや資金の貸し付けまで行っているケースもある。そして品質や納期についての交渉が少しでも成果を生むのは、技術指導以上のサービスを日系企業が行っている場合であることが注目される。端的に言えば、日常的な取引関係を越えてタイ人経営者との信頼関係を構築すれば、日系中堅・中小企業の要求に沿ってタイ企業も対応してくるのである。日本人の考えるビジネスの常識は、華人系タイ人における個人的信頼関係の重視に優越するものではないことに留意しておかねばならない。しかし表7－9では「積極的技術指導」以上の関係を構築しているのは企業C、E、Iの3社であり、今後は行うという企業A、Hを含めて過半数に満たない。（イ）タイ側が日系企

表7-9 タイ系企業との交渉と関係

企業	タイ系取引先企業との交渉と成果					タイ系取引先企業との関係						今後は
	価格	品質	納期	成果		(a) 相当者間の交渉のみ	(b) 一部は技術指導	(c) 積極的に技術指導	(d) 経営アドバイス	(e) 資金の貸し付け	(f) 出資	
A	○	○	○	少しアリ								(c) まで
B (出)	○	○	○	少しアリ		○	○					現状程度
C	○	現状では無理	○	アリ								人員派遣も行う
D	○			コスト・ダウンは応じてくる		○						現状程度
E (出)	○	○		アリ			○			○		現状程度
F	○	○		ナシ（納期守らない）			○					(b) までやる
G (出)				1社から小物類を購入しているだけであり、購買担当者が見積るだけ。								
H	○			コスト・ダウンはしてくる			○					(c) までやる
I (出)	○	○		少しアリ				○				(c) までを拡大
J (出)	○	○		景気次第		○						日本人が少なくで手がまわらない
K (出)	○	○		少しアリ			○					現状程度
L (出)	○	○		ほとんどナシ			○					人的な余裕ナシで現状程度

注：○は行っていることを示す。たとえば企業A、Bでは担当者間の話し合いに加えて一部の技術指導までを行っている。

第7章 海外進出とイノベーション 249

業の介入に警戒的であるケース、(ロ)日本側の人材が不足しているケース、が考えられるが、(イ)の場合には日本側が説得して技術指導を受けさせるしかない。経営アドバイスや資金関係まで行くのは簡単ではないから、とりあえずは定期的な技術指導を行えるように、そのメリットを理解させるべきだろう。しかし深刻な問題は、日本側の人材不足の方である。中堅・中小企業では派遣されている日本人の数も少なく、タイ系企業の指導にまでは手が回らないケースが多い。また、タイの中小企業の技術者やワーカーをタイ語で指導できる日本人は、極めて限られてくるだろう。結局、日・タイ中小企業間の関係強化という問題は、個々の中堅・中小企業の対応だけでは困難ということになる。両者を結びつけて相互の利益を増進させるようなシステムを、政府関係機関が中心になって考えていく必要があるかもしれない。

4 改良・開発業務の人材育成

前章において、海外の技術系人材を中堅・中小企業の開発型エンジニアとして育成する可能性について言及した。また、本章2の人材育成において、(イ)タイ人エンジニアの実力と意欲を向上させる必要性、(ロ)日本人とタイ人エンジニアとのコミュニケーションの改善、について述べた。ここでは具体的に諸技術を考えながら、日系企業の技術移転の状況からタイ人エンジニアの実力と問題点を検討し、中堅・中小企業の人材確保について考えていく。

進出企業はまず市場規模を予測しながら、それに適合する生産ラインを決定する。その後に円滑な生産活動を実現するために、(イ)作業標準化と現場改善を行い、さらに、(ロ)品質管理、工程管理、設備保全、原価管理、等々の生産管理技術をローカル・スタッフに教育して修得させなければならない。いわゆる通常技術移転である。これらの作業技術や計画・管理技術は製造業活動の肝であり、速やかに定着させなければタイ進出は失敗に終ってしまう。ここが各社にとって第一の関門である。

続いて第二の段階として、原因不明の不良品発生や機械故障への対応策、

さらに機械や部品・製品・製法の一部を修正してコスト・ダウンや品質改良に結びつける応用技術の移転が要求される。いわゆる改善イノベーションを実現するためである。また現在では多くの日系企業においてタイが世界市場への輸出拠点となっており、タイで輸出市場向けの設計・開発業務まで行うことが考えられている。これは生産技術改善イノベーションで確立された通常技術・応用技術を前提にして、世界市場を対象にした新製品の開発・生産に踏み出すことであり、前章の議論に従えばコア技術発展イノベーションを実行することになる。（イ）新鋭技術・設備の導入、（ロ）新技術体系下における改善の徹底、（ハ）設計・開発力の強化による新部品・新製品・新製法の開発、（ニ）市場を占有して新コア分野を確立、という順序でイノベーションを展開していくためには、言うまでもなく開発型エンジニアの育成が不可欠となってくる。

　前述したように、現場作業の改善と標準化の主体であるワーカーと職長の育成にも多くの問題があった。ここではエンジニア層への通常・応用技術移転と改善イノベーションについての事例を見て、その後に開発型エンジニアの育成可能性を検討していく。今日、日本の中堅・中小企業が海外の若いエンジニアを開発型エンジニアとして育成しようとするのであれば、まず既進出の諸企業が行ってきた技術者育成プロセスを十分に理解しておくべきである。タイで長い活動の歴史を持つ大企業と中堅部品企業の例から検討するが、技術の難易度を見極めるポイントは、（イ）日本人の役割、（ロ）高専卒への技術移転の可能性、の二点である。

　表7-10は、1995年～96年時点における通常技術の移転状況を示している[13]。企業A～Cが自動車メーカー、Eが自動車部品企業、企業Dは電機メーカーである。作業標準化と全体的な工場管理を除けばタイ人エンジニアにほぼ技術移転しており、必要なケースのみ日本人がアドバイスを行っている。また多くの技術において、数学と物理の基礎知識を前提として（企業D）「タイ人高専卒が英語を修得して経験を積めば問題ない」とする企業が多い。いわゆる通常技術については形式知化されているものが多く、OJT（on-the-job

表7-10 1960～70年代進出企業における通常技術の移転

企業		(1)現場作業管理	(2)機械操作の改善	(3)工程管理	(4)品質管理	(5)機械保全	(6)作業標準化	(7)工場管理
A	レベル	△	△	○	△	○	×(指導中)	○(日本人指導中)
	中心	タイ人課長・係長(大卒)	〃	〃	日本人とタイ人部長・係長(大卒)	タイ人課長・係長	日本人	日本人とタイ人工場長(大卒)
	高専卒	Yes 英語は必要	〃	〃	〃	〃	〃	No
B	レベル	○	△	△	△	○	○	△
	中心	タイ人保全員・工場長	タイ人保全員	タイ人係長・工場長	タイ人品質管理スタッフ	タイ人保全員	タイ人保全員・工場長	タイ人生産管理スタッフ
	高専卒	Yes	No(大卒が必要)	Yes	〃	〃	〃	No(大卒が必要)
C	レベル	○	○	○	○	○	○	○
	中心	タイ人	タイ人(ケースにより日本人アドバイス)	〃	タイ人と日本人	タイ人	タイ人(ケースにより日本人アドバイス)	タイ人と日本人
	高専卒	Yes(経験と持続的トレーニング)	〃	〃	〃	〃	〃	〃
D	レベル	△(指導中)	○	△	△(高専・高卒)	△	×(指導中)	△
	中心	日本人	タイ人(高卒)	タイ人(大卒)	タイ人(高専・高卒)	日本人	日本人	日本人
	高専卒	Yes(経験と数学・物理学等)	Yes(経験)	〃	〃	〃	〃	No(大卒が必要)
E	レベル	△	△	△	○	○	△	×
	中心	タイ人マネージャー(高専卒)	〃	〃	〃	タイ人職長(高卒)	タイ人マネージャー	日本人
	高専卒	Yes(経験)	〃	〃	〃	〃	〃	〃

注：レベルは現在の技術水準，中心は技術的作業の中心となっている主体，高専卒は高専卒でも可能かどうかを示す。
○は現時点における技術水準が良，△は普通，×は問題にあることを示している。
表7-11, 12も同じ。"〃は左に同じ。
表7-11, 12も同じ。

出所：吉見憲志「タイの日系企業の活動と技術移転」神戸学院経済学論集第29巻第3号 1999年 表7-11, 12も同じ。

252 ●第Ⅱ部 企業のイノベーション戦略

training、実地訓練)によって2〜3年程度で技術移転可能と考えられているのである。90年代の半ば、大企業各社は通常技術の移転を高専卒技術者を中心にほぼ完了していたと思われる。

　しかし同時期に行なわれていた生産能力拡大投資によって、販売力の強化もまた要請されていた。当時のタイにおける自動車、家電製品の市場は日系企業間競争が中心で露骨な値引き合戦はなかったが、それでもコスト・ダウンによる利益の拡大や品質向上でシェアを引き上げる競争は激しく、各社は応用技術力の向上や高度技術者の育成に取り組む必要があった。表7－11は、同時期における応用技術の移転状況である。ここでは応用技術を次のように考えている。

　(イ)　現場応用技術……不良品発生の原因究明、機械故障への対応[14]
　(ロ)　改良技術……品質改良、部品改良、機械の改良

　表7－11によれば、現場応用技術についても企業A以外はタイ人エンジニア中心に対応しており、OJTの成果が明白である。企業Aも指導中ということであり、タイ人エンジニアに技術移転されることは確実である。問題は高専卒に対する評価であり、自動車メーカー2社は、高専卒に対する応用技術移転に否定的である。通常技術においては、工場全体の管理を除けば高専卒に技術移転可能とされていたが(企業Bのみが機械操作の改善で大卒が必要としている)、現場応用技術については自動車2社が「大卒が望ましい」と述べている。しかし中堅の自動車部品企業Eは「高専卒に経験を積ませれば大丈夫」と考えているのである。通常技術と現場応用技術との差異は次のように示される。

　　通常技術……日常的生産活動において連続的に同一の方法で適用されるのが原則である。基本的に形式知化されており、企業ごとに必要な修正を行って適用される。

表7-11 1960～70年代進出企業における応用技術の移転

		(8) 不良品発生の原因究明	(9) 機械故障への対応	(10) 品質改良	(11) 使用部品の改良	(12) 使用機械の改良
A	レベル	△(指導中)	○(指導中)	△(指導中)	△(指導中)	△(指導中)
	中心	日本人とタイ人の部長・課長・係長	日本人とタイ人 課長・係長	日本人とタイ人の部長・課長・係長	日本人とタイ人の課長・係長	日本人とタイ人の課長・係長
	高専卒	No	No	Yes(英語と経験)	No	No
B	レベル	△	○	△	"	"
	中心	開発・生産技術スタッフ(タイ人)	保全員(タイ人)	開発・生産技術・品質管理スタッフ	日本人と開発スタッフ	生産技術スタッフ(タイ人)
	高専卒	No	"	"	"	"
C	レベル	○	"	○(指導中)	△(指導中)	△(指導中)
	中心	タイ人	"	日本人とタイ人	"	"
	高専卒	Yes(継続トレーニング)	"	"	"	"
D	レベル	○	△	△	×	△
	中心	(日本人アドバイス)タイ人中心	(日本人アドバイス)タイ人	(日本人アドバイス)タイ人中心	日本人	タイ人
	高専卒	Yes(数学と物理)	"	Yesだが大卒が欲しい	No	No
E	レベル	△	○	(日本人アドバイス)	(日本人アドバイス)	(日本人アドバイス)
	中心	タイマネージャー(高専卒)	タイマネージャーと職長	タイマネージャー中心	タイマネージャー中心	タイマネージャー中心
	高専卒	Yes(経験)	"	"	"	"

現場応用技術……日常的生産活動を改善したり、それを阻害する要因への対応のための技術である。おのおのが独立的で、暗黙知として蓄積されているノウハウに依存するところが多い。たとえば不良品の発生原因を究明する場合、通常の品質管理技術で対応できなければ、材料、機械、作業形態、等々の全体的な形式知・暗黙知を統合して原因を考えていく必要がある。

　自動車のような複雑な製品の場合、「さまざまな知識・ノウハウを総合的に活用する仕事は大卒を中心に行う」、という声が強い。しかし部品企業では技術の種類や工程数も限定されているから、企業Eのように「経験さえ積めば高専卒でも大丈夫」ということになる。アジア進出を予定している中堅・中小企業においても、ここでの自動車部品企業と同様に考えてよいだろう。

　次に改良技術については、完成品メーカー4社で日本人の役割が大きい。日本人とタイ人の技術担当スタッフ（大卒）が協力して、改良業務を行っている。設計図を読み切り、各種部品や組合せ全体の知識が要求されるから、難易度は高い。そのため企業A、B、Dでは、高専卒への技術移転を多くの分野で困難と考えているのである。大卒の採用が可能な大手企業においては、「高専卒は基本的に通常技術を担当させて、一部の優秀な人は現場応用技術までチャレンジさせる」ということになる。一方、ここでも自動車メーカーCと部品企業Eは、「経験・トレーニングで高専卒に技術移転可能」と述べている。企業Cは優秀な高専卒を数多く採用していると考えられるし、特定の部品を生産する部品メーカーでは、実際に改良業務を高専卒マネージャーが行っている。"優秀な高専卒"はトレーニング次第で、大卒エンジニアと同等の仕事ができるケースもある。

　今後、自社の開発型エンジニアをアジアの拠点で育成しようと考える中堅・中小企業にとって、高専卒に対する既進出企業の評価を理解しておくことは何よりも重要である。さらに表7－12によって、90年前後の高度成長

下で組立型大企業に促されて進出した中堅・中小部品企業、円高回避のために進出した小型機器メーカー（企業Ｆ）の応用技術移転の状況も見ておこう。設立後５〜７年程度が経過しただけであるが、全社が改良技術までチャレンジしている（企業Ｊのみ機械改良は行っていない）。しかし大企業のケースと比較して、（イ）高校卒も技術スタッフとしてさまざまな分野で投入されており、中小企業では高専卒の採用も簡単ではないこと、（ロ）「技術レベルに問題アリ」の項目が多く、設立後５〜７年程度では中堅・中小企業の応用技術移転は未完成であること、が窺える。また現場応用技術は「日本人がタイ人高専卒・高卒に指導中」、改良技術は「日本人中心、又は日本人が高専卒に指導中」というケースが多い。そして表７－12の中堅・中小企業の応用技術移転については、前出の自動車部品企業Ｅと同様に大卒エンジニアは登場していない。中小企業にとっては大卒エンジニアの長期雇用は難しく、全ての技術移転を高専卒に対して行うことになる。各社は高専卒に対して基礎学力や工学の知識を要求するとともに、さらに「応用技術移転には10年程度の経験が必要」（企業Ｊ）、と考えているのである。以下、これまでの議論をまとめて、おのおのの技術に対する高専卒への移転可能性についての日系企業の代表的見解を要約しておこう。製品の構造や製法が単純な部品企業の場合、以下のレベルを下げて対応できることは言うまでもない。

（イ）通常技術……英語と高校初級レベルの数学、物理の知識を前提にして、OJTにより２〜３年間で技術移転可能。
（ロ）現場応用技術……英語、数学と物理の高校レベルの知識に５〜７年のOJTで経験を積む必要がある。高専卒に技術移転可能という企業が多いが、複雑な機械を扱う企業Ｊのようなケースは、原因不明の機械故障への対応は日本人が行っている。機械工学の全体的知識が要求される場合には高専卒では対応できない。
（ハ）改良技術……英語と大学レベルの数学・物理の知識や一部の工学知識があれば、高専卒も部品・製品の改良は可能。しかし５〜７年の

表 7-12 高度成長期に進出した中小企業の応用技術の移転

		(8) 不良品発生の原因究明	(9) 機械故障への対応	(10) 品質改良	(11) 使用部品の改良	(12) 使用機械の改良
F (0)	レベル	○	○	×	○	△
	中心	タイスタッフ（高卒）	〃	日本人	タイスタッフ（高卒）	〃
	高専卒	Yes（経験）				
G (25%)	レベル	△	×（指導中）	△（指導中）	×	△（指導中）
	中心	タイ人（高卒）	日本人とタイ人（高卒・高専）	〃	日本人中心	日本人とタイ人（高卒・高専）
	高専卒	Yes（経験）			Yes（経験に工学等が必要）	
H (15%)	レベル	△（指導中）	○	△（指導中）	△（指導中）	△（指導中）
	中心	日本人とタイ人（高専・高卒）	タイ人（高卒）	日本人とタイ人（高専・高卒）	日本人とタイ人（高専卒）	日本人とタイ人（高専卒）
	高専卒	Yes（経験）				
I (35%)	レベル	×	○	×	○	○
	中心	日本人とタイ人（高専・高卒）	〃	日本人	〃	〃
	高専卒	Yes（一部は困難）	×	No（物理の応用）	Yes（部分的改良のみ）	行っていない
J (15%)	レベル	×	×	×	○	—
	中心	日本人	日本人と専門家	日本人	タイ人（高卒）	—
	高専卒	Yes しかし 10 年（経験と基礎学力）	No	Yes しかし 10 年（経験と基礎学力）	〃	

注：企業 F は組立型小型機器メーカー、他は自動車、電機の部品メーカーである。
（ ）内は売上高上高に対する輸出の比率。

経験は必要である。CADのテクニックはOJTで対応できるが、機械改良は機械工学全体の知識が必要であり、大卒が望ましい。

最後に設計・開発技術について検討する。表7-13は、2005〜06年にかけてタイで行った設計・開発型エンジニアの育成に関する調査結果である。[15]企業A〜Jは前出表7-3の電気・電子系企業、NとOの2社は機械製造企業、P、Q、Rの3社はそれぞれ金属加工、繊維、食品の生産企業である。注目すべきは、タイを生産工場に限定している電気・電子系企業Jを除いた全社が改良業務を行うと述べていることである。しかし電気・電子系企業D、F、G、Hはこの段階で技術移転に限界を設定しており、(イ)日本の設計どおりに輸出製品をつくるのが基本であるが、必要な部分はタイで修正設計を行う、(ロ)タイ向け製品として修正する、というレベルにとどまっている。

一方、「タイ工場は独自に差別化製品を生産して輸出する」、「タイで画期的な商品開発まで行う」、「基礎研究まで行う」という企業にとっては新たな設計・開発業務を展開する必要があり、そのための人材育成が急務となっている。生産・輸出基地としてのタイ工場の重要性が上昇したため、表7-13でも10社が設計・開発に乗り出しており、企業A、B、Cではすでに多数の設計技術者を育てている。素材系企業Iにとっては部品等の設計業務は必要ないが、材料―機械―生産方法、の新しい組合せを考えるシステム・エンジニアを育成して、製品差別化を実現することが目標である。問題は、(イ)中堅・中小企業において中心となる高専卒技術者を設計・開発エンジニアとして育成可能か、(ロ)育成方法、の二点である。まずここでも、日系企業の代表的見解を示しておこう。

(ニ) 設計・開発技術……図面を読んで改良することは高専卒でも勉強と経験で可能になるが、新部品・新製品の設計は無理。高専卒に行なわせるのであれば、日本の本社開発部に3年程度派遣して、設計の

現場経験を積ませるしかない。

さて、表7－13では高専卒を設計・開発エンジニアとして育成する可能性については、製品差別化以上の業務を行うとしている10社中の8社が「可能」と述べており、「可能だが大卒がよい」（企業N、機械）、「大卒がよい」（企業R、食品）の2社を上回っている。優秀な高専卒の潜在的能力は十分に評価されているのである。また育成方法では、以下のように見解が分かれている。

（イ）社内教育システムで育成……A、B、N、P
（ロ）日本の本社開発部へ派遣……C、K、N、R
（ハ）タイ国内で研修させる……I、Q
（ニ）検討中……E

機械メーカーNは大卒を社内教育と日本への派遣の両方で設計・開発エンジニアに育成中であるが、大卒の採用が難しい中小部品企業の技術者育成という点からすれば、どちらの方法にも一長一短がある。

まず自社内の教育システムを構築して設計・開発エンジニアを育成しているのは、企業A、B、Pの3社である（企業Nは除外）。電気・電子系の企業Aが代表例であるが、日本人経営者が設計・開発の専門家であり、タイ人大卒・高専卒を徹底的に指導して多数の設計エンジニアを育成している。企業B、Pも個性的な経営トップが指導力を発揮して、社内教育システムを完成させたのである。経営者自身に教育能力がある場合、あるいは大学の専門家を招いて指導してもらうのであれば、日本側本社へ送る必要はないだろう。しかし中小企業においては、設計・開発能力を持つ数少ないエンジニアを海外子会社のトップとして派遣することは難しいし、信頼できる外部の専門家に依頼することはさらに難問である。

第二に日本の本社へ派遣して勉強させるケースであるが、各社が採用して

表 7-13 高度技術者の育成

	目標				人数（今後の目標）	学歴	高卒でも可能か	CADによる製品設計	育成方法
	部品等の改良	製品差別化	画期的商品開発	基礎研究まで					
A	○				設計で70人	大卒中心一部高専	可能	○	社内教育とOJT
B		○	○	○	設計で20人（さらに20人）	大卒	可能	○	社内教育システム完成
C		○	○		設計25人 生産45人	高専卒	可能	（設計の全員）	OJTと日本への派遣
D	○				生産技術者のみ	大卒 高専卒	可能	治工具はできる	OJT
E	○	○	○		5人（30人にする）	大卒	可能	まだムリ	検討中
F					2人	大卒	可能	まだムリ	OJTで生産技術者に勉強させる
G（タイ向け修正）					7人	大卒	可能	数名できる	社内教育と本社派遣
H	○				生産技術者のみ	大卒 高専卒	可能	○	生産技術者に勉強させる
I					5人	大卒	可能	必要ナイ	生産技術者に勉強させる。タイで研修に出す
J	-	-	-	-	生産技術者のみ	大卒中心	未回答	-	OJT
K	○				数名（かなり増やす）	高専	可能	○	タイで現場経験してから本社の開発部へ送る
L	○				6人（10人にする）	高専	可能	○	OJTと日本への派遣現在、日本で勉強中である。
M					5人	大卒	可能	○	OJTと日本への派遣
N	○				8人（さらに10人追加）	大卒	可能だが大卒	○	社内教育を行っており日本へも派遣する。
O	○				2人	大卒5 高専2	大卒がよい	まだムリ	OJT中心
P	○			○	7人	大卒	可能	○	社内教育システム完成
Q	○	○	○		3人	高専	可能	必要ナイ	OJTだけが研修に出したい。勉強中である。
R	○	○	○		3人	大卒	大卒がよい	必要ナイ	OJTと日本への派遣、現在は勉強中。

注：目標の○は行なっていること、又は行う予定であることを示す。
　　CADの○は設計を行うことが可能であることを示す。
出所：吉見威志「タイの日系製造業の競争力」神戸学院経済学論集第38巻第3・4号　2007年

いる最も標準的な方法である。タイで改良業務を含めたさまざまな仕事を経験した高専卒エンジニアに、3年間程度の本社開発部における設計実務を経験させれば、本格的な開発型エンジニアに育成可能と言われている。しかし中小企業の場合、(イ)本社側の受入れ・教育システム、(ロ)転職、という問題がある。

　たとえば使用言語については、タイでは一般的に英語とタイ語が利用されているが、本社開発部のエンジニアの英語力は低いかもしれない。優秀なタイ人を送ったとしても、日本人エンジニアと深い対話ができなければ教育にならない。また研修プログラムも明確に作成しておく必要がある。日本流の以心伝心は無理であるから、必要な知識・ノウハウは英語で全て表現しておき、順序だてて教えていかなければならない。中小企業にとって教育システムの構築は簡単ではない。一方、事前に日本語を修得させておくという方法もある。タイでは日本語を勉強することは比較的容易であるから、会社内外における日本語研修を受けさせればよい。中小企業にとっては、この方法が現実的であるかもしれない。

　しかしいずれにしても、日本で設計・開発まで勉強して日本語も堪能になれば、帰国後に大企業に転職したり起業したりする可能性がある。これは中小企業に限らず日系大企業全体においても、かなり深刻な問題である。対策は、実力主義の徹底しかないだろう。設計・開発者として十分な仕事をこなして結果を出すエンジニアに対しては、正当に昇給・昇格で評価すべきである。

　第三のタイ国内の研修機関へ送って勉強させる方法は、最も低コストで理想的である。しかし日系各社が必要としている設計・開発の知識を最短時間で提供してくれるような研修組織を、中進国のタイで探すことは難しい。日系企業が資金・人材の支援を行って、高専や大学に開発センターを作ってもらうのが現実的なプランであるが、企業間の結束がなかなか伴わない。今後の課題である。

　結局のところ、日系中堅・中小企業の選択は、本社開発部への派遣という

ことになる可能性が高い。問題は多いが企業側の努力によって実行可能な方法であり、アジアの事情を知らない経営者は、転職のリスクを軽視しがちである。しかし優秀な日本人技術者を派遣して現地教育を行う方法も、やはり考えておくべきである。タイ子会社の従業員が170名の企業Ｐは、これによって日本側本社を上回る技術力を形成しつつある。中小企業には珍しく5名の大卒技術者を定着させ、経営者は彼等の能力に対して全幅の信頼をよせている。「基礎研究まで実行可能」な人材力は、個性的な日本人経営者が作り出した社内教育システムの産物である。

　いずれにしても、人材育成には時間を要する。通常技術移転で2～3年、応用技術移転で5～7年、設計・開発エンジニアにまで育成しようとすれば10年以上の長丁場である。この間、タイ人技術者の信頼を得ながら根気よく指導・教育できる日本人を派遣することが、中堅・中小企業の海外進出の成否を決定する。タイは前述したように、タイ的個人主義の相互不干渉を原則にした社会であるが、個人対個人の信頼関係が構築できないわけでもない。中国人社会特有の強い人間関係優先社会でもある。日系企業が正当な実力主義の原則に基づいて従業員の昇給・昇格を実行していけば、会社の方針を信頼して努力する人材も生まれてくる。技術者も育つのである。優秀な高専卒を採用したければ、経営者自身が自社の方針や将来性を高専側に理解してもらうように努力しなければならない。要は日本人経営者のヤル気と行動力の問題であって、成功している中堅・中小企業の経営者は、常に慎重に考え積極的に行動している。前例と形式に捉われて日本流を押しつけるだけでは、タイ人との間に信頼関係をつくることはできない。さまざまな問題に組織力では対応できない中堅・中小企業こそが、最も優秀な人材を海外事業に投入する必要があると思われる。社運を賭けて最良の日本人技術者を送り込み、高度技術者を計画的に育成していくべきである。

注 ─────────────────────────

(1) 吉見威志「発展途上国における多国籍企業の技術選択」神戸学院経済学論集、第18巻第3号、1986年。
(2) 通常、インサート・マシーンはテレビが月産1万台以上になれば導入されて、1台当りで50人程度の人員削減になる。タイでは多品種少量生産のために、キャビネット準備工程やチューナー生産、トランスへの銅線巻きつけ等の多くの作業を労働力中心に行っていた。
(3) 以下の説明と図7−2は、瀬地山敏編「マクロエコノミクス」昭和堂1986年第9章による。プレス工程をもつ工場もあったが、例外的である。
(4) 以下の分析は、『MILLION BAHT BUSINESS INFORMAION THAILAND』の各年次版の数値による。同書では、売上高（Revenueでほぼ対応）、資本回転率＝{(売上高÷（自己資本＋固定負債)}、流動比率＝（流動資産÷流動負債）、自己資本、総負債、総資産の数値が示されている。これより固定負債、流動負債、流動資産、固定資産を求めることができる。ただし93年以降は内容が一変して、整合性のある分析は不可能になった。
(5) 大野耐一「トヨタ生産方式──脱規模の経営をめざして──」、ダイヤモンド社1978年、33頁。
(6) 吉見威志「タイの日系企業と人材育成」神戸学院経済学論集、1994年。
(7) 標準時間＝正味時間＋余裕であり、余裕の切り下げは作業効率化の一つの条件である。また正味時間でくくって標準時間＝正味時間（1＋余裕率）となる。正味時間は各作業工程の主体作業時間である。
(8) 吉見威志「タイの日系製造業の競争力」神戸学院経済学論集、第38巻、2007年。
(9) ここでの1〜3の記述は以下の文献にもとづいている。吉見威志「タイにおける日系企業活動の比較分析」神戸学院経済学論集第32巻1-2号、2000年、図7−8、表7−5〜9の出所も同じ文献による。
(10) 調査対象企業は，自動車部品，電気機械部品，機器・機械類・同部品，の各業種からなっている。
(11) 経費については水道・光熱費は日本より少し安いが，外注加工費や仕損じ費が高いといった個別企業事情が多い。
(12) タイでは正式にエンジニアを名乗れるのは大学工学部卒に限定されるが，日系企業は多数の高専卒業生を採用して，工場における生産エンジニアとして活用している。ここではエンジニアに高専卒を含めている。
(13) 表7−10〜12、および以下の説明は、吉見威志「タイの日系企業の活動と技術移転」神戸学院経済学論集第29巻3号1999年による。
(14) 現場応用技術については各社はさまざまなノウハウを蓄積しているが、ここで

は不良品と機械故障への対応に限定している。
（15）　表7－13、および以下の説明は、吉見威志「タイの日系製造業の競争力」神戸学院経済学論集第38巻3・4号 2007年による。

結びにかえて

　イノベーションに関する主要な見解やケース・スタディーを見ながら、(イ) 人工知能 (AI) を中核技術とする自動運転、IoT、ロボット産業の育成・強化、(ロ) 農業の産業化と競争力の強化、(ハ) 中堅・中小企業の飛躍の可能性、を議論してきた。日本経済が今後も発展を続けるためには、これらの全ての課題に挑戦していかなければならない。農業は、TPP に象徴される自由貿易の潮流や人口爆発の可能性といった状況下で、積極的に輸出産業化を目指すべきである。また、中堅・中小の部品等生産企業においては、従来の顧客大企業との取引に加えて新分野へ事業を拡大していくために、コア技術を多様に発展させるイノベーションが必要になっている。しかし、農業と中小製造業は、資金、人材、開発技術力に問題があり、一朝一夕に競争力を向上させることは難しい。農業においては特区におけるクラスター形成、中堅・中小企業では研究・開発・製品化と人材育成を継続して支援する組織の構築を考えていかなければならない。一時的な補助金や減税で解決できる問題ではない。

　しかし緊急重要性の点からすれば、自動車の電動化技術の確立や AI 技術を導入した先端分野の強化こそが、全ての政策課題に優先すると考えられる。電動化・自動化・IoT 化の技術革命に直面する自動車および関連産業、AI ロボットの開発に企業の存亡がかかっている機械系産業やベンチャー企業のグローバル競争こそが、天王山である。これらの競争に敗北すれば、日本経済の将来は全く予測できない。そしてこの最先端分野における競争は、従来から繰り返されてきた巨大企業やベンチャー企業間の競争に加えて、政府が積極的に介入する国家戦略闘争の様相を呈している。その象徴が、2018 年現在深刻化しつつある米・中ハイテク摩擦であり、中国がハイテク覇権

確立を目指して展開中の「中国製造2025」に対するアメリカの批判である。最先端技術を獲得してアメリカに対抗するべく巨額の国家資金を投入している中国に対して、ライトハイザーUSTR代表やナバロ大統領補佐官は極めて厳しい態度を示している。

野心的なイノベーターが群雄割拠して研究・開発を行い、そこに巨額の資金と人材が集まってくるシリコンバレーのハイテク産業成長モデルは、時にDARPA（防衛高等研究企画局ダーパ）等の支援を受けながら、世界最強の巨大IT企業とベンチャー企業群を生み出してきた。一方、中国では、アメリカの大学やシリコンバレーで勉強した若手技術者が帰国・起業して、政府が有望企業を徹底的に保護・育成する国家資本主義システムである。あるいは欧米のめぼしいスタートアップ企業を買収して、最新技術を獲得することも多い。さらに先端技術を普及させて産業として確立することまで、国家主導で行うケースもある。たとえば2035年には、北京市郊外に人口200万人以上の自動運転専用都市を作り、個人車は自動運転車に限定することで最新技術を普及させることになっている。欧米や日本では不可能な、国家主導の直接的なハイテク産業育成政策である。中国の目的がアメリカを凌駕する技術大国の建設であり国際影響力の行使であることから、中国企業によるアメリカの知的財産権侵害やなりふり構わない補助金政策に対して、アメリカの政府、議会の反発が高まっている。日本の最先端技術の確立と産業化は、このような国家間の対立の中にある二つのモデルを見ながら、慎重に進めていかなければならない。

第1章で見たように、AIを中核とする先端技術については、（イ）国家が中心に整備すべき分野、（ロ）政府と産業界が協調して取り組むべき分野、（ハ）企業が独自の戦略で行動すべき分野、が存在する。さまざまな法整備、ビッグデータの蓄積や管理のルール設定は国家が整備すべき分野であり、中でもAI関係の人材育成は最重要課題である。高専、大学、大学院におけるAI人材育成の学部、学科、研究科の新・増設や定員増を早急に行う必要がある。企業独自の活動については、第5章で検討した技術企画室のような計

画・実行組織を設立して、研究・開発部門から経営トップに至るまで一体となってイノベーションに取り組んでいけるように、コントロールしていく必要がある。個別事業部門や経営トップの独善的判断で失敗しないように、企画部門はイノベーションの全過程に責任をもって取り組むべきである。

問題は、政府と産業界の協調領域である。あまりにも革新的で非連続的な技術を速やかに開発する必要があり、しかしシリコンバレー・モデルも国家資本主義も採用できない我が国においては、政府が基礎研究を支援する方法を考えていくべきである。アメリカの巨大IT企業や中国企業に対抗していくためには、政府・産業界・学界の協力によって基礎技術を固めて、着実に開発力を強化していくしかない。成果を出すためには、効果的な研究体制を構築しなければならない。

①日本の大企業は、優れた技術統合・融合力を有している。独自開発や企業連携によって、強力な電池とEV（電気自動車）の開発、自動走行技術やAI半導体、AIロボット等の先端分野の中核技術の開発に成功することが期待されている。この場合、企業独自の判断と研究・開発戦略によってイノベーションに取り組み、政府は企業サイドの要請がある分野について、必要な支援を行うことになる。

②しかし中核技術を支える素材研究、関連技術研究、製法研究、等に関して企業間の共同研究が必要なケースにおいては、政府系研究機関が中心になってテーマを設定し、関連企業に参加を要請して、共同研究体制を構築する必要がある。複数の企業グループが独自の発想で研究を進め、政府系研究機関が調整しながら、製品化研究以降は企業の自主的判断に委ねるべきである。中核的技術を補完して、発展させる可能性を徹底的に追及すべきである。

③ 政府系研究機関は、大学研究室や有力なベンチャー企業とともに、未来のAI技術と応用化の研究に挑戦することが期待されている。グーグルが2009年に自動走行技術の研究を始めた時、日本の自動車

メーカーは、おそらくアイデアや技術の将来性を理解していなかったと思われる。日本企業の不得手な未来市場創造のイノベーションを追求して、政府系研究機関は大学・ベンチャー企業との共同研究組織を立ち上げて、10年・20年先のAI技術を構想していくべきである。

協調領域では、政府系研究機関と産業界が一体となった強力なチームワークが、イノベーション成功の必要条件である。最先端分野の研究では幅広い目配りが要求され、素材研究や周辺技術研究まで深く行うべきであるが、欧米・中国の企業との競争を考えれば時間は限られている。有望と判断される基礎研究には政府資金を積極的に投入して、製品化の道筋をつける支援まで行う必要がある。また一定の研究成果が出た段階で、欧米の研究機関と共同研究に発展させることも考えられる。日本一カ国で生み出された技術が、国際市場で受け入れられないケースもある。AI革命の産業技術政策は、国際的な視点を入れて構想されなければならない。

戦後七十有余年を経過して、日本経済は第二の出発点に立っている。発明、技術統一・融合によるイノベーションを促進して、投資・輸出主導の安定的な経済成長を実現すべきである。そのためには産業界における積極的なイノベーション投資が必要であり、豊富な内部資金を活用させる施策を考えなければならない。1980年代に世界を席巻した日の丸半導体の凋落の歴史を反面教師として、政府と産業界は新しい協力関係を構築する必要がある。

産業界が認識しておくべきことは、アメリカの先端分野に対する技術政策の変化である。民間企業の自由な経済活動を原則として政府介入を極力排除しようとするアメリカの自由主義経済政策は、日米自動車・半導体摩擦が顕在化した80年代後半以降、明らかに変化してきた。1990年代、クリントン政権は企業の研究・開発支援政策に踏み切り、商務省のNIST（国立標準技術研究所）は、ATP（先進技術プログラム）によって資金支援を行った。そして94年以降ATPは、特定の分野に集中した技術開発支援という産業政策的性

格を強めていく。もちろんアメリカでは伝統的な自由主義的主張も強固に存在しており、政府の経済活動への介入に対する懸念・批判も繰り返されていた。しかし皮肉なことに、今日、自由主義的主張の強力な擁護者であった共和党政権下において、アメリカは自国の先端技術優位を死守するために、"非常識"なあらゆる手段を駆使しつつある。日本との自動車・半導体摩擦に端を発したアメリカの自国産業保護政策は強化され、中国との先端技術確立をめぐる厳しい競争の下で、「アメリカファースト」が明白に実行されている。おそらくこの流れは止まらず、アメリカで開発された技術を導入して、改善に次ぐ改善でコア技術を確立してきた日本企業の手法は、再検討を迫られている。日本企業は、世界の技術変化の情勢を見守りながら新技術開発投資を拡大し、他企業との技術連携や事業統合によってグローバル市場における競争を戦う基盤を作らなければならない。また政府系研究機関や大学とともに基礎研究を行い、未来の技術開発にまで積極的に取り組む必要がある。日本の将来がイノベーションの成否にかかっている。

人名索引

ア 行

赤崎勇　127, 130, 131, 139
浅沼萬里　158, 199
アッターバック（Utterback, J. M.）　71, 88～92, 94, 111
天野浩　3, 127, 130, 131, 139
アワースバルトとブランスコム（Auerswald, P. E. and Branscomb, L. M.）　77, 78, 110
岩佐成人　129
イーストマン（Eastman, G.）　93, 94
ウィリアムソン（Williamson, O.）　68～73, 75, 76
内山田竹史　124, 141
エールンベルグとヤコブソン（Ehrnberg, E. and Jacobsson, S.）　152, 153, 199
大泉一貫　27, 32, 44
大野耐一　214, 217, 263
小川信雄　128
奥田碩　125

カ 行

木野龍逸　124, 147, 199
キム＋モボルニュ（Kim, W. C. and Mauborgne, R.）　44, 144, 148
クリステンセン（Christensen, C. M.）　96～101, 111, 112
コトラー（Kotler, P.）　146, 148

サ 行

櫻井通晴　64, 147
塩見正直　124, 125, 139
シュンペーター（Schumpeter, J. A.）　55～58, 66, 68, 70, 74, 75, 79, 113, 117, 118, 147
ジョー・ティッド／ジョン・ベサント／キース・パビット（Joe Tidd, John Bessant, Keith Pavitt）　112, 147
スローン（Sloan, A. P. Jr.）　69, 70
園田實　133～136, 140, 141, 161

タ 行

ダーウィン（Darwin, C.）　82, 83, 110
高野政雄、宮原諄二、加藤久豊　134, 135
武石彰、青島矢一、軽部大　133, 148
チャンドラー（Chandler, A. D.）　67～69, 75, 76
ティース（Teece, D. J.）　101, 103～105, 107, 110, 112
デュラント（Durant, W. C.）　66, 69, 70

ナ 行

中村修二　127～129, 131, 132, 141, 147, 161
ネルソンとウインター（Nelson, R. R. and Winter, S. G.）　82, 84, 85, 96, 98, 110, 159, 215
野中郁次郎、遠山亮子、平田透　124, 147

ハ 行

ハウンズフィールド（Houndsfield, G.）　103, 107
プラハラードとハメル（Prahalad, C. K. and Hamel, G.）　118～124, 147
ベル（Bell, A. G.）　113
ペンローズ（Penrose, E.）　60, 63～66, 71, 75
ポーター（Porter, M.）　116, 144, 147

マ 行

マーシャル（Marshall, A.）　48～55, 58, 59, 74, 154
松岡隆志　130, 131
松下幸之助　146
桃田健史　10
森康裕・高辻正基・石原隆司　44
盛田昭夫　94
門田安弘　147

ヤ 行

山口栄一　127, 130, 147, 148

270

ラ行

レオナルド（Leonard, B. D.）　141～143, 148
レンネバーグ（Renneberg, R.）　37, 38, 44
ロジャーズ（Rogers, E. M.）　87, 110, 111
ローゼンバーグ（Rosenberg, N.）　78, 80, 81, 105, 106, 110

ワ行

和田明弘　124～126

企業・組織名索引

ア 行

アイシン精機　10
IBM　92, 93, 107～109
アウディ　7, 9
アップル　88, 92, 107
アンダーウッド社　91
イーストマン・コダック社　94, 95
イリノイ製鋼会社　66
インテル　9, 92, 107, 108, 117
ウエスタン・ユニオン　113
ウエスチングハウス　63
ウーバー・テクノロジーズ　5, 8
エクソン　92
AT&T　92
NEC　11
エヌエスアイテクス　11
エヌビディア　9, 11
エミー（EMI）　103, 106, 107, 133

カ 行

カセラワインズ　33, 150
カーマイク・シネマ　116, 117
グーグル　7, 9, 10, 19
KDDI　10
工業試験所　192

サ 行

サール社　109, 110
産業技術総合研究所（産総研）　19, 192
GE（ゼネラルエレクトリック）　63, 89, 103, 106, 107
GM（ゼネラルモーターズ）　9, 66, 69～71
情報通信研究機構（NICT）　19
スキューズ　37
3M 社　121
ゼネラル・ミルズ　63, 64
ゼロックス　92, 102, 117
ソニー（東京通信機工業）　10, 11, 16, 94, 95, 117

タ 行

ダイナミックマップ基盤会社　11
ダイムラー　9, 113
ダグラス（社）　103, 105, 106
ティアフォー　10, 19
テスラモーターズ　9
デ・ハビランド　103～105
デュポン　69, 71, 135
デンソー　9～12
東芝　9, 11, 140
東レ　121, 140, 160, 182
トヨタ（自動車）　9, 10, 12, 13, 19, 121, 122, 124～127, 141, 172, 182
トヨタ・リサーチ・インスティテュート（TRI）　6, 10

ナ 行

名古屋大学　3, 127, 131
ナショナル・ビスケット　67, 68
日亜化学　121, 127, 128, 130～133, 141, 161
日経 BP 社　129, 147, 148
ニューコーとチャパラル　99, 100
農地中間管理機構　28, 29
ノキア　87, 88

ハ 行

葉ねぎ省力化安定生産コンソーシアム　33
ハーレー・ダビッドソン　101
パロアルト研究所（PARC）　102, 117
BMW　9, 101
ファナック　19
フィリップス　106, 135, 136
富士フイルム　95, 133, 135, 136, 161
フラウンホーファー研究機構　18, 192, 193
プラット＆ホイットニー（P&W）　89
プリファードネットワークス（PFN）　10, 19, 20
ベル研究所　117

272

ホンダ　9, 100, 101
ボーイング　103, 105, 106
ボストン・コンサルティング・グループ
　　61

マ 行

マイクロソフト　19, 88, 92, 107, 108
松下電池工業（現・パナソニックエナジー）
　　125
松下電器（現・パナソニック）　125
マツダ　181
ミツミ電機　181
ミネベア　181
村上農園　34
モービルアイ　9

ヤ 行

U.S. スチール　66

ラ 行

ルネサスエレクトロニクス　11
レノボ　108
レミントン社　91, 92

ワ 行

若狭の恵　29, 32
和郷園　33

タイにおける日系企業

（自動車関連）
NHK Spring　206, 208, 212, 213, 217, 219, 225
Nippondenso Thailand　206, 207, 212, 213, 217, 219, 225
Thai Arrow Products　206, 208, 212, 213, 217 〜 220, 225
Thai Suzuki Motor Co.,　211, 213, 217, 219, 225
Toyota Motor Thailand　206, 207, 212, 213, 217, 219, 224

（自動車以外）
Kao Industrial Co.,　210, 212, 213, 218, 225
National Thai　206, 209, 212, 213, 218 〜 220, 221
Lion Corporation　210, 212, 213, 218 〜 220, 225
Sanyo Universal Electric Co.,　206, 209, 212, 213
Teijin Polyester　211 〜 213, 218, 225

事項索引

ア 行

I型スキル（I型技術者）　13, 137, 142
青色発光ダイオード　3, 72, 127〜133, 137, 141, 161
アグロインダストリー（農水産物関連工業）　205
IoT（モノのインターネット）　5, 14〜18, 22, 30, 33, 264
暗黙知　84, 130, 172, 215, 255
イエローテイル　33, 145
意外の利潤（windfall profit）　157
いざなぎ越え　150, 152
遺伝子組換え　37, 39, 42
イノベーション
　――競争　29, 33, 55, 59, 68, 74, 149, 224, 228, 230
　　改善　32, 33, 121, 123, 137, 146, 158, 159, 168, 169, 174, 176, 188, 214, 217, 221, 224, 233, 251
　　持続的――　96, 97, 99, 102, 109, 114, 116, 152, 166
　　製法（革新）――　131, 174, 176, 182, 214
　　（技術）統合――　30, 34, 36, 72, 125〜127, 136, 139, 141, 180, 267
　　コア技術発展――　160, 166, 171〜174, 176〜180, 182, 183, 185, 188, 193, 194, 198, 214, 224
　　対応（型）――　86, 121, 159, 166, 168〜172, 185
　　破壊的――　96, 97, 99, 101, 115, 116, 223
　　発明――　37, 127, 267
　　非連続技術――　89, 90, 92, 96, 97, 114, 152, 153
　　冒険的――　30, 31, 42, 117, 121, 138, 144〜146
　　プロセス――　79〜81, 89, 93, 95, 104, 120
　　プロダクト（製品）――　77, 79, 91, 95, 104
　　未来市場創造――　160, 166, 173, 181, 183, 267
　　ディマンド・プル――　85, 113, 114, 116, 137, 159, 167〜170
　　テクノロジー・プッシュ――　85, 113, 114, 137, 159, 167〜169
　　オープン――　108, 109
イノベーター　102〜104, 126, 135, 137, 139, 140, 142, 161
応用技術移転　251, 253, 254〜257, 262
応用（技術）研究　130〜133, 136, 140, 141, 143, 144, 179
応用技術者　139, 140, 142
OJT（実地訓練）　188, 237, 240, 251, 253, 256, 258

カ 行

（現場）改善（力）　18, 30, 79〜82, 91, 94, 96, 114〜116, 120, 121, 137, 144, 145, 159, 166, 170, 172, 176, 182, 214, 221〜223, 226, 230, 233, 234, 238, 239, 247, 250, 251, 268
改良技術　253, 255, 256
華僑経営　246, 247
画像処理半導体（GPU）　6, 9
（研究・設計）開発エンジニア　186, 189, 190, 193, 198, 250, 251, 255, 258, 259, 261, 262
（事業部）開発部門　72, 142, 143, 149, 172, 173, 184, 185
企業者　57, 113, 117
企業力　36, 119, 121, 137, 142, 143, 144, 146
基準操業度　155, 157, 158, 197
基礎研究（部門、所）　12, 43, 72, 77, 78, 125, 130〜133, 137〜143, 149, 152, 157, 168, 172, 173, 177〜179, 181〜187, 193, 258, 262, 266〜268
規模の利益（経済性）、（大規模生産の利益）　52, 58, 60, 80, 81, 120

鏡面仕上　174, 175
技術移転（指導）　221, 248, 250～258, 262
技術企画室（部門）　143, 144, 185, 265
技術的可能性基準　85, 86
組立型大企業　152, 153～155, 157, 158, 176, 191, 236, 256
クラスター　42, 43, 193
形式知　83, 132, 172, 251, 253, 255
原価企画　121～123, 147
（部材の）現地調達率　231, 233, 244
コア技術（力）　6, 9, 12, 120, 121, 131, 138, 139, 144, 146, 160, 171～180, 183, 191, 194, 268
コア・ケイパビリティ　143
コア・コンピタンス　29, 118～120, 127, 139, 143, 147, 198
コア・リジディティ　138, 143
工作機械　140, 153, 155, 174, 175
高専卒（エンジニア）
　（日本人）　184, 186, 188～191, 192
　（タイ人）　190, 236, 239～242, 251～262
高度技術（力）　114～116, 121, 137, 176, 177
高度作業者　223, 230, 262
固定資産　206～212
　（一人当りの）　217～220, 225
　固定長期適合率　212, 213
固定費　138, 154～157, 195, 197, 201, 202
コメット（号）　103～105
コロガシ　212
五回のなぜ　214, 217

サ 行

サービス・ロボット　4, 18, 21, 22
サプライヤー　116, 159, 167, 170
（製品）差別化　33, 55, 58, 120, 162, 258～260
市場価値　52, 55
CTスキャナー　103, 106, 133
死の谷　78, 101, 114, 184
資本集約的生産（技術、ライン）　201, 202, 224, 225, 233
収益性基準　85, 86
収穫逓減　51～53
収穫逓増　53～55, 58, 67
出・欠勤率考課　237

承認図メーカー　184, 199
職長　232, 233, 236～239, 241
植物工場　34, 35, 42
シリコンバレー（方式、モデル）　44, 180, 265, 266
新結合　56～58, 60, 68, 71
事業部制　68, 70～73
自動運転（車、技術、走行）　2, 4～11, 36, 37, 118, 265
　——地図　11
　——の基本ソフト　9, 10
　——（未来、専用）都市　43, 265
　高度——システム　7
　完全——システム　7, 9, 36
自動化（ライン）、自動機械中心（ライン）　201, 203, 221, 225, 230, 232, 233
循環の経済　56, 113
15％ポリシー　121
人工知脳（AI）　4～6, 8～13, 43, 264～267
人材育成（確保）　13, 17, 18, 22, 139, 178, 180, 182, 183, 186, 188, 191, 193, 234, 250, 262
スキル　83, 84, 188
垂直統合　60, 65
生産管理技術　232, 233, 236, 250
製造間接費　155, 195
製法革新　171, 174, 175, 182, 214, 224
設計・開発技術（移転）　258, 261
選別（セレクション）　13, 83, 85, 86, 88, 90, 102, 106
専有可能性　104～106, 109
戦略的イノベーション創造プログラム　2, 24, 43
創造的破壊　58, 118
装置産業型企業　154

タ 行

タイ系部材メーカー　245～248
退職エンジニア　177, 178, 186～188, 191
タイの個人主義　238, 239, 241
貸与図メーカー　174, 184, 199
多角化　60～64, 67, 69
探索（サーチ）　13, 86
炭素繊維　121, 140, 160, 182
大卒（エンジニア）（大学工学部卒）
　（日本人）　178, 184, 186, 188

事項索引 ● 275

（タイ人） 178, 189, 190, 239, 240, 242, 252～256, 258～260
ダーウィンの海 78, 79, 101, 114
通常技術移転 250～253, 256, 262
ツーフロー法 128, 131, 132
ティア１（Tier1） 166, 174, 176, 199
帝国建設 66, 113
T型スキル 13, 133, 136, 137, 141, 142, 144
ディープラーニング（深層学習） 4, 6, 8, 10, 19, 22, 37
デファクト・スタンダード（事実上の標準） 9, 10
電気自動車（EV）（自動車の電動化） 3, 5, 72, 115, 116, 124～126, 139, 153, 162, 165, 176～178, 181, 187
ドミナント・デザイン 71, 88, 89, 95, 104, 107, 114, 265

ナ　行

内部資源 60, 61, 63～65
成行原価 123
燃料電池車 115, 118, 125, 153
農業法人 29, 31, 34～36, 39
納期（厳守） 244～249
能力考課（能力主義の昇給・昇格） 223, 237～239, 241

ハ　行

ハイブリッド車（プリウス） 116, 121, 122, 124～127, 137, 139, 141, 153, 181
パソコン（パーソナル・コンピューター） 92, 93, 102, 104, 107～109
葉っぱビジネス 31, 34, 144, 146
発明 31, 37, 77, 78, 81, 82, 102, 113～115, 117, 130
バイオテクノロジー 31, 37, 41, 43
バリュー・ネットワーク 97, 99, 100
（製品）標準化 61, 88, 89, 120
（作業）標準化、（標準作業） 215, 216, 221, 250～252
標準直接原価計算 156, 195
非連続的技術（革命） 43, 89, 92, 96, 114, 117, 152, 153, 160, 163, 164, 172, 191, 193, 266
pn接合 128, 129, 147
ビッグデータ 4, 5, 265

フラッシュメモリ 140
プラグイン・ハイブリッド車 153, 178
プロセス 98, 99
プロダクト・マネージャー（チーフエンジニア） 122, 123, 124
ブルーオーシャン（戦略） 33, 120, 145, 148
ブレークスルー（大発見） 77, 114
（遺伝子）変異 83, 86
変動費 155～157, 195, 233
補完資産 104, 105, 107～110, 145
ポジショニング 159

マ　行

マイクロプロセッサ 92, 107～109, 117
マーク・アップ率 154, 157, 199
見える化 15, 17
見積原価 132
ミニミル 99, 100
模倣（者） 57, 59, 79, 103, 104, 106, 114～116, 145, 152
模索過程 86, 177

ヤ　行

遊星歯車方式 181

ラ　行

ライオンの分け前 107, 110
ラーニング　バイ　ユージング（learning by using） 36, 106
リニア・モデル 77, 114, 180
ルールベース 10, 22
ルーティン 83～86, 96, 98, 114, 121, 123, 132, 137, 138, 142, 144, 146, 159, 169, 172, 215
労働集約的生産（技術、ライン） 201, 202, 218, 220, 224
労働集約的生産ライン 208, 209, 231

ワ　行

ワープロ 92

■著者紹介

山口俊一（やまぐち　しゅんいち）
1950年徳島県三好市池田町生まれ。1974年青山学院大学文学部卒業、パリ第4大学中退。衆議院議員。元内閣府特命担当大臣（科学技術担当等）・内閣総理大臣補佐官・財務副大臣・総務副大臣などを歴任。

吉見威志（よしみ　たけし）
1948年大阪府生まれ。1972年京都大学経済学部卒業。神戸学院大学名誉教授。

イノベーション戦略と日本経済

2019年7月20日　初版第1刷発行

著　者　山口俊一
　　　　吉見威志
発行者　杉田啓三
〒607-8494　京都市山科区日ノ岡堤谷町3-1
発行所　株式会社　昭和堂
振替口座　01060-5-9347
ＴＥＬ（075）502-7500/ＦＡＸ（075）502-7501

ⓒ 2019　山口俊一・吉見威志ほか　　　　印刷　亜細亜印刷

ISBN978-4-8122-1822-8
＊落丁本・乱丁本はお取り替えいたします
Printed in Japan

> 本書のコピー、スキャン、デジタル化等の無断複製は著作権法上での例外を除き禁じられています。本書を代行業者等の第三者に依頼してスキャンやデジタル化することは、例え個人や家庭内での利用でも著作権法違反です。

明日をつくる地域金融──イノベーションを支えるエコシステム

　　　　　　　　　　　内田　聡 著　四六判208頁　定価(本体2,000円＋税)

　ITの進歩により変貌を遂げる地域社会で、金融の役割はどうあるべきか？　アメリカの実体経済を支えるメインストリートの動向をふまえて日本の地域を考察し、イノベイティブ（革新的）な社会をめざすための処方箋。やすく解説。現代農業を知り、農業に取り組むための基礎知識を提供する。

植物油の政治経済学──大豆と油から考える資本主義的食料システム

　　　　　　　　　　　平賀　緑 著　A5判上製・248頁　定価(本体4,800円＋税)

　現在の食生活を支える食料システムの形成には、農業や食文化だけでなく、むしろ、政府や国策会社、財閥や商社など大資本が大きく影響していた。現在の食生活に欠かせない植物油と大豆に注目し、日本の近代的食料システムの形成過程を政治経済的なアプローチにより解明する。

はじめての金融リテラシー──お金のキホンを身につけよう！

　　　　　　　　奥田　真之・大薮　千穂 著　A5判並製・208頁　定価(本体2,300円＋税)

　知らないと損する？　社会人になったら、知っていないと困る？　教育現場で授業の機会も増えるなか、あふれているのは投資にまつわる情報ばかり。実際には何をどう学べばいいのだろう？　大人になるまでに身につけたいお金のキホンを、Q&Aでやさしく学び人生設計力を身につけよう！

グローバル資本主義と農業・農政の未来像
──多様なあり方を切り拓く　小池恒男編著　Ａ５判並製　256頁　定価(本体2,000円＋税)

　グローバル資本主義下で、大きな変革の時を迎えている日本農業。農業はどう変わり、農業政策はどう対応すべきなのか。これまでの農政を概観し、今後の道を提言する。

埋もれし近代日本の経済学者たち

　　　　　　　　八木　紀一郎・柳田　芳伸 編　A5判上製・320頁　定価(本体3,200円＋税)

　大正末期から昭和の前半、大学令によって多くの研究者が大学で講義することとなった。しかし、第２次大戦とその敗戦によって、多くの人たちが埋もれてしまうこととなる。本書は、世界恐慌や関東大震災、そして世界大戦と激動期の経済学者を掘り起こし、その思想と行動に光を当てる。

（消費税率については購入時にご確認ください）

昭和堂刊

昭和堂ホームページ http://www.showado-kyoto.jp/